Karl Rahner
Christian Modehn
Hans Zwiefelhofer
(Hrsg.)

Befreiende Theologie

Der Beitrag Lateinamerikas zur Theologie der Gegenwart

Mit Beiträgen von
Leonardo Boff, Michael Göpfert,
Horst Goldstein, Miguel Manzanera,
Christian Modehn, Othmar Noggler,
Karl Josef Rivinius,
Juan Carlos Scannone,
Jon Sobrino, Hans Zwiefelhofer

Verlag W. Kohlhammer
Stuttgart Berlin Köln Mainz

CIP-Kurztitelaufnahme der Deutschen Bibliothek

Befreiende Theologie: d. Beitr. Lateinamerikas zur Theologie d. Gegenwart /
Karl Rahner . . . (Hrsg.). Mit Beitr. von Leonardo Boff . . . – 1. Aufl. –
Stuttgart, Berlin, Köln, Mainz: Kohlhammer, 1977.
  (Urban-Taschenbücher; Bd. 627: T-Reihe)
  ISBN 3-17-002886-3

NE: Rahner, Karl [Hrsg.]; Boff, Leonardo [Mitarb.]

Inhalt

Dieser Sammelband »Befreiende Theologie« möchte seinen Leser in den Stand setzen, sich ein informierteres Urteil über diese »Theologie der Befreiung« zu bilden. Diese Richtung der Theologie ist ihrem Ursprung nach in Lateinamerika beheimatet, auch wenn sie Anregungen aus der »Politischen Theologie« (mit der sie nicht einfach identifiziert werden darf) Europas erhalten hat. Das Buch soll dazu dienen, diese Theologie, die uns zunächst räumlich und in ihren kulturellen und religiösen Antrieben vortheologischer Art fremd ist, besser zu verstehen, damit sie bei uns nicht vorschnell und verkürzt als Revolutionsideologie abgetan wird, die höchstens den Christen Lateinamerikas etwas zu sagen hat. Wir haben uns in jüngster Zeit schon daran gewöhnt, daß es in der Christenheit und auch in der katholischen Kirche grundsätzlich einen legitimen »Pluralismus der Theologien« gibt und geben darf, die je nach den nicht mehr adäquat durchreflektierbaren kulturellen und epochalen (aber oft uhrzeitlich gleichzeitigen) Situationen, die sie widerspiegeln, verschieden sind und nicht mehr in *eine* Theologie ganz integriert werden können. Dennoch ist es von der global wachsenden Interkommunikation der Menschheit und von der Einheit des christlichen Glaubens her selbstverständlich, daß diese pluralen Theologien in einem Dialog untereinander stehen können und müssen, denn jede Theologie hat als asymptotisch anzustrebendes Ziel die Aufgabe, das Ganze der christlichen Botschaft und der Erfahrung der Glaubensgeschichte zu reflektieren. Es scheint mir nun vom Neuen Testament her selbstverständlich zu sein, daß in der Schrift »Freiheit« (bei Paulus und bei Johannes), neben anderen solchen Schlüsselbegriffen wie Glaube, Hoffnung, Liebe, Wahrheit, Rechtfertigung usw., ein solcher Schlüsselbegriff ist, der geeignet ist, das Ganze der christlichen Botschaft und ihrer Praxis aufzuschließen. Eine »Theologie der Freiheit« könnte somit gewiß *eine* Theologie der Christenheit sein. Damit ist zwar noch nicht gesagt, daß die (faktisch vorgetragene) »Theologie der Befreiung« eine legitime (d. h. eine Theologie, die das Ganze der christlichen Botschaft unverkürzt – wenigstens grundsätzlich – zur Gegebenheit bringen könnende) Theologie ist, weil es ja nicht von vornherein klar ist, daß der empirische Ansatz dieser Theologie bei der Erfahrung der individuellen und vor allem gesellschaftlichen Befreiungsnotwendigkeit weit genug trägt (wenn er sich selbst wieder umgekehrt von der christlichen Botschaft erhellen und radikalisieren läßt), dieses Ganze der christlichen Verheißung sehen lassen zu können. *Aber* das Gegenteil ist auch nicht a priori sicher, und eine echte Möglichkeit einer Theologie der Befreiung (die ja nicht bloß einen Sektor der christlichen Theologie, sondern ihr Ganzes erfassen will), ist denkbar. Und also muß ein Dialog zwischen unserer europäischen Theologie und dieser Theologie der Befreiung gesucht und unternommen werden. Dazu muß uns hier in Europa nicht nur die eben schon angedeutete allgemeine Notwendigkeit des Dialogs unter den pluralen Theologien bewegen, insofern jede Theologie von jeder anderen immer lernen kann. Es ist ja auch bei uns nicht so, als ob überall bei uns Gerechtigkeit und Freiheit in unserer Gesellschaft nur blühe und gedeihe. Das Gegenteil davon ist in unserer Gesellschaft nach innen und vor allem nach außen (gegenüber der dritten Welt) in einem Maß gegeben, das unser christliches Gewissen in seiner »Orthopraxis« nicht schlafen lassen darf. Auch darum ist ein Dialog zwischen uns und einer Theologie vonnöten, die von der Erfahrung der Unfreiheit und Ungerechtigkeit her das Ganze des christlichen Glaubens neu zu durchdenken sucht und so die Praxis des christlichen Lebens nicht nur als Anwendungsbereich christlicher Prinzipien, sondern auch als ursprünglichen Topos der Erkenntnis des Glaubens selbst zu verstehen sucht. Damit scheint mir auch schon das (oder ein) Grundproblem berührt zu sein, das in einem solchen noch durchzuführenden Dialog diskutiert werden muß. Die Theologie der Befreiung will ja nicht nur einen Teil dessen abdecken, was eine christliche Theologie ist und bleibend sein muß, noch viel weniger bloß die christliche »Gesellschaftslehre« (im traditionellen Betrieb der Schule) neu durchdenken und darstellen. Sie will neu (freilich auf eine radikale Orthopraxis auch gesellschaftlich tiefgreifender Veränderungen hin) das Ganze des christlichen Glaubens durchdenken. Sie betrachtet dabei in einer neuen, aber bedenkenswerten Theorie des Verhältnisses zwischen Theorie und Praxis die konkreten gesellschaftlichen Erfahrungen nicht als Gegenstand, der vor das in sich unberührte Forum der Theorie (und so des christlichen Glaubens) zitiert wird, sondern als Ort, an dem ursprünglich zur Gegebenheit kommt oder kommen kann, was Christentum eigentlich ist. Wie ist also die Praxis selbst genauer zur Gegebenheit zu bringen, damit sie der Ursprungsort der Theorie (wenigstens in einer gegenseitigen Verschränkung von Theorie und Praxis) sein kann? Wie muß diese Praxis christlich erfahren und selbst radikalisiert und gedeutet werden, daß sie eine Basis für die christliche Theologie sein kann? Ist das Ganze des christlichen

Glaubens von da aus erreichbar und wie? Mit der so gestellten Frage soll nicht stillschweigend vorausgesetzt werden, das Ergebnis dieser Theologie müsse und solle von diesem Ausgangspunkt her doch wieder einfach und unverändert das sein, was auch schon vorher in der traditionellen christlichen Theologie des Abendlandes als Summe des christlichen Glaubens und Lebens ausgesagt wurde. Es könnten, so darf vermutet werden, im alten Christentum durchaus neue Dimensionen und Wirklichkeiten entdeckt werden, die auch für uns hier von größter Bedeutung sein können. Aber dieses alles ist eben in einem solchen Dialog, der erst beginnt, zu bedenken und zu klären. Jedenfalls bedeutet diese Theologie der Befreiung für hier in Europa eine heilsame Verunsicherung, eine nützliche Herausforderung und eine Aufgabe für uns. Wenn bei einem solchen Dialog sich herausstellen könnte, daß die europäischen Theologien auch einen Beitrag dazu leisten könnten, daß diese Theologie der Befreiung sich selbst weiter klärt, entfaltet und sich selbst besser versteht, wäre es um so besser. Dieses Buch hier ist nicht einfach die Eröffnung des Dialogs, hofft aber einen informativen Beitrag dazu zu bieten, daß dieser Dialog mit dem nötigen Sachverstand und der wünschenswerten Gründlichkeit weitergeführt wird.

Karl Rahner

Karl Josef Rivinius

Unterdrückung und Befreiung am Beispiel der
Kirchengeschichte Lateinamerikas

Vorbemerkung

Man vermag die Konzeption der »Theologie der Befreiung« als
Versuch, die theologische Frage in einen neuen Kontext zu stellen,
nur sachlich zutreffend einzuordnen und adäquat zu beurteilen,
wenn man die historische Entwicklung kennt, die dieser Kontinent
seit den Entdeckungen und Eroberungen durch die Spanier und
Portugiesen bis in die Gegenwart erfahren hat. Denn die Kenntnis
der jeweiligen »Unterdrückungs-« und »Leidensgeschichte« erklärt, warum diese Völker aus den vielfältigen Zwängen ausbrechen
und von den bedrückenden Abhängigkeiten sich befreien wollen,
wobei über die Art und Weise der Befreiung heftig gestritten wird
und zwischen den verschiedenen Parteien zum Teil unüberbrück-
bare Differenzen bestehen. Deshalb sei zunächst ein knapper
Überblick über die Geschichte Lateinamerikas dargeboten, die
zugleich auch Kirchengeschichte ist, da diesen Kontinent Christen
entdeckt, erobert und entscheidend geprägt haben. Allerdings
können nur recht kurz einige Linien der lateinamerikanischen
Kirchengeschichte aufgezeigt werden. Dabei ist zu berücksichtigen, daß es bei aller Ähnlichkeit bzw. Gleichheit der vorfindlichen
Strukturen aufgrund der spezifischen Situation in den einzelnen
Ländern weiter zu differenzieren gilt und eine monokausale
Erklärung der komplexen Problematik nicht gerecht wird.

1. Allgemeiner historischer Überblick[1]

Ohne Zweifel kann man behaupten, die Entdeckung des amerika-
nischen Kontinents durch die Europäer leitete zusammen mit
Humanismus, Renaissance und Reformation eine Zeitwende ein.
Angeregt durch den Florentiner Arzt und Astronom Toscanelli,
trug der Genuese Christoph Kolumbus seinen Plan, den Seeweg
nach Indien in der westlichen Richtung zu suchen, also nicht durch
Umschiffung von Afrika, am spanischen Königshof vor, nachdem
Johann II. von Portugal auf Betreiben seiner Sachverständigen

9

dieses Projekt abgelehnt hatte. Jener stimmte schließlich zu, wobei neben dem Bekehrungseifer der Katholischen Könige auch die Geldbedürfnisse der Krone eine entscheidende Rolle mitspielten. Die Okkupation von Ländereien sollte zudem der Aufnahme von Handelsbeziehungen dienen und diese Handelsgeschäfte sichern. Kolumbus hatte jedoch nicht einen Seeweg in westlicher Richtung nach Indien gefunden, wie er irrtümlich annahm, sondern Amerika entdeckt (1492), dessen Länder in den nächsten Jahrzehnten die Krone Kastiliens in Besitz nahm. Die durch Isabella und Ferdinand vereinigten Königreiche sollten nun ein Tätigkeitsfeld von ungeahnten Möglichkeiten finden. »Die ›Reconquista‹ in gesteigerter Form: Eroberung von Ländereien, Bekehrung von Ungläubigen, nahm von diesem Ereignis aus in einem bisher unbekannten Kontinent ihren Anfang.«[2]

Inspiriert vom Kreuzfahrergeist und motiviert von Abenteuerlust, vom Streben nach Macht, Ruhm und Gold setzten waghalsige und unerschrockene portugiesische und spanische Seefahrer das Unternehmen der Entdeckungen und Eroberungen zu des Kolumbus Lebzeiten und dann nach seinem Tod fort. Im Jahre 1500 entdeckte der Portugiese Pedro Alvares Cabral die Küste Brasiliens. Trotz geographischer Hindernisse und Schwierigkeiten unterschiedlicher Art erschloß man innerhalb von 30 Jahren die gesamte südamerikanische Pazifikküste (1553). Bei ihren Eroberungszügen gingen die Konquistadoren rücksichtslos und brutal vor. Jeder, der ihnen sich widersetzte, wurde unbarmherzig niedergemacht. Ganze Stämme und Völkerschaften rotteten die Eroberer aus oder dezimierten sie fast vollständig. Dabei halfen den Spaniern Spannungen und Verfall im Inneren der Indianer-Reiche auf dem Festland sowie fehlende Solidarität der Eingeborenen den Weißen gegenüber. So vermochte Cortez, Eroberer von Mexiko (1519–1521), nach drei Schlachten gegen die Tlascalteken diese als Verbündete zu gewinnen, mit deren Unterstützung er die Azteken unter Moctezuma II. sich unterwarf. Ihre Hauptstadt machte man dem Erdboden gleich und gründete an ihrer Stelle die heutige Stadt Mexiko. Im Inkareich von Peru, das Pizarro 1532 erobert hatte, kamen den spanischen Eroberern das vorzügliche Straßennetz und ein damals ausgebrochener Bürgerkrieg recht gelegen. Pizarro, dem Verhalten von Cortez folgend, brachte den einheimischen Fürsten Atahuallpa in seine Gewalt und ließ ihn erwürgen, nachdem er zuvor unter Mißbrauch des fürstlichen Namens das Land ausgeplündert hatte. 1535 erfolgte die Gründung von Lima, der Hauptstadt Perus. Der Kampf gegen das gut organisierte und kriegerische Volk der Araukaner in Chile und Westargentinien konnte erst 1883 durch Chile beendet werden.

Bald nach der Entdeckung der Küste von Venezuela durch Spanier begannen große Sklavenjagden, die auch in anderen Ländern an der Tagesordnung waren. Denn im Zeitalter der Entdeckung und Eroberung Amerikas war bei den Völkern, die die überseeische Expansion Europas vorantrugen, die Sklaverei nicht nur eine allgemeine Praxis, sondern zugleich eine durch Kirche, Staat, Recht und Sitte anerkannte Einrichtung. So hat z.B. das deutsche Handelshaus der Welser durch seine Vertreter Heinrich Ehinger und Sailer 1528 mit der spanischen Krone einen Kontrakt geschlossen, demzufolge die Welser in einem Zeitraum von vier Jahren 4000 Neger aus Afrika nach dem spanischen Kolonialreich verkaufen sollten. Übrigens war dies der erste für die Neue Welt rechtsgültig geschlossene Handelsvertrag mit Negersklaven.[3]

2. Das Zueinander von Kolonisation und Mission[4]

Die den amerikanischen Subkontinent erobernden Spanier und Portugiesen stießen auf eine recht unterschiedliche politische, soziale und religiöse Struktur.[5] Auf die Phase der erobernden Expansion folgte die Zeit der Kolonisierung, der eine intensive Missionierung der unterworfenen Bevölkerung korrespondierte. Bereits auf den Eroberungszügen hatten Missionare die portugiesischen und spanischen Konquistadoren nach Lateinamerika begleitet.

In der über 300jährigen Kolonialepoche haben Spanien und Portugal das politische, gesellschaftliche, wirtschaftliche, religiöse und kulturelle Leben wesentlich »lateinisch« geprägt, da die Regelung aller wichtigen Fragen beide Länder grundsätzlich sich vorbehielten. Während dieses Zeitabschnittes sind die bestimmenden Strukturen grundgelegt worden, die bis in die Gegenwart nachwirken. Insbesondere begünstigte bzw. verhinderte die unangreifbare Autorität der spanischen Könige eine eigenständige Politik in den Kolonien. Bei der Kolonisierung leistete die katholische Kirche auf der iberischen Halbinsel wegen ihrer engen Beziehung zum Staat in der Regel systemkonforme Amtshilfe, wenngleich es immer wieder zu erheblichen Interessenskonflikten zwischen beiden Partnern kam. Überhaupt kann die Kirchengeschichte im Lateinamerika der Kolonialzeit nicht als spezifischer Bereich des Geschehens isoliert betrachtet werden. Denn wegen der angedeuteten Verflechtung von Kirche und Staat, der weitreichenden Bedeutung der Missionen und dem maßgeblichen kirchlichen Einfluß auf Gesellschaft und Kultur tangiert sie alle Gebiete des kolonialen Lebens, weshalb sie nur vor diesem umgreifenden Horizont je zutreffend zu reflektieren ist. Allerdings kann darauf nicht näher eingegangen werden.

Das enge Wechselverhältnis von Kirche und Staat in den iberischen Ländern beeinflußte auch maßgeblich die missionarische Einstellung und Haltung staatlicher wie kirchlicher Kreise den neu entdeckten und unterworfenen Völkern gegenüber, es wirkte sich aus auf die missionstheologische Begründung und das methodische Vorgehen bei der Missionierung. Dazu schreibt Richard Konetzke: »Die Entdeckung und Eroberung Amerikas erfolgten unter staatlicher Leitung und entsprangen nicht kirchlicher Initiative, aber der päpstliche Missionsauftrag an die Monarchen, der zugleich als legitimer Rechtstitel für die Besitznahme der überseeischen Welt betrachtet wurde, bedingte eine bedeutsame Mitwirkung der Kirche an der Gestaltung des amerikanischen Lebens unter der europäischen Herrschaft. Der stärkere Partner blieb dabei die politische Gewalt. Die Kirche geriet in eine weitgehende Abhängigkeit vom Staat. Die Tendenzen zur Ausbildung eines Staatskirchentums, die in der Entstehung des modernen Staates und insbesondere auch in der Staatsgründung der Katholischen Könige hervortraten, zeigten sich in den zunehmenden Ansprüchen der spanischen Monarchie, die kirchlichen Einrichtungen der Neuen Welt entscheidend zu bestimmen.«[6]

Die Weiterentwicklung kirchenpolitischer Organisation im Mutterland, die im Zusammenhang mit den Reconquistakriegen zu sehen ist, wirkte sich auch aus auf die überseeische Machterweiterung, die Einrichtung von Kolonien und auf die Bekehrungsversuche der Missionare. Denn die spanischen Monarchen beanspruchten das Patronatsrecht ebenfalls in den neu erworbenen Gebieten mit dem Hinweis auf ihre Verdienste während der kriegerischen Auseinandersetzungen mit den Ungläubigen und auf die Ausbreitung des christlichen Glaubens. Verfassungsrechtlich galten die Kolonien »Las Indias« (= die Festlands- und Inselgebiete Hispano-Amerikas) als ein Teil von Kastilien, die seit 1524 eine geschaffene Zentralbehörde, der »Indienrat«, regierte. Die in Spanien erlassenen Gesetze besaßen in Amerika verbindliche Rechtskraft. Theoretisch waren die Indios als Untertanen der Krone vor dem Gesetz mit den Spaniern gleich, obwohl dieser Rechtsgrundsatz in der Praxis zumeist reine Fiktion blieb. Eingeteilt wurden die Kolonien in zwei Vizekönigreiche, denen sieben oberste Verwaltungs- und Gerichtsbehörden, die Audiencias, unterstanden. Die spanischen Kolonisten gründeten systematisch Städte, denen sie eine Verfassung nach dem Vorbild ihrer Heimat gaben: mit Bürgermeister, Stadtrat, Beigeordneten und staatlicher Kontrollinstanz. Mißbräuchen in der Verwaltung beugte man durch die Errichtung einer Untersuchungsbehörde vor. Zudem konnten bei Beschwerden die Untertanen sich direkt an den König wenden.

3. Die kirchlich-theologische Legitimation der kolonialen Besitzrechte

Nicht selten versucht man die Eroberung Lateinamerikas durch Spanier und Portugiesen ausschließlich mit dem Hinweis auf die materielle Ausbeutung der Reichtümer in den Kolonien zu erklären. Eine derartige Interpretation ist aber einseitig und wird der komplexen Motivation der iberischen Conquista nicht gerecht. Denn die Konquistadoren selber verstanden sich als Vorkämpfer des Christentums, wenngleich wir dies angesichts ihres rücksichtslosen und inhumanen Verhaltens den Eingeborenen gegenüber kaum begreifen können, da die Vorstellungswelt und das Rechtsempfinden der damaligen Zeit uns heute unverständlich sind. Dieses Selbstverständnis, inspiriert u. a. durch den Rückgriff auf Erfahrungen der Reconquista-Zeit, läßt sich jedoch nur von dem universalen Charakter der mittelalterlichen Idee vom »orbis christianus« adäquat verstehen.

Von der Auffassung des »orbis christianus« und der päpstlichen Universalherrschaft bestimmt, unternahmen es die spanischen Kronjuristen, die Besitzansprüche auf die eroberten Gebiete mit ihrer Bevölkerung juristisch zu begründen und zu rechtfertigen. Diese Rechtsbegründungen lösten innerhalb der spanischen Spätscholastik heftige theologische Kontroversen aus. Die Grundlage dieser Dispute stellten die päpstlichen Bullen zugunsten der beiden iberischen Länder dar, die Voraussetzung waren, die staatliche Schutzherrschaft mit dem alleinigen Recht der Heidenmission über die in Westindien sich konstituierende Kirche auszudehnen.[7]

Bereits die Patronatsbulle Papst Innozenz' VI. von 1486 während des Feldzuges gegen das Maurenreich Granada gewährte den spanischen Königen das Propositionsrecht für die Besetzung der Bischofsstühle und die Vergabe aller kirchlichen Benefizien. Der römische Pontifex trat außerdem an die Regenten den Zehnten ab, den die bekehrten Mauren dieses Reiches an die Kirche zu entrichten hatten. Vor allem aber begünstigten folgende päpstlichen Edikte, die als Legitimation der kolonialen Besitzverhältnisse aufgefaßt wurden, die Ausbildung des Patronatswesens in den Ländern der Neuen Welt:

1. Die Bulle »Inter caetera« (1493) anerkennt das Besitzrecht der spanischen Könige auf die Kolonien, weil sie um die Ausbreitung des Christentums sich bemühen. Außerdem gewährt das Reskript ihnen das ausschließliche Zugangsrecht zu den Kolonien und alle geistlichen Privilegien, die früher den portugiesischen Monarchen von den Päpsten verliehen worden waren.

2. Eine weitere Papstbulle des gleichen Jahres erteilt Pater Boil, vom spanischen Königspaar entsandt, die Vollmacht, in Westindien Kirchen und Kapellen zu errichten und zu konsekrieren sowie die Sakramente zu spenden.

3. In einer Bulle von 1501 überläßt der Papst den Katholischen Königen den Kirchenzehnten der Bewohner Westindiens. Dafür übernehmen sie die Pflicht, für den Bau von Kirchen und deren Dotierung angemessen zu sorgen.

4. Die Bulle »Universalis Ecclesiae« Julius' II. aus dem Jahre 1508 überträgt den spanischen Königen das Universalpatronat in Amerika, nachdem Ferdinand zuvor für sich und alle Nachfolger in Kastilien-León das unbeschränkte Patronatsrecht auf ewige Zeiten reklamiert hatte: Die Krone erhält das Recht, dem römischen Bischof geeignete Personen für sämtliche Metropolitan-, Kathedral- und Kollegiatkirchen sowie für alle übrigen geistlichen Würden vorzuschlagen. Für die restlichen kirchlichen Ämter und Pfründen unterbreitet der König oder sein Stellvertreter die Vorschläge dem zuständigen Ortsordinarius.

Diese rechtlichen Zugeständnisse an das spanische Königtum in kirchlichen Angelegenheiten haben spätere Päpste mit der Begründung noch erweitert, diese Herrscher hätten Länder von Heiden erworben und deren Bekehrung als Pflicht sich auferlegt.[8]

Durch die konsequente Handhabung der Patronatsrechte hatte Ferdinand der Katholische, der ein königliches Vikariat für die Kirche der Neuen Welt beanspruchte und jede direkte Intervention Roms in diesen Ländern zu unterbinden suchte, das Fundament für ein Staatskirchentum in Hispano-Amerika gelegt. Seine Nachfolger Karl V. und dessen Sohn Philipp II., die dezidiert für die Reinheit des katholischen Glaubens sich verantwortlich erklärten, griffen noch unmittelbarer in die Organisation und Verwaltung der amerikanischen Kirche ein. Der von Karl V. gegründete Indienrat rangierte als oberste staatliche Behörde auch für die geistlichen Angelegenheiten. Päpstliche Erlasse bedurften zu ihrer Publikation in der amerikanischen Kirche des landesherrlichen Plazet, das

Kaiser Karl V. im Jahre 1538 eingeführt hatte. Sein Nachfolger wollte die Kirche Lateinamerikas noch stärker der Staatsautorität unterordnen, und zwar intendierte er eine Zentralisierung des gesamten Kirchenwesens durch eine den Diözesen übergeordnete und von ihm abhängige Institution. Seinen Plan eines Patriarchats für Amerika lehnte die Kurie mit dem Hinweis ab, es könnte sonst in diesen Ländern eine selbständige Kirche sich entwickeln. Rom bemühte sich seinerseits um eine unmittelbare Einflußnahme auf die kirchlichen Angelegenheiten in der Neuen Welt. Die Errichtung einer Nuntiatur für Hispano-Amerika sollte diesem Zweck dienen. Aber die spanischen Könige gestatteten dies nicht. Bis zum Ende der Kolonialzeit blieb es so.

Da die spanische Krone immer nachdrücklicher in rein innerkirchliche Fragen sich einmischte und die Kirche unter ihrer Botmäßigkeit hielt – die Bischöfe erhielten den Charakter von Staatsbeamten und waren mit zahlreichen weltlichen Pflichten beauftragt –, kam es wegen ständiger Kompetenzüberschreitung zu Konflikten mit der kirchlichen Autorität.[9] Deshalb sahen die spanischen Könige sich genötigt, ihr Eingreifen in weite Bereiche kirchlichen Lebens juristisch zu begründen und zu legitimieren. Denn das Rekurrieren auf das Patronatsrecht genügte nicht mehr. Zu diesem Zweck entwickelten Theologen und Juristen die Vikariatstheorie. »Die Papstbullen von 1493, so lehrte man, haben die Katholischen Könige und ihre Nachfolger zu Delegierten oder Vikaren des Papstes gemacht. Wie Christus den Apostel Petrus und dieser das Oberhaupt der römischen Kirche zu Vikaren eingesetzt hatten, so habe Papst Alexander VI. die Katholischen Könige dazu bestimmt, daß sie in seinem Namen die Mission der Heiden und die Stiftung und Ausstattung der Kirchen, ja überhaupt die Sorge für das geistliche Wohl der Menschen in jenen überseeischen Entdeckungen übernehmen. Man nannte darum den spanischen König auch ›Vikar Christi‹. Für den Indienrat ist, wie sein Mitglied, der gelehrte Jurist Juan de Solórzano, darlegte, diese Lehre das unverrückbare Fundament für die spanische Kirchenpolitik in Amerika geblieben.«[10]

Die Entwicklung der Theorie vom königlichen Vikariat begünstigte im 18. Jahrhundert das Vordringen staatskirchlicher Bestrebungen in der Form des Gallikanismus oder Regalismus. Im selben Jahrhundert wurde diese Theorie durch die Lehre vom Gottesgnadentum erweitert und vertieft. Danach stammt die königliche Gewalt unmittelbar von Gott. Diese Auffassung führte zur konsequenten These, Gott habe die spanischen Könige beauftragt, »die Länder der Neuen Welt zu erobern und ihre Einwohner zum

Christentum zu bekehren. Es besteht hier keine Unterordnung unter das Papsttum. Die Monarchen sind kraft ihres Herrscheramtes beauftragt und befugt, den christlichen Kult zu beschützen, über die Beachtung der Kirchengesetze zu wachen und die geistliche Disziplin aufrechtzuerhalten. Patronat und Vikariat werden zu einem Kronregal und bedeuten nicht mehr Rechte, die aus päpstlichen Verleihungen hervorgegangen sind. Das sakrale Königtum erhebt sich über die Kirche.«[11] Nur in Fragen der Disziplin anerkannte man die Zuständigkeit der Päpste. Es muß jedoch betont werden, daß die spanischen Herrscher als Vikare und Delegierte des Papstes sich verstanden und ihre Vollmacht in kirchlichen Belangen von den päpstlichen Konzessionen herleiteten, also nicht die letzte Konsequenz aus dieser juristischen Argumentation gezogen hatten.

Daß die Kirche in den Kolonien in eine größere Abhängigkeit von der Staatsgewalt geriet als im Mutterland, läßt sich richtig nur verstehen aus der staatlichen Leitung der Heidenmission in Übersee, wozu vornehmlich die Papstbullen aus dem Jahre 1493 die Autorisierung gegeben hatten. Denn die Päpste von Alexander VI. bis Pius V., völlig von den politischen und kirchenreformatorischen Querelen der Zeit absorbiert, überließen der spanischen und portugiesischen Krone die Organisation der Missionstätigkeit. Sie griffen nur bei außergewöhnlichen Anlässen ein und dann nur, wenn sie darum gebeten worden waren. Erst nach dem Konzil von Trient widmeten sich die Päpste verstärkt der Verbreitung des Evangeliums unter den Nicht-Christen. Dabei stießen sie auf die mittlerweile zur Tradition gewordenen Kompetenzansprüche im spanisch-portugiesischen Herrschaftsbereich. Es gelang dem Papsttum 1585 nur die Durchsetzung der »Visitatio ad limina«. Dennoch blieb es bemüht, eine unmittelbare, zentrale Kontrolle über die Kirche in der Neuen Welt zu gewinnen, was in etwa indirekt mit der 1622 gegründeten Kongregation »De Propaganda Fide« gelang.

Portugal erlangte die gleichen Rechte wie Spanien auf eine etwas andere Weise. Grundlage für die Patronatsrechte der portugiesischen Krone in den afrikanischen Kolonien war die Bulle vom 13. März 1456, die den Großmeister des portugiesischen Christusordens mit der Heidenmission beauftragte und ihm die bischöfliche Jurisdiktion und die Verwaltung der Kirchenzehnten übertrug. Im Jahre 1514 wurden diese Privilegien nun auf Portugiesisch-Amerika ausgedehnt. Da 1495 der Großmeister Herzog von Beja als Manuel I. den portugiesischen Thron bestieg, gingen die Patronatsrechte auf das Königtum über. Allerdings wurde die Großmeisterwürde endgültig erst 1551 der portugiesischen Krone integriert, so daß fortan das Patronatsrecht und die Prärogative des Ordensgroßmeisters dem Königtum einen maßgeblichen Einfluß auf die Kirche in Brasilien ermöglichten. Die auf dem ersten Provinzialkapitel von 1707 verabschiedeten Konstitutionen legten die Kirchenordnung der brasilianischen Bistümer fest. Wie in den spanischen Kolonien Lateinamerikas begründeten die päpstlichen Dokumente das enge Verhältnis von Kirche und Staat in der portugiesischen Kolonie Brasilien. Grundlage für das Zueinander von Kolonisation und Mission waren auch hier das juristisch-theologisch legitimierte Besitzrecht und das Patronat des Mutterlandes.[12]

4. Die iberische Kolonialpolitik

Den Konquistadoren ging es bei der Kolonisierung Lateinamerikas vornehmlich darum, möglichst schnell Reichtümer in dem neuentdeckten Kontinent zusammenzuraffen und diese ins Mutterland zu bringen. Ihnen lag wenig am Aufbau einer autarken, wirtschaftlichen Existenz. Die spanische Krone gründete 1503 eine zentrale Verwaltungsstelle für das staatliche Monopol über Handel und Verkehr mit den überseeischen Gebieten. Dem wenige Jahre später geschaffenen »Consejo de las Indias« oblagen Verwaltung und Rechtsprechung in den Kolonien sowie die gesetzlich reglementierte Auswanderungs- und Bevölkerungspolitik.

Die Landverteilung in den Kolonien blieb der Krone vorbehalten, die unentgeltlich Land an die Siedler vergab mit der Auflage, städtische Grundstücke zu bebauen, Ländereien zu roden und zu kultivieren. Im 17. Jahrhundert verkaufte die spanische Kolonialverwaltung daneben auch das Land als »Lehen« (encomiendas). Diese Besiedlungspolitik, die die Grundlage für die heute noch existierende ausgeprägte Sozialstruktur gelegt hatte, führte zur Bildung der großen Latifundien und zu Bodenspekulationen, denen die Krone oft keinen Einhalt gebieten konnte. In der portugiesischen Kolonie Brasilien begünstigten die lehnsrechtlichen Schenkungen an sogenannte »Donatários«, die in einem Vasallenverhältnis zum König standen, von vornherein die Latifundienwirtschaft.

Innerhalb dieser kurz skizzierten strukturalen Verhältnisse und Voraussetzungen erfolgte die Christianisierung Lateinamerikas, die einer Hispanisierung gleichkam, da Bekehrung zum Christentum und Einbeziehung in den abendländischen Macht- und Kulturbereich sich in nichts unterschieden. Die Heidenmission sah man als integrativen Teil der iberischen Kolonisation an, und der Bekehrungsauftrag gehörte unabdingbar zu den Prinzipien der gesamten Verwaltungsgesetzgebung. Dabei war Mission Aufgabe der Monarchen, die ihr militärischen Schutz gewährleisteten, den Lebensunterhalt sicherten, Klöster und Kirchen stifteten sowie Missionare ausrüsteten. Insofern war der Missionsauftrag, wie er in den päpstlichen Bullen sich niedergeschlagen hatte, Bestandteil der gesamten Kolonialpolitik.

Die enge Verbindung von Mission und Kolonisation läßt sich außer an der sogenannten Konquistadorenproklamation und der Einrichtung der »Encomienda« auch an den strengen Auswanderungsbestimmungen ablesen, wonach Juden, Mauren, Ketzern, Zigeunern und Neugetauften die Ausreise untersagt war. Man fürchtete nämlich um die ungehinderte Bekehrungsarbeit. Wenn Portugal den ausländischen Einwanderern nach Brasilien gegenüber sich zwar großzügiger verhielt, so war das katholische Glaubensbekenntnis doch Voraussetzung zur Einwanderungserlaubnis. Dahinter stand die Sorge, die nichtkatholischen Siedler könnten die Einheit zwischen Kirche und staatlicher Gesellschaft zerstören. Von hier aus wird auch die Praxis der Massentaufe der Negersklaven in Angola vor ihrer Verschiffung nach der Neuen Welt verständlich.

Die missionarische Tätigkeit unter den Eingeborenen war geprägt von einer zweifachen Signatur: Einerseits befand sie sich in einem Abhängigkeitsverhältnis zum Staat, der die Arbeit der Missionare zu einem Instrument der Kolonisation degradierte, zum anderen hatte die energische Kritik der Missionare an bestimmten Formen der Kolonialpolitik zu einer ernsthaften Diskussion um die Kolonialethik geführt. In ihrem Mittelpunkt stand die Frage der Gewaltanwendung, Ausbeutung und Unterdrückung der Eingeborenen. In diesem Zusammenhang sei paradigmatisch auf die hauptsächlich vom Jesuitenorden eingerichtete Institution der Reduktionen zum Schutz der Indios vor Übergriffen und Verfolgungen durch die weißen Siedler und auf das Wirken des Dominikaners Bartolomé de Las Casas hingewiesen, der entschieden für die Rechte der Indios gekämpft und für ihre menschenwürdige Behandlung gegenüber der spanischen Krone und den Kolonisten sich eingesetzt hat. Las Casas, dessen Eingeborenenpolitik allerdings nicht einer gewissen Widersprüchlichkeit entbehrt, wandte sich vor allem gegen das Encomiendasystem, womit u. a. das Problem der Indianersklaverei angesprochen ist.[13]

Neben der eigentlichen Sklaverei und auch nach deren Beseitigung gab es andere Formen unfreier Arbeit. Spanier und Portugiesen bemächtigten sich gewaltsam der Indianer für die Haus-, Feld- und Bergwerkarbeiten. Nach dem Willen der spanischen Herrscher durften die Eingeborenen keinem Dienstzwang unterworfen werden, da sie als freie Untertanen galten. Die zeitweilige Personalunion der spanisch-portugiesischen Reiche ermöglichte ein schärferes Einschreiten gegen den inneramerikanischen Sklavenhandel. Ein Gesetz aus dem Jahre 1609 erklärte alle Indianer zu grundsätzlich freien Menschen. Wegen des scharfen Protestes der Kolonisten mußte die Krone dieses Gesetz aufheben und die Sklaverei in einem »gerechten Krieg« gegen die Indianer gestatten. Fortan hatten die Generalgouverneure darüber zu befinden, ob und wieweit sie die Eingeborenen vor Versklavung schützen konnten. Trotz staatlicher Gesetzgebung kam es faktisch bis weit in die Neuzeit in den lateinamerikanischen Ländern immer wieder zu Versklavungen. Auch die Kirche hatte die Indianersklaverei bekämpft. So verbot eine 1639 erlassene Bulle unter Androhung der Exkommunikation die Versklavung von Indios, ganz gleich wie man sie zu begründen suchte. Aber erst durch die Einfuhr von Negersklaven aus Afrika und durch die Vermischung von Indianern und Weißen wurde das Indianerproblem praktisch gelöst.

Die Europäer rechtfertigten ihr Verhalten den Eingeborenen gegenüber z. B. damit, daß der Arbeitszwang ein probates Erziehungsmittel sei, die einheimische Bevölkerung, die eine regelmäßige und anstrengende Arbeitsweise nicht kannte, vom Müßiggang zu befreien, der sie anfällig mache für Trunksucht und andere Laster. Eine zwangsweise Gewöhnung der Indios an eine geregelte Arbeitsordnung werde ihre Zivilisierung und Christianisierung einleiten.

Zusammenfassend läßt sich konstatieren: Aufgrund der weitgehenden Identität von Kirche und Staat geriet die Kirche in Abhängigkeit des Staates. Andererseits unterstützte der Staat die Katholisierung Lateinamerikas und garantierte dem Katholizismus die privilegierte Stellung als Staatsreligion. Überdies verhinderte die staatliche Inquisition während der Kolonialzeit weitgehend den Einfluß der Reformation und den ausländischer Ideen, die dem katholischen Glauben abträglich gewesen wären. Da die koloniale Kirche eine aus mehreren Gründen importierte Staatskirche blieb, bedeutete beispielsweise die Katholisierung Lateinamerikas nicht zugleich die Entwicklung und Förderung einer eigenen Religiosität. Zudem verweigerte man den Eingeborenen mit dem Hinweis auf ihre angeblich geringere Intelligenz und ihr Unvermögen, den Zölibat einzuhalten, den Zugang zu kirchlichen Ämtern. Aufgrund eines portugiesischen Gesetzes sollte der Klerus in Brasilien eine weiße, rassenreine Aristokratie bleiben. Die Eigenart dieses kolonialen Katholizismus ließ die lateinamerikanische Kirche bis in die Gegenwart eine vom Ausland abhängige Institution sein, die zu jeder Zeit unter Priestermangel zu leiden hatte. Die offizielle Kirche als Kirche der Herrschenden, nämlich der Eroberer, der spanischen und portugiesischen Kolonisten sowie der kreolischen Aristokratie, kontrastierte mit dem Volkskatholizismus der Eingeborenen.[14]

5. Die Unabhängigkeitsbewegungen

Den Anstoß zum emanzipatorischen Freiheitskampf gegen die koloniale Abhängigkeit und Unterdrückung sowie zum Niedergang der iberischen Kolonialmacht in Lateinamerika gaben recht vielfältige Faktoren, auf die hier im einzelnen nicht eingegangen werden kann.[15] Entscheidend trugen zu den Unabhängigkeitskriegen die Struktur und Praktiken der zentralistischen und intoleranten spanischen Kolonialverwaltung bei, die einseitig die im Mutterland geborenen Personen bei der Besetzung von Ämtern zuungunsten der Kreolen bevorzugte. Darüber hinaus reglementierte eine Unzahl von Gesetzen das von Spanien fremdbestimmte wirtschaftliche, soziale, politische und kulturelle Leben. Insbesondere ließ sich das im Mutterland vorherrschende kapitalistische Wirtschaftsleben mit den in den Kolonien bestehenden feudalistischen Wirtschafts- und Sozialstrukturen nicht in Einklang bringen. Dadurch und durch die großen kulturellen Wandlungen infolge der Propagierung aufklärerischen Gedankenguts staute sich im Lauf der Zeit starke Unzufriedenheit bei breiten Schichten der Bevölkerung an, die in mehreren Phasen und in verschiedenen Regionen bei kriegerischen Auseinandersetzungen sich entlud. Dabei spielten neben dem Freiheitskämpfer Simón Bolívar als qualifiziertestem Anführer der Unabhängigkeitsbestrebungen im nördlichen Südamerika Priester eine maßgebliche Rolle. So rief z. B. der in Mexiko geborene Priester Hidalgo zum bewaffneten Aufstand gegen die Spanier auf. Er proklamierte die Freiheit der Sklaven und versprach den Indios die Rückgabe ihrer Ländereien. Aber die Erhebung scheiterte trotz der aufgebotenen achtzigtausend Mann am Waffenmangel, der unzulänglichen militärischen Ausbildung seiner Truppen und am Mißtrauen der Großgrundbesitzaristokratie wegen der sozialen Zielsetzung des Kampfes. Schließlich siegte dennoch die Revolution. Sie bewirkte zwar keine größeren sozialen Struktur-

wandlungen, aber die neuen Aufstiegschancen verursachten eine
starke soziale Mobilität.

Nur allmählich erlangte die errungene Unabhängigkeit internationale Anerkennung. Im Zuge des Unabhängigkeitskrieges hat man
die verhaßte Inquisition abgeschafft, teilweise den Indianertribut
aufgehoben, die Sklaverei und die, zumindest in juristischer
Hinsicht, vielfältigen sozialen Klassenunterschiede beseitigt. Außerdem sind die Handelsfreiheit eingeführt und die Einwande-
rungsbestimmungen gelockert worden. Allerdings haben diese
Verordnungen nur unwesentlich die Situation der sozial unterprivilegierten und ausgebeuteten Schichten verbessert, sie im Gegenteil
bisweilen sogar verschlechtert. Eine Erbschaft aus dieser Epoche,
die bis in die gegenwärtige lateinamerikanische Gesellschaft, wenn
auch in gewandelter Form, hineinwirkt, ist die besondere Position
des Militärs.

Brasilien machte diesbezüglich eine von Hispano-Amerika ver-
schiedene Entwicklung durch. Wegen der Übersiedlung des portu-
giesischen Hofes nach Rio de Janeiro infolge der Okkupation
Portugals durch Napoleon blieben die Administrations- und
Regierungsinstitutionen in Brasilien intakt, das nach der Loslösung
Uruguays im Jahre 1828 zur politischen Einheit unter einer
einheimischen Zentralregierung sich entwickelte. Wenngleich die
Aufhebung von Handelsbeschränkungen die Wirtschaft dynami-
sierte, Anfänge einer Industrialisierung und der Ausbau der
Infrastruktur sich registrieren ließen, so gründete sich weiterhin die
Gesellschaft auf den von Sklaven bearbeiteten Großgrundbesitz.

Insgesamt nahm die Kirche während der Unabhängigkeitskämpfe
eine ambivalente Haltung ein. Wichtig zu wissen ist, daß es nicht
genuin religiöse Gründe gewesen sind, die den gewaltsamen
Aufstand ausgelöst hatten. Die Libertadores bekämpften nicht die
katholische Religion, wohl aber den Klerikalismus als politischen,
wirtschaftlichen und geistigen Machtfaktor innerhalb der lateinamerikanischen Gesellschaft. Die enge Verbindung der Kirche mit
dem Staat und der Oligarchie der konservativen Großgrundbesitzer, die Beteiligung der Kirche an den vielfältigen Aufgaben der
Kolonialregierung und ihre privilegierte Machtposition ließen sie
zum verhaßten Angriffsziel der antiklerikalen Liberalen werden.
Während der hohe Klerus fast durchweg eine Interessengemeinschaft mit dem Großgrundbesitz bildete, stand der niedere Klerus
in der Regel auf seiten der Revolution. Er partizipierte am
materiellen Elend der einheimischen Bevölkerung und setzte sich
für sozial-revolutionäre Ideen ein. Wegen des Engagements für die
Unabhängigkeit wurde er von der Hierarchie verfolgt und abgeur-

teilt. Die Folgen der Unabhängigkeit für den Katholizismus in Lateinamerika lassen sich deshalb nicht positiv bewerten. Denn die Interessengemeinschaft der offiziellen Kirche mit Spanien verwickelte sie ständig in die politischen Auseinandersetzungen, bei denen es der Kirche vornehmlich um die Verteidigung ihres Besitzstandes und ihrer Privilegien ging, die sie jedoch im Laufe der Zeit zum guten Teil eingebüßt hatte.

6. Die lateinamerikanische Kirche der Gegenwart im Kampf gegen Unterdrückung und für Befreiung

Die antikoloniale Bewegung in Lateinamerika hatte zwar nominell die politische Unabhängigkeit gebracht, aber faktisch blieben die hierarchische Sozial- und die durch den Großgrundbesitz geprägte Besitzstruktur weitgehend bestehen, da der emanzipatorische Befreiungsprozeß sich nicht radikal durchzusetzen vermochte. Es kam vielmehr zu neuen Formen von kolonialer Unterdrückung, Abhängigkeit und Unmündigkeit. Denn die Stelle des Mutterlandes nahmen industriell und technologisch fortgeschrittenere Auslandsmächte ein, insbesondere England und die USA.
Der gegenwärtig in den lateinamerikanischen Ländern zu konstatierende nationale Befreiungsprozeß als erneuter Kampf um Unabhängigkeit, der alle revolutionären Kräfte des Kontinents zusammenführen soll, dessen gemeinsame Last eine Vergangenheit kolonialer Abhängigkeit und eine Gegenwart in Armut, Ausbeutung und sozialer Ungleichheit ist, intendiert die Veränderung der kolonialen Sozialstruktur und die Überwindung des typischen ökonomischen Imperialismus, d. h. der wirtschaftlichen und politischen Fremdbestimmung von außen. Diese revolutionäre Entwicklung wirkt auf die Kirche und die Christen zurück. Sie sind zur Parteinahme aufgefordert. Es läßt sich in der Tat beobachten, daß nicht allein weite katholische Laienkreise, sondern auch zahlreiche höhere und niedere Kleriker angesichts der schreienden Not und Mißstände die Revolution, verstanden als Neugestaltung der sozialen Ordnung, für notwendig halten, um gerechtere politische und sozio-ökonomische Strukturverhältnisse zu schaffen.[16] Die vor dem Hintergrund von »Unterentwicklung« und »Abhängigkeit« in und für Lateinamerika geforderte Revolution wird nämlich begriffen als eine Reaktion auf die gesellschaftspolitische und wirtschaftliche Realität der sozialen Ungerechtigkeit und als Versuch, die Entwicklung kompensatorisch einzuholen, die weder die politische Unabhängigkeit noch spätere Revolutionen ins Werk setzten.

Allerdings gehen innerhalb kirchlicher Kreise die Meinungen für und gegen Gewaltanwendung recht weit auseinander.

Im politischen Bereich führten die neuen Strömungen unseres Jahrhunderts im lateinamerikanischen Katholizismus zur Gründung christlich-demokratischer Parteien, die auf der Basis der bestehenden Gesellschaftsordnung eine reformistische Antithese zum Marxismus durchsetzen wollten.[17] Um ein weiteres Vordringen des Kommunismus zu unterbinden, begann ein Teil der kirchlichen Hierarchie der sozialen Problematik sich intensiv zu widmen. Ein Ergebnis davon war die Konstituierung des Lateinamerikanischen Bischofsrates (CELAM) im Jahre 1955, der u. a. es zur Aufgabe sich gemacht hatte, die unterschiedlichen Initiative im sozialen Bereich zu koordinieren und auf eine »soziale Erneuerung« hinzuwirken. Allerdings opponierten starke Gruppierungen innerhalb des Klerus – vornehmlich unter den Bischöfen –, der jegliche sozialreformerische Aktivität als kommunistische Infiltration entschieden ablehnte und rückhaltlos sich auf die Seite der äußerst reaktionären Kreise des Großgrundbesitzes stellte, gegen die reformistische Politik des CELAM. Gewisse Zäsuren für das Engagement kirchlicher Gruppen im Blick auf den Kampf gegen die vielfältige Unterdrückung und für die notwendige Befreiung stellten in der Folgezeit dar die Pastoralkonstitution des Zweiten Vatikanum »Die Kirche in der Welt von heute«, die Enzyklika »Pacem in terris« Papst Johannes' XXIII. und die von Papst Paul VI. »Populorum progressio«. Mit diesen Dokumenten, die trotz ihrer Schwächen im katholischen Bereich mobilisierend gewirkt hatten, erhielt die Aufforderung an die Christen, an einer humanen Gestaltung der Welt gemeinsam mit anderen »Menschen guten Willens« mitzuarbeiten, offiziellen kirchlichen Charakter.

Wegweisend für eine gesellschaftspolitische Orientierung und für ein echt sozialreformerisches Aktionsprogramm von Katholiken in Lateinamerika war vor allem das Wirken des kolumbianischen katholischen Priesters Camilo Torres, der mit zwei entscheidenden Tabus brach, die das revolutionäre Engagement von Christen hemmen: das Verhältnis zum Kommunismus und zur Gewaltanwendung. Worauf es ihm ankam, ist, »daß alle Menschen ihrem Gewissen folgen, ehrlich die Wahrheit suchen und in wirksamer Weise den Nächsten lieben«.[18] Es kann hier nicht beurteilt werden, ob Torres, der bei einem Gefecht zwischen Partisanen und Regierungsstreitkräften am 15. Februar 1966 den Tod fand, strategisch richtig gehandelt hat, zu diesem Zeitpunkt für den bewaffneten Kampf zu optieren. Tatsache ist es jedenfalls, daß die Ideen und die Praxis des Priesters katholische Studenten, Arbeiter und jüngere Geistliche maßgeblich beeinflußt haben, so daß ihre Radikalisierung nicht ohne Rückwirkung auf die Hierarchie blieb. Denn die konstruktiven Stellungnahmen einzelner Bischöfe zur sozialen Problematik vermehrten sich. Aus ihrer Zahl seien der Erzbischof von Olinda und Recife, Dom Helder Camara, und der Bischof von Crateús (Nordbrasilien), Antonio Batista Fragoso, stellvertretend genannt.

Den grundlegenden Wandel in der gesellschaftspolitischen Orientierung einiger Bischöfe und den Differenzierungsprozeß innerhalb des Katholizismus, die freilich nicht für die Mehrzahl der Hierarchie typisch sind, signalisierte die zweite Generalversammlung des lateinamerikanischen Episkopats vom 26. August bis 7. September 1968 in Medellín (Kolumbien).[19] Trotz aller Harmonisierungstendenzen zeigten bereits die Arbeitspapiere, daß die Aufteilung der Gesellschaft infolge entgegengesetzter Klasseninteressen auch in den Raum der Kirche sich immer noch fortsetzt. Der widersprüchliche Kompromißcharakter des Abschlußdokuments vermag nur unzureichend die Divergenzen innerhalb der Hierarchie zu verdekken. Dennoch darf behauptet werden, daß die Konferenz von Medellin einen historischen Einschnitt in der Geschichte des lateinamerikanischen Katholizismus darstellt. Sie hatte nämlich die Beseitigung von gesellschaftlicher Diskriminierung, sozialer Not und Ungerechtigkeit der unterprivilegierten Schichten als die entscheidende Herausforderung an die Christen verstanden. Dies erklärt, warum einzelne Kommentatoren die Bischofskonferenz von Medellin als eine »Magna Charta« des entwicklungspolitischen Engagements der Kirche in Lateinamerika und als eine »Reformation der lateinamerikanischen Kirche« bewerteten.

Die durch die Konferenz von Medellin markierte Wende innerhalb des Katholizismus in Lateinamerika ließ nach einer »eigenen« Theologie fragen, um das politische Handeln als Befreiung von jeglicher Unterdrückung und die Aufforderung zum politischen Engagement als originär christlich zu legitimieren. Vor diesem Hintergrund ist die in den letzten Jahren in Lateinamerika entstandene »Theologie der Befreiung« zu sehen und als theologische Antwort auf die spezifische Situation dieses Kontinents zu begreifen.

Christian Modehn

Kampf – Kontemplation – Theologie. Eine Skizze

1. Neue Märtyrerberichte

Camilo Torres, der kolumbianische Priester, wurde am 15. Februar 1966 von der Nationalarmee seines Heimatlandes im Guerilla-Krieg erschossen.[1] Zehn Jahre später, am 25. Juni 1975, wurde der nordamerikanische Franziskanerpater Michael J. Cyphen während eines Protestmarsches von 12000 ausgehungerten Landarbeitern von Militärs und Söldnern in Honduras, Zentralamerika, brutal ermordet. Mindestens 20 weitere Demonstranten wurden getötet, der kolumbianische Priester Ivan Betancort wurde entführt und später von der honduranischen Armee erschossen. Der Bischof von Olancho (Honduras) gab bekannt, daß einige Großgrundbesitzer in seinem Bistum eine Kopfprämie von 10000 Dollar auf ihn ausgesetzt hätten.[2]

Die Liste dieser neuesten, nahezu alle Länder Lateinamerikas erfassenden Christenverfolgung ließe sich ohne weiteres fortsetzen. Viele Christen Lateinamerikas werden drangsaliert, weil sie an der Sache der Freiheit trotz aller faschistischer Repression festhalten. Sie lassen sich auch im »Exil« nicht davon abbringen, das Evangelium als Botschaft der Freiheit zu lesen, Theologie der Befreiung sowie Kirche und Befreiung zusammenzudenken!

Michael McKale spricht von einer Guerilla-Mystik,[3] zweifellos ein provozierender Begriff, um das zu begreifen, was sich theologisch, kirchlich und geistlich heute in Lateinamerika tut. Dennoch, der Begriff »Guerilla-Mystik« trifft Wesentliches: In Lateinamerika entsteht eine ganz neue Literatur eigener Art: Erzählungen, Lieder, Essays wachsen im Kampf um mehr Freiheit und Gerechtigkeit, Poesie wird zum Vorzeichen des Künftigen und Lieder werden gesungen, damit ja nicht Sehnsucht und Hoffnung verlorengehen.[4]

Für die christliche Literatur, die sich den Opfern staatlicher Repression zuwendet, gilt, was Michael de Certau geschrieben hat: »Diese – evangelische Literatur – lehrt keine Methoden und auch keine Taktik. Sie ist eher das Äquivalent (dabei auch anregend-dynamisierend) der Märtyrologien, die den christlichen Gemeinden von einst so vertraut waren. Diese Literatur artikuliert einen Glauben – seine revolutionäre Gestalt – auf dem Feld des Politischen.«[5]

Das, was man »Theologie der Befreiung« nennt, umfaßt also ein breites Spektrum: Von eher grundsätzlichen wissenschaftlichen Werken bis hin zu spontan formulierten Gedichten aus dem Freiheitskampf, in dem auf einmal deutlich wird, daß Jesus als der Befreier gar nicht so fern ist, daß seine befreiende Botschaft vielmehr *wirksam* ist. Vielen engagierten Christen sind gegenwärtig Freiheit und Befreiung zentrale Anliegen. Das gilt auch, wenn einzelne Bischöfe und Bischofskonferenzen die große zweite Generalversammlung der Bischöfe in Medellin (1968), die »Befreiungskonferenz«, am liebsten wieder rückgängig machen möchten.[6]

2. Die kontemplative Erfahrung

Die entscheidende Frage ist, von woher sich dieses spezifische sozialpolitische Engagement begründet. Woraus lebt dieser entschlossene Wille der im Befreiungskampf engagierten Christen, auf seiten der Unterdrückten zu stehen und deren Probleme zu den eigenen zu machen und, wenn möglich, jene Parteien zu unterstützen, die der Sache der Armen am ehesten dienen können? Wer eine solche Frage stellt, wird neue Perspektiven der Befreiungstheologie entdecken, er kann nicht mehr allein von qualitativen Reformen oder von »revolutionärer Praxis« reden, um Theologie der Befreiung zu bestimmen. In dieser Horizonterweiterung wird nicht übersehen, daß die interessierte politische Analyse in der Theologie der Befreiung selbst eine entscheidende Rolle spielt. Die Frage ist jedoch, wie diese engagiert-interessierte Perspektive zustande kommt, unter der das ökonomische und politisch-soziale Leben analysiert wird. Und vor allem: Unter welchen Bedingungen bleibt diese Perspektive von Dauer und Beständigkeit?
Hier soll darauf hingewiesen werden, daß die Befreiungspraxis wie auch die von ihr her reflektierende Theologie von einer ursprünglichen Erfahrung her leben, die als so etwas wie ein notwendiger Ermöglichungsgrund von Befreiungspraxis/-theologie anzusehen ist: Es ist die viel zu oft übersehene *kontemplative Grunderfahrung* der Befreiungstheologie. Damit ist schon die eigenartige dialektische Beziehung zwischen Glauben und politischer Aktion in Lateinamerika angedeutet. Hier wird also die dualistische Version abgewiesen, wonach die Absolutheit des Glaubens die »Realität« der politischen Stellungnahmen überhaupt nicht berührt. Diese dem dualistischen Modell verpflichteten Christen vergessen, daß auch eine vornehmlich im rein geistigen Bereich angesiedelte Religion stets durch profane Elemente bestimmt ist, d. h. durch

Begriffe und Vollzüge, die (unbewußt) der herrschenden Kultur angehören.[7]

Befreiungschristen betonen die wechselseitige Abhängigkeit sowie die gegenseitige Durchdringung beider Wirklichkeiten: So anerkennt der Glaube durchaus die neuzeitliche Autonomie des Politischen. Es wird jedoch betont, daß im Glauben selbst eine Kraft wirkt, die ihn auch ins Feld des Politischen führt. Diese Christen setzen sich ab von einer lange vorherrschenden Vorstellung vom Christlichen, wonach der Glaube allein im Innenbereich der Seele zu wirken hätte. Sie betonen hingegen, daß der Glaube als Existenzgestalt des *ganzen* Menschen sich auch politisch inkarnieren muß.

So steht also eine kontemplative Glaubenserfahrung am Beginn einer befreienden Praxis und auch einer befreienden Theologie. Von dieser Erfahrung ausgehend, werden dann die wissenschaftlichen Instrumente der Analyse der Unterdrückungssituation bereitgestellt.

Dabei will der Terminus »kontemplativ« andeuten, daß sich im christlichen Leben mehr abspielt als die gewöhnliche Alltagswelt so schnell meint. Der christliche Glaube kann vielmehr eine Sensibilität wecken, so daß »in allen Bereichen des menschlichen Lebens eine wirkliche, wenn auch dunkle Erfahrung Gottes gemacht werden kann«.[8] Die theologischen Begriffe werden nicht, mit der Wirklichkeit etwa unverbunden, auf eine »an sich bloß weltliche Welt gestülpt«, sie sind vielmehr Ausdruck der gelebten Erfahrung.

Das klingt gerade im Zusammenhang mit der Befreiungstheologie überraschend fromm! Kommt da nicht leicht der Verdacht auf, daß hier die ganze Brisanz der Befreiungstheologie wieder spirituell hintergangen werden soll?

Mit dem Hinweis auf die kontemplative Verwurzelung der Befreiungstheologie wird keineswegs einer schlechten Mystifizierung das Wort geredet, ist es doch gerade die spirituelle Erfahrung des Christen, die eine wissenschaftliche und engagierte Analyse freiläßt, die zur reflektierten Option für die Klasse der Armen und Ausgestoßenen führt. »Die Kontemplation Christi im leidenden und geknechteten Bruder ist ein Appell zu tätigem Einsatz. Dies bildet den geschichtlichen Inhalt der christlichen Kontemplation in der lateinamerikanischen Kirche.«[8a] Die landläufige Vorstellung von der praktischen Irrelevanz kontemplativer oder spiritueller Erfahrung wird also von Anfang an abgewehrt. Dieser auf politische Aktion und kritische Reflexion hinzielende Charakter der lateinamerikanischen kontemplativen Erfahrung muß deswegen so betont werden, weil dieser Zusammenhang in der theologischen Diskussion Westeuropas eher verstellt zu sein scheint: Als schlechte »Aszese« ist eine bewußt die kontemplativ-spirituelle Dimension aufgreifende Theologie ohnehin hierzulande nicht mit großem Wohlwollen bedacht. Die theologische Diskussion über »spirituelle Theologie« erschöpft sich oft in dem Problem, ob sie eher einer dogmatischen Fragestellung zuzuordnen sei oder einer ethisch-moral-theologischen Fragestellung.[9] Im praktischen Leben der Kirche in Europa ist normalerweise die spirituell-kontemplative Dimension außerhalb der Theologie angesiedelt. Sie wird von ihr wenig bzw. gar nicht beachtet: Spiritualität versteht sich nicht selten als Alternative, ja als Gegeninstanz zur vermeintlich (allzu) rational geprägten Theologie als Wissenschaft.

Hinzu kommt, daß die spirituelle Theologie allzu sehr von ihrer Vergangenheit her belastet ist, stand doch ungebührlich lange das individuelle Vollkommenheitsstreben im Mittelpunkt ihres Interesses: Es ist bekannt, daß sich die griechisch-platonische Mystik in ihrer ausschließlich transzendenten Ausrichtung wenig für die geschichtlich-leibliche Dimension des Menschen interessierte. Wichtig war allein der Aufstieg zu Gott, ein Vollzug, der als systematische Weltabwendung und Weltüberwindung, als Vergeistigung begriffen wurde. Diese griechische Mystik griff auf die christliche Kontemplation über, markante Vertreter sind hier etwa Hieronymus oder Abt Kassian (im 5. Jahrhundert). Für ihn ist die Kontemplation »ein Sterben, ein Auszug, worin man sich von allen irdischen Dingen trennt, gleichzeitig jedoch auch ein neues Leben im Himmel. Der Kontemplative, der auf dem Gipfel des Berges der Beschauung angelangt ist, weilt eigentlich nicht mehr auf dieser Welt, sondern im wahren Vaterland. Er gleicht den heiligen Engeln und erfreut sich bereits ihrer Gesellschaft«.[10]

Von Lateinamerika kommt darum im Zusammenhang der Befreiungstheologie die Anregung nach Europa, die ursprünglich biblischen Dimensionen christlicher Spiritualität wieder neu zu entdekken: Christliches Leben hat seinen Ort in der Geschichte, nicht außerhalb von ihr. Und die Nähe Gottes wird nicht in einem imaginären Fluchtpunkt, jenseits der gesellschaftlichen Konflikte erfahren, sondern inmitten der politischen und sozialen Auseinandersetzungen. So wie Jesus von den politischen Mächten seiner Zeit zerrieben wurde, so erfährt auch der Christ das, was Kreuz bedeutet, inmitten der Welt, beim Kampf um Freiheit und Gerechtigkeit. Biblische Grundereignisse werden nicht mehr als bloß fern, in der Vergangenheit zurückliegend betrachtet, lateinamerikanische Christen erleben vielmehr ihre Situation in Korrespondenz zu biblischen Grundereignissen. Die Gemeindeleiter von San Miguelito in Panama schreiben zum Beispiel: »Dieses könnte vielleicht das wichtigste Merkmal der Bewegung von San Miguelito sein: Jeder ist eingeladen, dem Weg des Gottesvolkes im Alten und Neuen Testament zu folgen, sich Christus, dem neuen Moses anzuschließen, um sich vom Sklaventum zu befreien, und ein neues Volk, ein Zeichen für andere Brüder, zu werden. Der Auszug aus der Gefangenschaft der Juden gehört nicht nur der Vergangenheit an. Was Israel einst in der Geschichte getan hat, ist das erste Zeichen dessen, was die ganze Menschheit und jede Person in seiner Geschichte verwirklichen muß.

Als Israel in Ägypten lebte, war es noch kein Volk, es war eine unorganisierte Gruppe von Sklaven. Es waren keine Menschen im wahren Sinne des Wortes. Um es zu befreien und ein Volk freier Menschen aus ihm zu machen, sandte Gott einen Erlöser, Moses. Trotz des Widerstandes der Unterdrücker rettete Gott sein Volk aus der Gefangenschaft und führte es in die Wüste. In der Wüste mußte Israel viele Prüfungen bestehen; dafür aber konnte es die Freiheit erringen. In der Wüste erschien Gott dem Volke als ein naher und befreiender Gott. Er gab dem Volk das Gesetz, um ein Volk zu werden und um den Kult des wahren Gottes frei organisieren zu können. Die Bibel lehrt uns, daß dieser Einzug in das gelobte Land nicht ganz vollzogen ist. Die errungene Freiheit kann für viele eine neue Gefangenschaft werden.

So ungefähr war es auch in San Miguelito. Die Leute lebten ohne Organisation, ohne Freiheit. Sie waren aus verschiedenen Teilen des Landes gekommen, nur um ein weniger schweres Dasein zu finden, hatten in der Hauptstadt aber die Ausbeutung und die Unterdrückung gefunden, die Gefangenschaft der Sünde und des Bösen, der politischen und sozialen Ungerechtigkeiten, der trügerischen Propaganda. Sie waren Sklaven und kein Volk. In dieser Situation wurde das befreiende Wort Christi, des Erretters gesprochen. Sein Evangelium ist die Einladung ihm zu folgen, sich mit den anderen zu befreien, und so ein Volk zu werden zum Zeichen für die anderen Menschen. Der Unterdrücker läßt seine Sklaven nicht gerne frei. Diese Schwierigkeiten konnten nur im Glauben gelöst werden.«[11]

Ein anderes Zeugnis spricht eine noch deutlichere Sprache: Der Schweizer Pfarrer Otto Brun lebt seit einigen Jahren in Peru. Er hat sich nicht bloß verbal mit den Armen solidarisiert. In einem Beitrag, der den Titel »Christsein in Peru, Entscheidung für die Klasse der Armen«[11a], trägt, schreibt er: »Die Bibel, ich denke vor allem an das Neue Testament, zeigt uns einen Gott mit einer viel radikaleren und entschiedeneren Haltung zugunsten der Armen als viele kirchliche Dokumente, mit ihrem oft allzu diplomatischen und anonymen Stil, der hie und da so abgewogen ist, daß er überhaupt nichts mehr wiegt. Sicher gab es damals, als die Hebräer härteste Sklavenarbeit unter dem Pharao leisten mußten, auch ganz liebe, brave Ägypter. Und doch, Gott nimmt eindeutig Stellung zugunsten der Hebräer (Ex 3). Und Judith, geschrieben ungefähr vor zweieinhalbtausend Jahren, faßt vielleicht die Gottesvorstellungen des Alten Testamentes am präzisesten zusammen, wenn sie zu Gott betet: ›Du bist der Gott der Demütigen, der Helfer der Geringen, der Beistand der Schwachen, der Beschützer der Verachteten, der Retter der Hoffnungslosen‹ (Judith 9,11). Jesu harte Stellung gegen die Reichen, vor allem bei Lukas, ist allzu bekannt, als daß sie hier erwähnt werden müßte; z. B. Lk 6,24/14,33, Mk 10,23-25 usw. Jedes Umarmen, Achselklopfen und Friedensküsse-Austeilen zwischen Reichen und Armen ist Farce, solange diese Klassenunterschiede bestehen und staatlich oder kirchlich aufrechterhalten werden. Jesus ist gekommen, um uns zu zeigen und zu beweisen, daß alle Menschen denselben Vater haben. Darum offenbart er sich und wird gegenwärtig da, wo die Menschen sich als Brüder verwirklichen und als Söhne desselben Vaters: das ist die Befreiungsbotschaft des Evangeliums.«

3. Der Ruf der Armen

Es wurde angedeutet, daß eigentlicher Ausgangspunkt der Befreiungstheologie und der sie ermöglichenden Praxis eine bestimmte kontemplative Erfahrung ist, die man kurz als den »Ruf der Armen« bezeichnen kann: In der Erfahrung von Elend und Not sowie der Hoffnungslosigkeit der armen Klassen ist der Christ nicht nur in seinem Gewissen als Mensch angesprochen. Für den Christen ist genauso wichtig, daß er im Ruf der Armen zugleich den Ruf Jesu mit-vernehmen kann: »Was ihr einem der Geringsten getan habt, das habt ihr mir getan.« Dieser Ruf der Armen als des mit-erfahrenen Rufes Jesu Christi fordert zur Entscheidung auf, für oder gegen die Armen und damit für oder gegen Jesus einzutreten. Die in Europa eher prinzipiell entfaltete Lehre von der Gottesbegegnung im Nächsten wird in Lateinamerika gleichsam konkret durchlebt. Hier wird in drastischer Weise sichtbar, daß Jesus nicht ein »geistloses Individuum«, fern von unserer Situation ist, sondern als Auferstandener und insofern Universaler kann er – im Heiligen Geist – im Menschen begegnen. Diese kontemplative

Erfahrung meldet sich mit einer solchen Radikalität, daß sie geradezu eine Abkehr vom bisherigen Leben (der Ignoranz gegenüber den armen Klassen) mit sich bringt. Theologen reden in dem Zusammenhang von »Bekehrung«, die sich als Konsequenz auf den Ruf der Armen ergibt.

Gustavo Gutiérrez erklärt: »Den anderen entdecken, heißt in seine Welt eintreten und setzt einen Bruch mit unserer Welt voraus. Die Welt der Selbstgenügsamkeit, die Welt des alten Menschen liegt nicht nur im Innern, sondern wird durch gesellschaftliche und kulturelle Bedingungen geprägt. Wer in konsequenter, engagierter Form in die Welt des Anderen, des Armen, eintritt, beginnt ein neuer Mensch zu sein. Es kommt zu einem Bekehrungsprozeß.«[12] Über den Ruf der Armen findet also eine »Bekehrung zum Menschen«, eine Hinwendung zur armen Klasse statt, die zugleich als neue Bekehrung zu Jesus Christus erfahren wird. Diese ursprüngliche, das ganze Befreiungsgeschehen freisetzende kontemplative Christuserfahrung hat nicht nur »einleitenden« Charakter, vielmehr ist die geistliche Erfahrung eine begleitende Grundperspektive für Aktion und Reflexion. Die Erfahrung der Armut und des Verfolgtseins läßt die Erfahrung des armen und verfolgten Jesus lebendig werden, läßt aber zugleich die Hoffnung aufkommen, daß die Überwindung des Elends (als Auferstehungserfahrung) möglich ist. So sind die alten Begriffe christlicher Kontemplation wie ›dunkle Nacht‹ oder ›Wüste‹ durchaus Themen lateinamerikanischer Theologie. Und die »Abtötung« vom Egoismus wird nicht in der individualistischen Askese in der Einsamkeit vollzogen, sondern im Kampf um mehr Gerechtigkeit und Freiheit für die Armen und Unterdrückten. Lateinamerikanische Christen betonen, daß auf diese Weise das von Ignatius von Loyola geförderte Leitmotiv »Im Tun selbst kontemplativ sein« neu erfahren wird.

4. Eine Provokation für Europa?

Eine Übersetzung dieser engen Verbindung von kontemplativer Erfahrung und gesellschaftlicher Praxis bzw. theologischer Reflexion in unsere westeuropäische Situation dürfte zu ziemlich radikalen Fragen oder gar Konsequenzen führen. Wahrscheinlich werden wir neue Glaubensperspektiven auch hierzulande nur gewinnen, wenn immer mehr Christen sich lebensmäßig mit den Armen solidarisieren, nicht bloß gelegentlich, gleichsam zu Besuchen, in ihre Welt eintreten. Jedenfalls macht die lateinamerikanische Theologie der Befreiung deutlich, daß die Krise der Spiritualität nur in einem globalen neuen Lebens- und Gesellschaftsentwurf überwunden werden kann. Von lateinamerikanischer Seite sieht es so aus, daß ohne den Willen zur weiteren Humanisierung der Gesellschaft auch die Krise im spirituellen Bereich nicht bewältigt werden kann.

Wird mit dem Hinweis auf die spirituell-kontemplative Grundlage der Befreiungstheologie ein bedauerlicher Rückfall theologischen Denkens in ein vor-kritisches Bewußtsein angezeigt? Ist die in der Erfahrung von Armut und Ausbeutung mit-gegebene Christuserfahrung nicht bloß eine »Verdoppelung«, die im Grunde für die erstrebte Emanzipation irrelevant, ja schädlich ist?

Letzlich sprechen beide Fragen das Problem des Wirklichkeitsverständnisses einer sich emanzipierenden Gesellschaft an: Genügt der Mensch in Prozeß und Emanzipation sich selbst, oder hat er gerade hier einen bleibenden Verweis auf eine transzendente Dimension wahrzunehmen?

Es ist keine Frage, daß der Theologie der Befreiung nichts daran liegt, die neuzeitliche Emanzipationsgeschichte nun wieder theologisch-kontemplativ zu hintergehen. Die »Selbstbefreiung« des Menschen von der Entfremdung ist eines ihrer Grundanliegen. Dennoch erinnert sie daran, daß auch im Leben einer sich emanzipierenden Gesellschaft und eines autonom werdenden Menschen für das, was der Name »Gott« meint, in der Wirklichkeit selbst Verweise gegeben sind. Dabei muß zunächst daran erinnert werden, daß sich Emanzipation als Selbstbefreiung des Menschen auf das nur beziehen kann, worüber der Mensch als Individuum bzw. als Kollektiv verfügen kann. Emanzipation hat es also mit dem zu tun, was herstellbar und verfügbar ist: das Instrumentelle und das Zweckrationale.

Was jedoch dem Verfügbaren vorausliegt, ist dem Emanzipationsprozeß selbst entzogen: Es ist das, was die Begriffe »Spontaneität« und »Freiheit« meinen, es ist jener freie Mut des Menschen, auch für die Interessen der anderen und zu ihren Gunsten einzutreten. Hier gerät der Emanzipationsprozeß schnell an die Grenze des Verfügbaren und wird daran erinnert, daß in ihm selbst das Unverfügbare selbst aufleuchtet: Ich kann mich etwa zur Kommunikation entschließen, nicht jedoch den anderen dazu verfügen. Christen in Lateinamerika, und nicht nur dort, haben den Mut, bei der Erfahrung des eigenen Verfügtseins in die Freiheit und der Unverfügbarkeit über die Freiheit des anderen, bei der Erfahrung der Möglichkeit spontaner (und selbstloser) Aktionen die Wirklichkeit Gottes zu thematisieren. Er ist es, der sie befreit, um andere zu befreien. Sie wissen, daß sie in ihrer Praxis in Korrespondenz zur Lebenspraxis Jesu stehen, und wie Jesus die Gotteserfahrung im praktischen Vollzug der Nächstenliebe wahrnehmen. Sie haben teil an der Praxis Jesu, dem sich Gott als die Macht unbedingten Angenommenseins, als die lautere Gnade, als die grenzenlose Güte erschlossen hat. Nur von dieser Erfahrung her ist Freiheit als aktives Eintreten für die Belange anderer möglich.[13] Derartige Zusammenhänge, auf die Theologie der Befreiung aufmerksam macht, waren durchaus prominenten Vertretern der Kritischen Theorie bewußt. Erinnern wir nur an das bekannte Wort des (späteren) Horkheimers: »Mit der letzten Spur der Theologie verliert der Gedanke, daß der Nächste zu achten, gar zu lieben sei, das logische Fundament.«[14]

Und so kann auch in der kontemplativen Erfahrung durchaus die Garantie der Freiheit gesehen werden, die den Befreiungsprozeß vor einem Abgleiten in neue ausbeuterische Herrschaftsstrukturen bewahrt. Segundo Galilea zitiert einen ungenannten lateinamerikanischen Christen: »Im sozialen Kampf und in den Aufgaben der Befreiung besteht die Gefahr, daß die ›anderen‹ in der Praxis zu Feinden werden. Dahin gelangt man schnell, wenn es keine moralischen Verbote gibt. Deshalb ist ein Einbruch des Transzendenten, des Evangeliums, in das persönliche Leben des Glaubenden erforderlich.«[15]

Der Freiburger Religionsphilosoph Bernhard Welte, zweifellos einer blinden Parteilichkeit für die Theologie der Befreiung unverdächtig, hat treffend nach einer Reise durch Peru bemerkt: »Ich habe den Eindruck, daß hier unter den Armen eine neue Art von Christentum in Entstehung begriffen ist. Vielleicht erneuert sich das Christentum wiederum von den Stätten der Armen her, wie es schon einmal unter den Armen entstanden ist.«[16]

Jedoch hat nicht nur diese globale Perspektive fundamentale Bedeutung. Auch für unser Thema Spiritualität läßt sich zusammenfassen, daß hier der Forderung nach einer »spirituality for combat«, die der Inder M. M. Thomas bei der Fünften Vollversammlung des ÖRK in Nairobi 1975 vortrug[17], durchaus schon entsprochen wird.

In Lateinamerika lernen Christen, daß christliches Leben wesentliches Experiment, wesentliches Wagnis und Neubeginn ist. Während in Deutschland Christentum und Bewahrenwollen weitgehend identisch sind, halten sich die Befreiungschristen an das Wort dessen, der da sagt: »Siehe, ich mache alles neu«.

Hans Zwiefelhofer

Zum Begriff der Dependenz

Die Theologie der Befreiung versteht sich als eine neue Weise theologischen Denkens und Tuns, die einen totalen Bruch mit den traditionellen Erkenntnismodellen voraussetzt. In Absetzung zu den »Theologien der reichen Welt« haben die Befreiungstheologen die konkrete historische Situation, d. h. die kulturellen Bedingungen einer Zeit und Region zum »Sitz im Leben« ihres theologischen Reflektierens erklärt. Theologie und Theologen müssen sich konkreten Problemen zuwenden, diese mit sozio-politischen Instrumenten analysieren und daraus politische Optionen ableiten. Zu den Prämissen der Theologie der Befreiung gehört demnach notwendigerweise die Analyse der Realität. Die Instrumente dieser Analyse sind die Sozialwissenschaften; sie übernehmen die Rolle, die in der traditionellen Theologie die Philosophie eingenommen hatte. Für die im Glauben zu vollziehende kritische Reflexion und Praxis wird eine wissenschaftliche Analyse der Situation benötigt; sie ist als notwendige Voraussetzung für die »Orthopraxie« schon Theologie. »Die wichtigste Änderung in der Art und Weise, wie man sich um Erkenntnisse der lateinamerikanischen Wirklichkeit bemüht, beruht darauf, daß man sich nicht mehr mit einer simplen und rührseligen Beschreibung noch mit einer Anhäufung von Daten und Statistiken begnügt. Auch gibt man sich nicht mehr der Illusion hin, man könne sich allmählich und in vorher festgelegten Etappen bis zu einer entwickelteren Gesellschaft vorwärtsbewegen. Das Neue besteht darin, daß man seine Aufmerksamkeit primär auf die tieferen und nunmehr historisch betrachteten Ursachen der Situation lenkt. Dies ist also der Gesichtspunkt, den man in Lateinamerika jetzt nach und nach angesichts der Herausforderung einer immer schwierigeren und widersprüchlicheren Situation einnimmt.«[1]

Soziales Denken und soziales Handeln der Kirche in Lateinamerika

In den fünfziger Jahren war das Bild der Kirche in Lateinamerika gekennzeichnet durch den Widerstand gegen die geschichtliche Dynamik, durch den Blick »nach innen« und durch die Akzentuierung der Individualethik. Wo politische Bezüge in das Blickfeld traten, war die Sorge um die Anwendung allgemeingültiger Normen der Soziallehre und des Naturrechts größer als das Bemühen, den historischen Kontext und die Prozesse zu verstehen. Die Stellungnahmen zu sozialen Problemen beruhten auf einem ethisch-doktrinären Fundament, das keinen unmittelbaren Bezug zu Theologie, Pastoral und Rolle der Kirche überhaupt aufwies; Aktionen waren Initiativen einzelner Persönlichkeiten und kleiner Gruppen; die strukturellen Wurzeln auftretender sozialer Probleme blieben außer Betracht.

Die Dekade der sechziger Jahre ist gekennzeichnet durch das einer Eruption vergleichbare Aufbrechen des sozialen Denkens einer Kirche, die sich immer deutlicher der Situation bewußt wird, in der sie lebt und in der sie ihre Sendung der Evangelisation zu verwirklichen hat. Obwohl sich die geistigen Strömungen und die Zielrichtungen des konkreten Handelns überschneiden, lassen sich dennoch gewissen Zeitabschnitten einige Schwerpunkte zuordnen: Bis zum Jahre 1964 dominierte die Übernahme sozialen Denkens aus Europa, besonders aus Frankreich. Die »Katholische Soziale Aktion« dynamisierte die Pastoral der Kirche; an vielen Orten entstanden Bewegungen von Universitätsstudenten und von Arbeitern. Das christlich-soziale Denken gewann an Profil, angeregt durch Institutionen wie IRFED, FERES und DESAL, und in Zusammenhang mit den parteipolitischen Aktivitäten der Christdemokraten. Aber die religiöse und säkulare Geschichte Lateinamerikas in ihrer Eigenart und in ihren Überlagerungen blieb dem katholischen sozialen Denken dennoch fremd; die Religiosität des breiten Volkes blieb weitgehend unterbewertet. Hier konnte auch die damals vorherrschende Soziologie kaum etwas beitragen, da sie sich auf die miteinander kaum in Beziehung gesetzten Kategorien der traditionalen, religiösen und ländlichen Gesellschaft einerseits und die Zielvorstellung einer städtischen, säkularisierten und rationalen Gesellschaft andererseits beschränkte.

In den Jahren 1964–1966 traten die Begriffe »Unterentwicklung–Entwicklung« und die Notwendigkeit eines Engagements für die sozialökonomische Entwicklung des Subkontinents in den Vordergrund; im kirchlichen Bereich entstand die »Theologie der Entwicklung«. Unter der Rücksicht der Analyse und der Zielvorstellungen des politischen Handelns wurden die Begriffe Entwicklung und Integration Lateinamerikas Synonyme. Diese Etappe des »Desarrollismo« versuchte zwar, die Vieldimensionalität und Interdependenz der sozialökonomischen Probleme zu erfassen, war jedoch gekennzeichnet durch eine einseitige ökonomische Diagnose der Unterentwicklung, verbunden mit einer Unterschätzung der Bedeutung sozialer Strukturen und Systeme der rechtlichen und politischen Organisation und verbunden mit einer Betonung europäischer bzw. nordamerikanischer Entwicklungsmodelle, aus denen die »Aufholstrategie« formuliert wurde. Ausgehend von einer liberal-kapitalistischen und individualistischen Betrachtung wurde die unternehmerische Initiative als Motor des Fortschritts angesehen, wobei die Politik des Aufbaues des infrastrukturellen Apparates begleitet wurde von dem optimistischen Glauben, daß der neugeschaffene Reichtum gleichsam als Subprodukt das breite Volk erreichen würde und einen Anreiz für Entwicklungsbemü-hungen »von unten« darstellen könnte. Dieses Konzept provozier-te von seiten christlich-sozialen Denkens eine doppelte Reaktion: In bewußtem Gegensatz zum ökonomischen Aspekt der Entwick-lung wurde – im Sinne von Lebret[2] – auf die Notwendigkeit einer integralen und harmonischen Entwicklung hingewiesen; die zweite Stoßrichtung betraf die sozialwissenschaftliche Analyse selbst und charakterisierte das kirchliche soziale Denken und Handeln bis zur zweiten Generalversammlung der lateinamerikanischen Bischöfe im September 1968.

Gekennzeichnet ist diese Etappe durch die Kategorien »Marginali-tät – Integration«. Dieser analytische Ansatz ist interdisziplinär und führt das Faktum der dualistischen Gesellschaften auf die kulturelle Überlagerung zurück. Marginalität als Fehlen passiver und aktiver Partizipation wurde zum Schlüsselbegriff.[3] Die der globalen und radikalen Marginalität entgegengestellte Zielvorstel-lung der Entwicklung hieß Integration; »promoción popular« wurde die Strategie der Mobilisierung und Strukturierung der marginalen Sektoren mittels Gründung von Basisorganisationen. Die theologische Konzeption, die diesen Kategorien entsprach, blieb selbst noch weitgehend dualistisch: Man unterschied zwi-schen »Apostolat der Zivilisation« und »Apostolat der Evangelisie-rung«.

Nach den unbefriedigenden Ergebnissen dieses und der vorausge-gangenen Programme konzentrierte sich das Bemühen um eine Analyse, Diagnose und Überwindung der bestehenden Verhältnis-se auf die Erklärung der Mechanismen der inneren Beherrschung und der äußeren Abhängigkeit. Waren es auch zunächst Sozialwis-senschaftler, die die Kategorien »Abhängigkeit – Befreiung« ein-führten und so einen neuen Ansatz für die Erklärung der Unterent-wicklung wählten[4], so ergab sich doch sehr schnell ein interdiszipli-näres Gespräch zwischen Sozialwissenschaftlern, Theologen und vor allem Pastoraltheologen. In diesem Kontext kam der Begriff der Befreiung als Gegenposition zu Abhängigkeit, Beherrschung und Unterdrückung in das christliche Blickfeld in Lateinamerika. Die globale strukturelle und dynamische Erklärung der lateinamerikanischen Wirklichkeit als »Dependenz« wurde zum Referenzrahmen für die theologische Reflexion. In grundlegender und für die Zukunft entscheidender Weise geschah dies in der zweiten Generalversammlung der lateinamerikanischen Bischöfe in Medellin/Kolumbien (September 1968).[5] Zum ersten Mal wurde in den Beschlüssen dieser Konferenz offiziell von einer Pastoral für die Entwicklung, für die Integration, für die Befreiung des Menschen gesprochen. Ausgehend von einer wirklichkeitsnahen Situationsanalyse, für die sich schließlich die Kategorie »institutionalisierte Gewaltanwendung« durchsetzte, wurde der Entwicklungsprozeß als Prozeß der Befreiung von jeder Art von Knechtschaft, von Elend und Unterdrückung definiert, verbunden mit einer scharfen Verurteilung des Neokolonialismus, des wirtschaftlichen Imperialismus und der Abhängigkeit der lateinamerikanischen Völker. Das neue Bewußtsein der lateinamerikanischen Kirche zeigt sich deutlich an der Art der theologischen Reflexion. Medellin qualifiziert die Situation Lateinamerikas theologisch als Situation der Sünde, wo es weder Gerechtigkeit noch Frieden gibt, eine Situation, die in scharfem Kontrast zur Botschaft des Evangeliums steht. Obwohl diese Sicht eine Überlegung des Glaubens ist und nicht den Sozialwissenschaften entnommen wurde, impliziert sie deutlich die gesellschaftliche und strukturelle Dimension der Sünde und eröffnet den Horizont für eine umfassende, situationsbezogene und christologische Interpretation der Befreiungstat Gottes in Jesus Christus. »Die lateinamerikanische Kirche hat eine Botschaft für alle Menschen des Kontinents, die Hunger und Durst nach Gerechtigkeit haben. Gott selbst, der die Menschen nach seinem Bild und Gleichnis erschaffen hat, bestimmte die ›Erde mit allem, was sie enthält, zum Nutzen für alle Menschen und Völker, so daß die geschaffenen Güter allen in einer gerechten Art und Weise zukommen müssen‹ (GS 69). Und Gott gab den Menschen die Macht, gemeinsam die Welt umzuformen und zu vervollkommnen. Gott selbst sandte in der Fülle der Zeit seinen Sohn, der Mensch wurde, alle Menschen aus der Knechtschaft zu befreien, in der die Sünde den Menschen gefangenhält. Der Hunger, das Elend, die Unterdrückung und die Gleichgültigkeit, mit einem Wort, die Ungerechtigkeit, haben ihren Ursprung im Egoismus des Menschen ... Wir glauben, daß die Liebe zu Christus und unseren Brüdern nicht nur die große, von Ungerechtigkeit und Unterdrückung befreiende Kraft sein wird, sondern auch die Inspiration der sozialen Gerechtigkeit, verstanden als Lebenskonzept und als Impuls für die integrale Entwicklung unserer Völker. In den Beschlüssen von Medellin dient die Analyse der lateinamerikanischen Wirklichkeit nicht dazu, die Botschaft des Evangeliums einfachhin auf diese Situation anzuwenden; das eigentliche Anliegen ist vielmehr, aus dieser Situationsanalyse heraus den christlichen Glauben neu zu verstehen, eine neue theologische Perspektive zu eröffnen und auch die Institution Kirche neu zu definieren. Theologie soll sich eingliedern in den geschichtlichen Prozeß der Transformation der Welt, an dessen Ende letztlich das als Geschenk aufzufassende Reich Gottes steht. Daraus folgt das Postulat der Theologie der Befreiung: Die theologische Reflexion leitet sich allein von einer Analyse der Wirklichkeit her, so daß sie nur in Interaktion zwischen den Sozialwissenschaften und der Reflexion des Glaubens betrieben werden kann.

Beschreibung und Erklärung der Situation: »Dependenz«

»Unter Abhängigkeit verstehen wir eine Situation, in der die Wirtschaft bestimmter Länder bedingt ist durch die Entwicklung und Expansion der Wirtschaft eines anderen Landes, der sie unterworfen ist. Das Verhältnis der Interdependenz zwischen zwei oder mehr Volkswirtschaften sowie zwischen diesen und dem Welthandel nimmt die Form der Abhängigkeit an, wenn einige Länder (die beherrschenden) in der Lage sind, zu expandieren und sich aus eigener Kraft kontinuierlich zu entwickeln, während andere (die abhängigen) das nur als Reflex dieser Expansion tun können, was entweder positive oder negative Auswirkungen auf die unmittelbare Entwicklung letzterer haben kann. Der Begriff der Abhängigkeit ermöglicht uns, die innere Situation dieser Länder als Teil der Weltwirtschaft zu sehen. Die marxistische Imperialismustheorie ist historisch aus dem Studium des Expansionsprozesses der imperialistischen Zentren und ihrer Weltherrschaft entwickelt worden. Im Zeitalter der revolutionären Bewegungen in der Dritten Welt müssen wir die Theorie von den Gesetzen der inneren Entwicklung derjenigen Länder erarbeiten, die das Objekt der Expansion sind und die von den imperialistischen Zentren beherrscht werden. Dieser theoretische Schritt geht über die Theorie der Entwicklung hinaus, welche die Lage der unterentwickelten Länder damit zu erklären sucht, daß sie die typischen Effizienzmuster der entwickelten Länder zu zögernd oder gar nicht übernommen hätten (bzw. sich selbst nicht »modernisiert« oder »entwikkelt« hätten). Obwohl die kapitalistische Entwicklungstheorie die Existenz einer »äußeren« Abhängigkeit zugibt, ist sie außerstande, Unterentwicklung so zu begreifen, wie unsere Theorie sie zu begreifen versucht, nämlich als Folge und Teil der weltweiten Expansion des Kapitalismus – als einen Teil, der für die kapitalistische Expansion notwendig und der untrennbar mit ihr verbunden ist.«[7] Die »Theorie der strukturellen Abhängigkeit« entstand Mitte der sechziger Jahre in Lateinamerika aus einer doppelten Kritik: gegenüber den Entwicklungsstrategien des »Desarrollismo« als Modernisierungsideologie des Aufholens nach Vorbild der Industrialisierung der westlichen Industrieländer, besonders der USA, und gegenüber dem Ungenügen der klassischen und modernen Imperialismustheorie. Die Problematik der »dependencia« kam in Lateinamerika in Diskussion, als das Ende der »importsubstituierenden Industrialisierung« offensichtlich wurde. Die als »Entwicklung nach innen« propagierte Industrialisierung hatte nicht den erwünschten Erfolg gebracht, sondern die nationale wirtschaftliche Abhängigkeit vertieft, die Binnenwirtschaft weder gefördert noch differenziert, den Druck der wachsenden urbanen Massen erhöht und die dualistischen Strukturen verschärft. Ungleicher Austausch und Abhängigkeit vom Ausland traten als mögliche Faktoren für die Stagnation in einigen Ländern und für die unausgeglichene Entwicklung in anderen Ländern Lateinamerikas in den Vordergrund. Bald sprach man von einer »Kultur der dependencia« und meinte ganz allgemein damit die nachahmende Verhaltensweise, die Bewußtseinsinhalte und Denkweisen aus Kulturmodellen übernimmt, die jedoch mit den Existenzbedingungen des gegenwärtigen Lateinamerika in keinem Zusammenhang stehen. Die Folge: ein verzerrtes Resultat der Anpassung an die Weltanschauung der Metropolen, das sich aber dennoch als ursprüngliches Modell ausgibt. Gegen die Modernisierungsideologie des »Desarrollismo« formulierten die Dependenztheoretiker: Die Prozesse und Beziehungen, die die Abhängigkeit ausmachen, sind nicht zu verstehen, solange sie nicht als Elemente einer historisch-strukturellen Gestaltung begriffen werden, die sich historisch im Inneren des kapitalistischen Systems als Ausdruck der wirtschaftlichen Aneignungs- und politischen Herrschaftsstrukturen ergeben hat. – Die Kritik an den Imperialismustheorien entzündete sich vor allem an deren einseitiger Orientierung an den herrschenden kapitalistischen Staaten und an der nahezu ausschließlichen Festlegung auf externe und auf ökonomische Faktoren. Im Gegensatz dazu verknüpfen die Dependenztheoretiker exogene und endogene Faktoren und kehren den traditionellen Ansatz der Imperialismusforschung um: Die

Beziehungen, Prozesse und Strukturen werden aus der Perspektive des abhängigen Landes analysiert und interpretiert. Die historisch-strukturelle und globale Analyse des Prozesses der Entstehung der Peripherie in der internationalen kapitalistischen Ordnung soll nicht nur die asymmetrische Abhängigkeit der Peripherie vom Zentrum auf globaler Ebene erklären, sondern auch die Dynamik der Auseinandersetzung zwischen den verschiedenen sozialen Gruppen innerhalb einer Nation. Die bestimmenden äußeren Faktoren hinterlassen ihre Wirkung sowohl in der Beziehungsform der Wirtschaft, der sozialen Gruppen und des Staates des Entwicklungslandes mit den entsprechenden Institutionen und Gruppen im Zentrum, als auch in den Beziehungsformen innerhalb dieser Gruppen und Organisationen, die die interne Struktur einer Situation der Abhängigkeit ausmachen.

Die Grundthese der Dependenztheoretiker lautet: Unterentwicklung ist nicht identisch mit Nichtentwicklung, sondern das Ergebnis der Entfaltung der kapitalistischen Produktionsweise. Diese Grundthese impliziert eine dreifache Aussage:

– Die Situation der Entwicklungsländer ist nur erklärbar, wenn externe Faktoren mitberücksichtigt werden. Die Sozialstrukturen in Entwicklungsländern sind nicht das Ergebnis eines autonomen historischen Prozesses, sondern sind wesentlich geprägt durch die Dominanz ausländischer Hegemonialmächte, so daß endogene und exogene Faktoren in einem unauflöslichen Erklärungszusammenhang zu sehen sind.

– Unterentwicklung ist kein der Entwicklung zeitlich vorausgehendes Stadium, sondern beide sind historisch gleichzeitige, funktional aufeinander bezogene Seiten desselben historischen Prozesses der Entwicklung des kapitalistischen Weltsystems. Entwicklungsländer sind daher nicht Frühformen der modernen westlichen Industriegesellschaften; die Peripherie ist grundlegend andersartig.

– Jede Entwicklungskonzeption muß davon ausgehen, daß die Ausgangssituation extern begründet ist, d. h. Auswirkungen interner Art können nicht isoliert gesehen werden. Die Überwindung der Unterentwicklung setzt die Aufhebung der verursachenden externen Abhängigkeit und Beherrschung voraus. Der Ansatzpunkt für die gesamtgesellschaftliche Entwicklung ist die ökonomische Basis der strukturellen Heterogenität; Entwicklung verlangt demnach als notwendige Voraussetzung eine neue Arbeitsteilung, eine neue Weltwirtschaftsordnung.

Die Entfaltung der kapitalistischen Produktionsweise im Weltmaßstab war verknüpft mit einer ungleichen Weltarbeitsteilung, die schon vor der industriellen Revolution angelegt worden war, und die nicht nur mit ökonomischen Mitteln durchgesetzt wurde. Die Gesellschaften in der Peripherie wurden dabei jeweils nach den Interessen der Metropolen auf die Produktion von Exportgütern für die metropolitanen Märkte spezialisiert. Sie bildeten zugleich den äußeren Markt für die industrielle Produktion der kapitalistischen Industrieländer, dessen Bedeutung für die Durchsetzung der industriellen Revolution hoch eingeschätzt werden muß. Die ungleiche Spezialisierung hatte zur Folge, daß in der Peripherie die Instrumente für die Verbesserung der Produktivität der Arbeit und die Produkte, die im Fall eines steigenden Konsums nachgefragt worden wären, aus den kapitalistischen Industrieländern eingeführt werden mußten, so daß angesichts der nur begrenzten Nachfrage nach Produkten der Peripherie auf dem Weltmarkt deren Konsumtionsmöglichkeiten begrenzt blieben.

In den kapitalistischen Industrieländern stieg durch die Akkumulation von Kapital im gewerblichen Sektor die Produktivität der Arbeit und über zunehmende Kaufkraft der breiten Bevölkerung auch die Produktion, so daß alle Wirtschaftssektoren entwickelt wurden. In der Peripherie war dagegen wegen der Spezialisierung auf Produkte, deren Anteil am Weltverbrauch von Waren tendenziell sank, und wegen der Unmöglichkeit, im Fall einer Zunahme der Massenkaufkraft ein erweitertes Warenangebot im eigenen Lande zu produzieren, die Entfaltung der kapitalistischen Produktionsweise auf die Exportsektoren beschränkt. Diese waren und sind jedoch nicht isoliert vom Rest der Peripheriegesellschaften, sondern beeinflussen und dominieren die präkapitalistischen Sektoren. Die Koexistenz von unterschiedlichen Produktionsweisen in der Peripherie einschließlich ihrer sozialen Folgen, nämlich der Koexistenz sehr unterschiedlicher sozialer Strukturen wird unter dem Theorem der »strukturellen Heterogenität« erfaßt. Das wichtigste Merkmal struktureller Heterogenität ist die deformierte Reproduktion. Die ungleiche Spezialisierung hatte zur Folge, daß über die ungleiche Entwicklung der Geldeinkommen zwischen Metropolen und Peripherie die Märkte für verarbeitete Produkte sich vor allem in den Industrieländern bildeten, und daß die kapitalistischen Industrieländer über den Aufbau der Infrastruktur und des Ausbildungswesens bei der Produktion industrieller Waren große Konkurrenzvorteile besaßen. In der verarbeitenden Industrie akkumulierte Kapital daher fast ausschließlich in den kapitalistischen Industrieländern. Eine Folge war die Dominanz des Agrarkapitals in den Peripherieländern. Zugleich wurden die präkapitalistischen Sektoren über den Import europäischer Waren und Konsumtionsmuster und die Stagnation der lokalen Subsistenzsektoren desintegriert: Da sie eine wachsende Bevölkerung nicht ernähren konnten, wurden wachsende Teile der Bevölkerung marginalisiert, so daß eine Armee von Arbeitslosen entstand. Die ungleiche Spezialisierung hat also die strukturelle Heterogenität erzeugt; ihre Perpetuierung über Jahrhunderte ist Folge der Herrschaftsstrukturen, die durch die ungleiche Spezialisierung entstanden sind. Die Spezialisierung auf den Export von Rohstoffen hatte die Dominanz des Handels- und Agrarkapitals zur Folge, das über Geld und, im Fall der politischen Unabhängigkeit, über die politische Macht verfügte. Wegen der Schwäche bzw. des Fehlens einer industriellen Bourgeoisie und einer städtischen Arbeiterklasse hätte diese Dominanz nur durch die präkapitalistischen Sektoren in Frage gestellt werden können, deren Organisationsformen und Widerstandsmöglichkeiten gegenüber der Herrschaft des Agrar- und Handelskapitals vergleichsweise wenig effizient waren. Das Interesse des Agrar- und Handelskapitals bestand in der Fortsetzung der ungleichen Spezialisierung, da seine Profite aus dem Export in die kapitalistischen Industrieländer stammten.

Die Weltwirtschaftskrise und die zunehmende Substitution von Rohstoffen in den kapitalistischen Industrieländern hat die Dominanz des Agrar- und Handelskapitals in den Peripheriegesellschaften geschwächt und zu Ansätzen einer »importsubstituierenden« Industrialisierung geführt, die sich an der vorhandenen, durch große Einkommensunterschiede bedingt heterogenen und limitierten Nachfrage orientierte. Die »Wachstumsimpulse«, die von dieser Form der Industrialisierung ausgehen, sind jedoch begrenzt. Wegen der großen Einkommensunterschiede ist die Palette der nachgefragten Produkte außerordentlich differenziert. Importsubstitution bedeutet Industrialisierung für die bestehende Nachfrage eines kaufkräftigen kleinen Sektors der Gesellschaft, dessen Konsum sich an den Konsumnormen der oberen Einkommensklassen in den Metropolen orientiert; sie bedeutet nicht Industrialisierung für die Bedürfnisse der Massen. Dementsprechend ist die Vergrößerung des Binnenmarktes über die Erhöhung des Beschäftigungsniveaus gering, während zugleich die Hebung des Einkommens einer kleinen Bevölkerungsgruppe (ausgebildete Arbeitskräfte usw.) die effektive Nachfrage weiter diversifiziert. Dies hat, genauso wie die Abhängigkeit von Vorprodukten und Ausrüstungsgütern, eine erhöhte Abhängigkeit von Importen aus den kapitalistischen Industrieländern zur Folge und verstärkt politisch den »Brückenkopf« der Metropolen, nämlich jene Sektoren der unterentwickelten Gesellschaften, die ein Interesse an der Fortdauer von Abhängigkeit von den Metropolen haben. Zum anderen hat die Fortdauer von Unterentwicklung die gesellschaftlichen Gegensätze in den Peripherieländern verstärkt.

Die Verschärfung der Einkommensunterschiede zwischen Industrie– und Entwicklungsländern hat neben den zunehmenden Reproduktionsschwierigkeiten des Kapitals (Umweltschutz usw.) zur Folge, daß in verstärktem Maß Kapital exportiert wird, das in den unterentwickelten Ländern in der verarbeitenden Industrie akkumuliert. Die Verlagerung von Branchen aus den Metropolen in die Peripherie modifiziert und diversifiziert die internationale Arbeitsteilung, die tendenziell mehrstufig wird. Träger dieser Verlagerungsstrategie sind vor allem »multinationale« Konzerne, so daß diese Verlagerungsstrategie zugleich ein Aspekt der zunehmenden Internationalisierung der Produktion zwischen den Metropolen ist.

Zusammenfassend ist festzuhalten, daß die historischen Formen der Abhängigkeit bedingt sind durch die Grundformen der weltwirtschaftlichen Entwicklung, durch die Art der in den kapitalistischen Zentren vorherrschenden Wirtschaftsbeziehungen sowie deren Expansionsformen und durch die Arten von Wirtschaftsbeziehungen im Inneren der Peripherieländer, die im Netz der internationalen Wirtschaftsbeziehungen in Abhängigkeit gehalten werden. Die koloniale Abhängigkeit wurde durch eine finanziell-industrielle Abhängigkeit abgelöst, die sich gegen Ende des 19. Jahrhunderts durchsetzte; sie verwandelte sich in jüngster Zeit mehr und mehr zu einer technologisch-industriellen Abhängigkeit. Jede dieser drei Formen entspricht einer Situation, die nicht nur die internationalen Beziehungen der Länder der Peripherie, sondern auch ihre innere Struktur prägte: die Ausrichtung ihrer Produktion, die Formen der Kapitalakkumulation, die Reproduktion der Wirtschaft und zugleich auch ihre gesellschaftliche und politische Struktur. In der Beurteilung dieser Abhängigkeit und vor allem in den Handlungsentwürfen für deren Überwindung unterscheiden sich die lateinamerikanischen Vertreter der Dependenztheorie; relativ deutlich sind zwei »Schulen« zu unterscheiden.[8] Die bürgerliche oder »nationalistische« Richtung mit Autoren wie Furtado, Pinto und Sunkel sieht Nationalstaaten, Sektoren, Regionen und Institutionen als Träger der Dominanz und Abhängigkeit; Zielvorstellung ist eine autonome nationale und integrale Entwicklung Lateinamerikas, wobei der progressive, nationalistische Teil der Streitkräfte als potentieller Träger des Transformationsprozesses angesehen wird. Die marxistische Richtung mit Autoren wie Cardoso, Cordova und dos Santos sieht Klassen als Träger der

Dominanz und strebt eine sozialistische Revolution an, für die als Träger die ländlichen Massen, die Fabrikarbeiter städtischer Zentren und die proletarische Internationale in Frage kommen.

Die Rolle der Sozialwissenschaften: Das Problem der Option

Theologie der Befreiung begreift sich als kritische Reflexion des geschichtlichen Handelns im Lichte des Wortes Gottes. In der Theologie soll also eine Interpretation der lateinamerikanischen Situation vom Evangelium her geschehen; andererseits wird der gleiche Glaube von der konkreten und im praktischen Verhalten angenommenen Situation her neu interpretiert. Dieses Wechselspiel von Deutung und Praxis charakterisiert die Befreiungstheologie und bedeutet ein untrennbares Theorie-Praxis-Verhältnis. Wenn die konkrete historische Situation, d. h. die kulturellen Bedingungen einer Zeit und Region zum »Sitz im Leben« des theologischen Reflektierens erklärt werden, so ist der Rückgriff auf die Vermittlung der Sozialwissenschaften notwendig. Die Rolle der Sozialwissenschaften bezieht sich dabei nicht nur auf die für die praktisch-pastorale Übersetzung der Imperative des Glaubens grundlegende und unverzichtbare möglichst realitätsnahe und praxisbezogene Analyse der gesellschaftlichen Strukturen hier und jetzt, sondern auch auf eine Ideologiekritik der theologischen Reflexion selbst. Umgekehrt soll die »Distanz« des Glaubens und der Theologie immer wieder in der Lage sein, die ideologischen Elemente der je zur Anwendung kommenden gesellschaftswissenschaftlichen Analyse aufzudecken, von der sie gleichsam »a priori« ausgeht. Der Bezug zur konkreten Situation als Ausgangspunkt theologischen Denkens und Handelns kann ohne eine Entscheidung für ein bestimmtes sozialwissenschaftliches analytisches Instrumentarium und ohne irgendwie geartete politisch-soziale Konzepte nicht auskommen. Konkret haben sich die Befreiungstheologen für eine neue Interpretation der lateinamerikanischen Situation der Unterentwicklung entschieden; trotz der Unterschiedlichkeit der Autoren und Vertreter der Befreiungstheologie, die sich vor allem an dem unterschiedlichen Grad der Marxismus-Rezeption aufzeigen läßt, akzeptieren alle die »Theorie der strukturellen Abhängigkeit«. Diese Grundentscheidung oder Option für eine bestimmte Weise, die Situation und die Praxis zu analysieren und zu interpretieren, hat nicht nur zu vielen Mißverständnissen Anlaß gegeben, sondern auch zu unterschiedlichen »Richtungen« innerhalb der Befreiungstheologie und zu unterschiedlichen Formen des politischen Engagements im Horizont dieser Theologie geführt. In enger Anlehnung an die erwähnten unterschiedlichen Akzente des dependenz-theoretischen Ansatzes kann man – notwendig verkürzt und vereinfacht – von einer »sozialpopulistischen« Befreiungstheologie[9] sprechen, die über eine befreiende Bewußtseinsbildung die globale Umformung der Gesellschaft anstrebt, in Richtung eines »Sozialismus«, der national, demokratisch, lateinamerikanisch, humanistisch, christlich und kritisch zugleich sein soll. Daneben existiert die »marxistische« Befreiungstheologie,[10] vor allem getragen von den »Christen für den Sozialismus«, die über den Klassenkampf eine sozialistische Revolution anstrebt, wobei christlicher Glaube und Kirche als Ferment der Revolution gesehen werden. Schließlich ist eine Richtung der Befreiungstheologie zu nennen, die als »evangelisatorisch« bezeichnet werden kann[11] und die ganzheitliche Förderung des Menschen vom Evangelium her anstrebt, wobei Evangelisierung und Befreiung im umfassenden Sinn verstanden werden. Diese Entwicklung auf »Befreiungstheologien« hin hat wohl ihre hauptsächlichen Ursachen einerseits in dem ungeklärten und zu wenig reflektierten Verhältnis zwischen Option und konkreter politischer Entscheidung, andererseits im Fehlen jenes ständigen gegenseitigen Korrektivs, dessen der interdisziplinäre Dialog zwischen Theologie und Sozialwissenschaften bedarf. Denn der Theologe muß sich bewußt sein und bleiben, daß er sich – jedenfalls als Theologe – nicht zum Fachmann in Sozialwissenschaften ernennen kann und darf und deswegen inkompetent ist, um Kontroversen über Situationen und Entwicklungsgesetzlichkeiten zu beurteilen. Man kann zwar unterscheiden zwischen Hypothese (daß eine bestimmte Situation und Entwicklung existiert) und These (daß diese Situation und diese Entwicklung eine bestimmte Beziehung zum geoffenbarten Bild des Menschen in der Welt hat), doch ist es illusionär zu meinen, der Theologe könne das, was die Sozialwissenschaften heute sagen, einfachhin als Prämisse einer theologischen Reflexion übernehmen. Vielmehr muß er sich bewußt sein und zum Ausdruck bringen, daß seine Konklusionen hypothetisch sind und nur in dem Maß Gültigkeit haben, als die »vortheologischen« Ideen gültig sind.

Leonardo Boff

Theologie der Befreiung – die hermeneutischen Voraussetzungen

Theologie der Befreiung entstand nicht aus einem willentlichen Akt. Vielmehr stellt sie ein Moment dar innerhalb eines umfassenden Prozesses, in dem die Völker Lateinamerikas zu einem unverwechselbaren Bewußtsein ihrer selbst gelangen. Theologie der Befreiung entstand aus erlebter Praxis und praktiziertem Erleben innerhalb eines solchen Kontextes und zielt auf eine echt aufgeklärte und qualifizierte Praxis ab, die in überzeugender Weise befreiend wirken kann.

1. Methodologische Schritte der Theologie der Befreiung und der Gefangenschaft

Wenn wir hier von Methode sprechen, beziehen wir uns nicht auf etwas, das nur in einem äußerlichen Verhältnis zur theologischen Arbeit stände. Methode ist vielmehr Theologie selbst im konkreten Akt, mit anderen Worten: die geschichtliche Form, in der sie gegenüber der Wirklichkeit sensibel wird, Fragen stellt und Antworten gibt, Modelle für die Praxis erarbeitet und Vermittlungen erstellt, welche diese zur Ausführung kommen lassen. Ähnliches gilt von den verschiedenen Schritten, die auch nicht in sich isolierte Etappen sind, sondern Momente eines dynamischen Prozesses, in denen und vermittels derer Wirklichkeit und Wahrheit nach und nach offenbar werden.

Theologie der Befreiung wird in Übereinstimmung mit einem Methodenschema erarbeitet, das in *Gaudium et Spes* erstmals benutzt und in Medellin offiziell anerkannt wurde. Gleichsam wie ein Ritual kehrt dieses Schema paradigmatisch in jeder Art von lateinamerikanischer theologischer Reflexion wieder: Analyse der Wirklichkeit – theologische Reflexion – Perspektiven für die pastorale Arbeit. Eine derartige Schrittfolge stellt im Gegenüber zu der Art und Weise, wie in Zentren und Metropolen Theologie betrieben wird, eine wahre methodologische Revolution dar. Denn man geht ja nicht mehr einfach von theoretischen Vorgaben aus, die abstrakt erarbeitet und totalisierend systematisiert wurden, sondern von der wissenschaftlich erhobenen und vermittelten Wirklichkeit, innerhalb derer Glaubenspraxis realisiert wird. Aufgrund dieser Glaubenspraxis kommt es dann, nachdem man die verschiedenen Dringlichkeiten, Ängste, Anforderungen an das christliche Gewissen erfaßt hat, zur theologischen Reflexion. Diese wiederum darf nicht als eine hypostatische Größe mißverstanden werden, die sich im Genuß ihrer Erleuchtung in sich abschlösse. Vielmehr öffnet sie sich als Praxis eines befreienden Glaubens immer wieder.

Ein solches methodologisches Verfahren impliziert hermeneutische Voraussetzungen, die freilich denen, welche sich dieses Verfahrens bedienen, nicht immer bewußt sind. Allenfalls in wachsamen Kreisen der Theologen der Befreiung besteht dieses Bewußtsein. Auf die hermeneutischen Voraussetzungen kommen wir noch weiter unten zu sprechen.

a) Geistliche Erfahrung im Gegenüber mit dem Armen

Theologie der Befreiung und der Gefangenschaft hebt darauf ab, kritische im Horizont christlichen Glaubens durchgeführte Reflexion auf die Praxis zu sein. Methodologisch bedient sie sich der drei Schritte, auf die wir oben schon angespielt hatten. Jedoch: Bevor sie sich als Theologie konstituierte und thematisch ausgearbeitet wurde, war sie Praxis des Glaubens und praktizierte Erfahrung von Befreiung. Die Armut, in der sich die weitaus größte Mehrheit der Bevölkerung befindet, gab der christlichen Nächstenliebe einen Impetus, der nach Wirksamkeit verlangt. Viele Christen machten eine tiefe geistliche Erfahrung, die zum Ausgangspunkt der Theologie wurde. Mit der Theologie der Befreiung geschah, was sich in der Mehrzahl der Wissenschaften ereignete und was sich auch noch weiterhin abspielt: Im Anfang jeder Entwicklung steckt eine große Intuition und ein neues Erleben der Wirklichkeit. Wissenschaft und in unserem Fall eben Theologie der Befreiung entstehen in dem Bemühen, die in der ursprünglichen Erfahrung wirksame Rationalität kritisch in Kategorien zu übersetzen – wie Diagnose, Kausalzusammenhang, strukturelle Prozesse und Dynamikfelder, Funktionsabläufe und Tendenzen, die in dem dort angekündigten System enthalten sind. Theologie der Befreiung ist folglich Ergebnis und nicht Erstrealität. Sie resultiert aus dem Erleben von Befreiung, das wesentlich reicher ist als sie selbst. Theologie der Befreiung wird nur dann richtig verstanden und besitzt nur dann Gültigkeit, wenn sie das befreiende Engagement durchleuchtet und zur Bereicherung des Befreiungsprozesses führt. Widrigenfalls entartet sie in Ideologie, überlagert und erdrückt die Wirklichkeit, spaltet Erfahrung in die vermeintlichen Gegensätze von Theorie und Praxis und entfremdet schließlich. Um auf dieses grundsätzliche Problem aufmerksam zu machen, unterscheiden wir in der Theologie der Befreiung zwei Artikulationen: eine sakramentale und eine kritische. Die eine wie die andere verarbeitet auf ihr jeweils eigenen Ebenen ein und dieselbe geistliche Erfahrung.

b) Theologie der Befreiung und der Gefangenschaft:
   Sakramentale Artikulation

Wie andere Menschen entdeckten auch die Christen unseres Erdteils nach und nach den anderen, das heißt: die ausgebeuteten Klassen des Volkes samt ihren Kulturen des Schweigens. Sie reagierten auf die Lage von Ausbeutung und Schweigen, indem sie sich dem Prozeß der Umgestaltung anschlossen und nach einer gerechteren und brüderlicheren Gesellschaft suchten. Beides, Eingliederung in diesen Prozeß und Praxis auf diesem Feld, weckte ihr Gewissen auf und erweiterte ihr Bewußtsein. Die Option für die Unterdrückten und damit gegen die herrschende Gesellschaftsform vermittelte ihnen eine neue Weise, Christ zu sein, eröffnete ihnen neue Dimensionen des Glaubens und ließ sie Schrift und Tradition in einem ganz neuen Licht sehen. Diese komplexe Tatsache kann in verschiedene Schritte aufgeschlüsselt werden:
aa) *Horizont christlichen Glaubens.* Indem ein Mensch die bestehende Wirklichkeit in ihrer Ungerechtigkeit erfaßt und sich für die gedemütigte Mehrheit der Bevölkerung entscheidet, umgreift ihn der Horizont des Glaubens ... Horizont, in welchem der Christ – um überhaupt als Christ leben zu können – sich bewegt. In diesem Horizont sind nun Grundwerte angesiedelt, wie u. a. Liebe und Solidarität mit den Armen, für die beide Jesus Christus ja Zeugnis abgelegt und die er beide lobend anerkannt hat, sowie Streben nach Gerechtigkeit und die Vorstellung des Reiches Gottes. All diese Tatsachen, wie übrigens auch andere Momente des christlichen Glaubens, fließen jetzt als eine spezifische Weise, in der Welt zu existieren (Praxis), in das Verständnis der Wirklichkeit mit ein.
bb) *Verständnis der konfliktgeladenen Wirklichkeit.* Zutritt zur konfliktgeladenen Wirklichkeit gewinnt man, wenn dieser echt sein soll, nicht durch einen spezifisch wissenschaftlichen Akt. Volk Gottes und selbst Hierarchie erfahren die geschichtliche Lage vielmehr in einem intuitiven, weisheitlichen und umfassenden, jedoch noch undifferenzierten Verstehensakt, der schon die Merkmale des Glaubenshorizontes trägt. In Erleben und Praxis leuchtet

dann gleichsam unversehens das entscheidende Kennzeichen der Situation auf: Bestehen von Unterdrückung und Notwendigkeit von Befreiung. Lúcio Gera nennt diese Erfassensweise *sakramentales Erkennen*, denn sie befähigt dazu, die Ereignisse der Geschichte symbolisch zu erfassen. Wie gesagt, das Bewußtsein von Problemen geht der entsprechenden Wissenschaft voraus.

cc) *Intuitive Glaubensreflexion auf die wahrgenommene Wirklichkeit.* Gegenüber dem sozialen Problem reagiert der Christ sozusagen prophetisch, wenn er in intuitiver Form den Widerspruch zwischen der herrschenden Wirklichkeit und dem Plan Gottes aufdeckt. Armut beleidigt Mensch und Gott, ist Sünde. Es gilt, zu kämpfen für Gerechtigkeit und Rechte der Unterdrückten. Dies ist für den Christen ein zugleich menschlicher und göttlicher Imperativ. Auf dieser Ebene ist die Reflexion noch nicht eigentlich kritisch, sondern noch intuitiv und synthetisch. Nichtsdestoweniger ist sie wirklich Theologie des Volkes (des Volkes Gottes), mit der ihr eigenen Wahrheit und dem ihr eigenen Praxisbezug.

dd) *Perspektiven für einen umgestalterischen Einsatz.* Das Engagement für Gerechtigkeit und zur Überwindung einer an den Rand der Gesellschaft drückenden und unterdrückerischen Situation führt zu handlungsweisenden Konkretionen, in denen eine Praxis verpflichteter Liebe zum Ausdruck kommt. Dabei kann es sich einmal um ein freiheitstiftendes Engagement handeln, das für eine neue Gesellschaftsform optiert. Oder es kann sich zum anderen auch um einen Einsatz handeln, in dem sich das handelnde Subjekt noch keine Rechenschaft gegeben hat von den strukturellen Mechanismen und dem unterdrückerischen Charakter des Systems und beides somit grundsätzlich akzeptiert, wobei ihm freilich an Reform und Fürsorge für die an den Rand des Geschehens Gedrängten gelegen ist. Im letzten Fall stößt die Wirksamkeit allerdings an ihre Grenzen, und man läuft Gefahr, in reformistische und fürsorgerische Positionen zu verfallen.

Die vier angedeuteten Schritte sind Momente, welche ein und dieselbe sich nach und nach entfaltende Glaubenspraxis artikulieren. Der Glaube – und darauf möchten wir mit allem Nachdruck hingewiesen haben – ist in all diesen Momenten zugegen. Zweifelsfrei bedarf der Glaube einer Vermittlung. Jedoch verliert er sich dabei nicht in intuitivem und sakramentalem Erkennen. Vielmehr kommt er am Ende immer in einer Initiative zum Ausdruck, die die bestehende Lage umgestaltet.

Theologie der Befreiung hat auf einer anderen, reflexeren, kritischeren und analytischeren Ebene dieselben Schritte zu tun. Aber ohne das, was wir oben umrißhaft dargestellt haben, wäre sie nicht zu verstehen. Es ist stets dieselbe Glaubenspraxis und dieselbe engagierte Liebe, die sich bemühen, dem Bruder und – im unterdrückten Bruder – auch dem Herrn zu dienen, und somit bestrebt sind, wirksam zu werden und für Befreiung einzutreten.

c) Theologie der Befreiung und der Gefangenschaft:
   Kritische Artikulation

Man hat versucht, Theologie in einem Kontext von Befreiung als »eine kritische Reflexion in der historischen Praxis und auf die historische Praxis« zu definieren, wobei die Reflexion »konfrontiert wird mit dem Wort des Herrn, das im Glauben gelebt und angenommen wird. Also geht es um eine Reflexion im Glauben und über ihn als freiheitstiftende Praxis«. Diese Formulierung von Gustavo Gutiérrez bringt gut die wesentlichen Momente des Glaubens, so wie wir ihn in der Situation der Unterdrückung in Lateinamerika verstehen, zum Ausdruck.

aa) *Der Horizont des als Praxis verstandenen Glaubens.* Theologie in einer Perspektive von Befreiung gründet ganz entschieden auf dem Glauben. Dieser ist ihr erstes Wort. Glaube ist dabei in seinem Ursprung eine Existenzweise und Grundhaltung, die auf keine andere ursprünglichere oder fundamentalere Gebärde zurückgeführt werden kann. In ihr lebt und deutet der Glaubende u. a. sein Leben, seinen Tod, Welt, Geschichte, Mitmensch und Gesellschaft als ständig mit Gott verbundene Wirklichkeiten. Im Christentum stehen all diese Größen durch die Vermittlung Jesu Christi als des wahren und erfüllenden Sinnes aller Dinge in Bezug mit dem Vater, dem Sohn und dem Heiligen Geist. In diesem Sinn bedeutet Glaube Erfahrung und Praxis. Von hier aus entstehen in einem Prozeß der Explizierung dessen, was Glaubenshaltung konkret bedeutet, die Inhalte bezüglich Gott, seiner Gnade und seiner Befreiung sowie bezüglich des Sinns von Welt und Mensch usf. In diese Explizierung fließen dabei ideologische und kulturelle Elemente, theoretische Merkmale einer bestimmten Gesellschaft, Interessen von Gruppen, Perspektiven von Volksüberlieferungen und persönliche Erfahrungen des Gläubigen mit ein. Gläubige Praxis gibt es nie als solche. Immer ist sie schon vermittelt im Rahmen einer bestimmten Theologie, welche ihrerseits ein kulturelles *Produkt* mit all den genannten Bedingungen darstellt. Dasselbe gilt auch vom größten Zeugnis unseres Glaubens, der Heiligen Schrift. Die Bibel ist ja, *von außen betrachtet,* nicht sogleich Wort Gottes. Vielmehr bietet sie uns menschliche Worte, in denen das göttliche Wort Gestalt annimmt. Jedoch: Letzteres liegt nicht auf derselben Ebene wie ersteres. Wäre dem so, dann hätten wir ein göttliches Wörterbuch, eine göttliche Grammatik oder eine göttliche Semantik. Da die Bibel Gottes Wort ist, behält sie immer ihren transzendenten Charakter. Zwar wird sie in menschlichen Worten vermittelt, behält aber stets ihre eigene Freiheit. In die Redaktion des menschlichen Wortes, in dem sich das göttliche Wort konkretisiert, fließen alle nur möglichen Bedingungen mit ein. Wenn man also von praktiziertem Glauben spricht, dann muß man immer unterscheiden zwischen dem, was den fordernden Appell Gottes meint, auf der einen Seite und bestimmten theologischen, gesellschaftlichen und selbst ideologischen Artikulationen auf der anderen Seite, die aus einer verflossenen Epoche stammen und uns heutigen Menschen wenig oder gar nichts sagen.

Das reifste und wirksamste Unterscheidungsmerkmal – unter mancherlei anderen – ist eben die Glaubenspraxis. Alles, was in unserem menschlichen Rahmen (der ja die göttliche Botschaft bzw. den christlichen Glauben vermittelt) dazu zwingt, die kleinlichen Eingrenzungen persönlicher oder kollektiver Egoismen zu sprengen, alles, was uns näher zum Mitmenschen führt, uns zu Solidarität mit ihm und zu seiner Befreiung motiviert, alles, was für die Menschen Gott mehr Gott sein läßt. . ., all das konfrontiert uns mit dem, was das Wort Gottes und seine christliche Botschaft bedeutet. Eine solche gläubige Praxis betätigt sich in Liebe und kann – ohne zu entarten – nicht absehen von Streben nach Gerechtigkeit und Kampf für eine menschlichere Welt, in der brüderliches Verhalten weniger schwierig ist. Glaube als freiheitsstiftende Praxis umgreift all die großen Werte wie u. a. Wahrheit, Solidarität, Brüderlichkeit und Liebe. Denn diese sind nur einige andere von den vielen Namen, die Gott trägt. Allerdings dürfen sie nicht in einem leeren Universum ungenützt liegen bleiben, sondern müssen in konkreten Prozessen, die sich auf die Befreiung von handgreiflicher Unterdrückung beziehen und so erst dem Glauben Wirksamkeit verleihen, geschichtlich Gestalt annehmen. In diesem Sinn bemühen wir uns darum, die Wirklichkeit, welche es umzugestalten gilt, kritisch und wissenschaftlich zu durchdringen.

bb) *Sozio-analytisch-strukturelles Verständnis der Wirklichkeit.* Der Glaube bestimmt die Art mit, mit der die Wirklichkeit analysiert wird. Denn er steckt den umgreifenden Horizont ab, innerhalb dessen Glaubensentscheidungen die konkreten Optionen für ein bestimmtes wissenschaftliches Deuteschema beeinflussen: dieses politische Modell statt jenes oder diese Ideologie statt jener. Der Glaube (ebenso wie die Theologie, die den Glauben ja in eine systematische Form kleidet) respektiert den je eigenen vernunftbezogenen Charakter einer Wissenschaft. Dabei aber hat er (bzw. sie) zu differenzieren, um das analytische Schema herauszufinden, das die Erfordernisse des Glaubens am besten berücksichtigt. Christlicher Glaube hat das analytische Instrumentarium zu bevorzugen, das ihm verwandte Kategorien benutzt, seiner Richtung am meisten entspricht und das die Mechanismen am einhelligsten aufdeckt, die ihm zufolge die strukturelle Sünde ausmachen und somit den Christen vor die Entscheidung für jene Vermittlungen stellt, die für ihn am geeignetsten sind im Blick auf die ganzheitliche Rettung und Befreiung des Menschen. Von derlei Vermittlungen wird dabei erwartet, daß sie am wirksamsten Gerechtigkeit und eine qualitative Veränderung ermöglichen, die zu mehr Mitbestimmung und Brüderlichkeit führt.

In diesem Sinn hat die Theologie der Befreiung für ein analytisches Schema optiert, das Unterentwicklung – jenen gemeinsamen Nenner zwischen all unseren Ländern – als ein System der Abhängigkeit von den imperialistischen Zentren deutet. Unterentwicklung ist die Kehrseite der Entwicklungs-Münze. Erstere ergibt sich als notwendige Folge aus letzterer. Damit die kapitalistischen Länder Entwicklung schaffen, strukturieren und in dem beschleunigten Rhythmus erhalten können, den sie mittlerweile erreicht haben, bedarf es eines hohen Maßes an sozialer Ungerechtigkeit, die sie der Dritten Welt und damit auch Lateinamerika zufügen. Symptome von Unterentwicklung sind u. a. allgemeine Armut, Randdasein, niedriges Einkommen, endemische Krankheiten, hohe Kindersterblichkeit, Fehlen von Schulen und Krankenhäusern sowie Arbeitsplatzmangel.

Eine präzise Analyse, wie sie die Dependenztheorie liefert, deckt die Mechanismen auf, die diese Lage herbeiführen. Die entscheidenste Ursache (freilich nicht die einzige, denn es bestehen noch andere Gründe, wie etwa unterschiedliche kulturelle Voraussetzungen, biologische Faktoren und gesundheitliche Komponenten) besteht in unserer Abhängigkeit von Zentren, die zwar außerhalb unseres Erdteils angesiedelt sind, die aber durch die Vertreter dieses Imperiums auf unserem Kontinent internationale Reichweite haben. Die lateinamerikanische Szene ist nichts anderes als eine Realität im Spiegel, also keine Wirklichkeit aus eigener Quelle. Unsere Abhängigkeit ist vielfältig, sie besteht in Abhängigkeit auf wirtschaftlichem Gebiet, in Arbeitsteilung, in Kultur, Politik und auch im Bereich der Religion. Darüber hinaus wird Abhängigkeit zu Unterdrückung, denn man bedient sich der Gewalt, um unsere Länder im Stadium der Unterentwicklung zu halten. Geschichtlich betrachtet hat Lateinamerika in der Abhängigkeit einander folgender Hegemoniezentren gelebt, von denen jedes einzelne seine Spuren hinterlassen hat.

Bei der Analyse der Wirklichkeit werden nicht nur Gesichtspunkte der Sozialwissenschaften (Soziologie, Wirtschaftswissenschaft, Politologie) wirksam, sondern auch Aspekte geschichtlich-kultureller, anthropologischer und volkskundlicher Art. Denn die riesigen unterdrückten Bevölkerungsmassen haben sich ihre Kultur des Schweigens geschaffen, das heißt: ihre eigene Weise, dem Leben einen Sinn zu geben und sich zu befreien, obgleich sie nach wie vor in Gefangenschaft leben. Deshalb untersucht man mehr und mehr in fast ganz Lateinamerika Kultur und Religiosität des Volkes. Beide sind nämlich ein wahres Saatbeet von Werten, die die Ideologie des Imperialismus noch unberührt gelassen hat und die wesentliche Kräfte freisetzen können für einen wirklichen Befreiungsprozeß.

cc) *Theologisches Verständnis des sozio-analytisch-strukturellen Textes.* Gläubige Praxis, die auf befreiende Wirkung aus ist, akzeptiert als Vermittlung für ihre geschichtliche Realisierung das oben beschriebene Verständnis der Wirklichkeit. Dieses liefert die Grundlage, auf der sie im Licht des Wortes Gottes und des Glaubens ihr Gesamtverständnis entwickelt: Gläubige Praxis benennt Gnade und Sünde und sieht in den Verschlingungen von politischen und wirtschaftlichen Interessen Annahme bzw. Ablehnung des göttlichen Planes, der seinerseits in Brüderlichkeit, Gerechtigkeit, Mitbestimmung und Freiheit besteht. Christliches Bewußtsein weiß sich berufen, wirksam daran mitzuarbeiten, daß die derzeitige erdrückende Lage überwunden wird. Der Akzent liegt also auf dem Sinn der Glaubenspraxis wie jeder Praxis überhaupt, inwieweit sie vom erdrückerischen Status quo befreit bzw. ihn rechtfertigt. Theologie als thematische Erarbeitung ist dann ein zweiter Akt, insofern sie Reflexion auf und für die Praxis ist, damit diese echter und befreiender werden kann. »Theologie der Befreiung ist nicht mehr als das theologische Moment christlicher Glaubenserfahrung, die sich bewußt und vom Evangelium her die Umgestaltung einer Welt in der Lage der Abhängigkeit neuerlich zur Aufgabe macht.« (J. Scannone)

Nach unserer Einschätzung obliegen der Theologie drei Aufgaben:

1.) Theologie als heilsgeschichtliche Wahrnehmung der Lage. Erste und grundlegende Aufgabe der Theologie ist es, ausgehend von ihrem unverwechselbaren Horizont die heilsgeschichtliche Dichte der Lage deuten zu können, und zwar in einem doppelten Sinn: Sie muß die Sünde und die Verführungen der Situation aufdecken und zur Anklage bringen und damit das imperialistische System mit seinen Triebkräften Macht und Gewinn zurückweisen, weil es ganz offen dem Geschichtsprojekt Gottes widerspricht. Sodann hat Theologie sich unterstützend gegenüber dem Verlangen nach Befreiung und den Vermittlungen auszusprechen, welche dieses konkretisieren; denn der Weg der geschichtlichen Rettung und der Antizipation des Reiches Gottes führt durch diese tiefen Wünsche.

2.) Theologie als kritisch-befreiendes Verständnis der Glaubens-überlieferung. Theologie der Befreiung hat zunächst die Befreiung von einer verallgemeinernden Theologie zu erwirken, die einer Praxis verbunden ist, welche es unterläßt, ihre sozio-analytischen und geschichtlichen Voraussetzungen kritisch zu hinterfragen. Sodann wird Theologie der Befreiung die kritischen und befreienden Dimensionen des Glaubens und seiner Hauptthemen offenlegen müssen. Derlei Dimensionen sind nämlich verschüttet worden einmal unter einer gewissen Art kleinbürgerlichen Lebens, das all die Privilegien der gesellschaftlichen Lage genießt, und zum anderen unter einer gewissen Art der Predigt, der Katechese und des Auftretens der institutionellen Kirche, die sich zur außerehelichen Geliebten und zum Komplizen des Kolonialsystems gemacht hatte. Untergangen sind dabei auch die gesellschaftlichen und politischen Dimensionen, die in Themen enthalten sind wie Reich Gottes, Eschatologie, Gnade, Sünde, Befreiung durch Jesus Christus usf.

3.) Theologie als Rede vom theologischen Inhalt einer jeden befrei-enden Praxis. Theologie muß es fertigbringen, den theologischen Inhalt zu eruieren und zu bekräftigen, der in jedem wahren Befreiungsprozeß steckt, obwohl die verantwortlichen Träger oder Ideologien keinen ausdrücklichen Bezug auf christlichen Glauben nehmen. Dabei hängt das Theologische dieses Unternehmens nicht von der ideologischen Deutung ab, die man ihm anträgt, sondern von der ihm objektiv innewohnenden Dimension der Befreiung und der Schaffung eines größeren Freiheitsraumes. Die Praxis in sich selbst, insofern sie wirklich befreiende Praxis ist, trägt eine christliche und heilsbezogene Dichte in sich. Heil ist ein umfassender Begriff. Er beschränkt sich nicht auf sozio-ökonomische und politische Befreiungen, ohne die er aber auch nicht verwirklicht werden kann. Endgültige und eschatologische Erlösung wird vermittelt in partiellen innergeschichtlichen Befreiungen auf allen Ebenen menschlicher Wirklichkeit, und zwar nicht nur auf reflektiert theologischen. So kann christlicher Glaube einen evangelium- und heilsbezogenen Inhalt in allen Unternehmen und Bewegungen benennen, die erfolgreich befreien. Das entscheidende Treffstück für christliche Authentizität ist nicht, was das Bewußtsein *sagt,* sondern was die Wirklichkeit *ist.* Dies hat die Theologie schon immer behauptet; denn nicht gedachte Wahrheit rettet, sondern jene Wahrheit, die getan wird und in Praxis sich verifiziert. Daraus erhellt, daß Theologie des Politischen nicht allein die Artikulation einer Rede über die politische Praxis von Kirche oder Christen sein kann, sondern über *jede* Art von Politik, unabhängig von der Frage, ob sie sich auf theoretische Merkmale des Christentums bezieht oder nicht.

Anderenfalls würde Theologie zu einer Rede, die die Praxis der Kirche, ihrer Institution oder ihrer Laien rationalisiert (ideologisiert). Theologie des Politischen muß vielmehr imstande sein, den christlichen Inhalt einer jeden Praxis zu benennen, selbst wenn sie sich als »atheistisch« ausweist, jedoch wirklich befreiend ist.

dd) Perspektiven für eine befreiende pastorale Tätigkeit. Da nun Theologie kritische im Horizont des Glaubens geleistete Reflexion auf menschliche Praxis ist, ist es ganz natürlich, daß sie diesen Glauben bis in seine ganz konkreten Ausprägungen begleitet, etwa auf ideologischem, politischem und strategisch-taktischem Gebiet. Im eigentlich politischen Bereich obliegt es der Kirche als organisierter communitas fidelium nicht, Strategien und Taktiken festzulegen. Verführe sie so, mißachtete sie die der Politik eigene Dimension und Rationalität. Doch kommt es ihr zu, eine grundsätzliche Entscheidung zugunsten der Freiheit zu treffen, wie das in Medellín (1968) geschehen ist, eine Entscheidung, die von Christen ebenso wie von anderen Menschen vollzogen wird. Im Rahmen einer solchen Grundoption, die noch aufgegliedert werden kann in ihre größeren Vermittlungen, besteht eine ganze Spannweite möglicher Teilentscheidungen, die der Option von Christen oder der Auswahl der Notwendigkeiten entsprechen.

Auf ihrem spezifisch pastoraltheologischen Gebiet kommt es der Kirche (Hierarchie, Einzelbischof, Priesterkollegium, Ortspfarrer) zu, in einer Strategie tätig zu werden, welche die politischen und gesellschaftlichen Dimensionen des Glaubens, der Evangelienverkündigung und der Liebe möglichst wirksam werden lassen. Hier ist der Ort für Prioritäten, die es festzulegen gilt mittels einer – im Licht des Glaubens angestellten – kritischen Analyse der Wirklichkeit und mittels einer Suche nach Zwischengrößen, welche die ausgewählten Projekte geschichtlich gangbar und befreiender werden lassen. Dabei kann es geschehen, daß es an den für einen qualitativen Sprung notwendigen objektiven Bedingungen mangelt; dann hat die Arbeit im Rahmen des herrschenden Systems zu geschehen. Denn, ohne die repressive Lage zu verhärten, kann man nicht um jeden Preis frei sein. Es gibt nämlich auch einen mystischen Sinn von Befreiung, der unter den Bedingungen eines Gefangenschaftsregimes realisiert wird und der gespeist wird aus einer enormen Hoffnung und kleinen, aber realen Veränderungen. Glaube hat auch Hoffnung lebendig zu halten, dort zu befreien, wo die Wege versperrt sind, und nicht zuzulassen, daß Engagement seiner befreienden Wirksamkeit entleert wird.

2. Befreiung auf der Grundlage von Gefangenschaft

Mit der Etablierung von starken Regimen in vielen Ländern Lateinamerikas und in Anbetracht des Totalitarismus der bei uns herrschenden Ideologien änderte sich die Aufgabe der Theologie der Befreiung. Es geht nicht mehr anders, als von einer Lage der Gefangenschaft her zu leben und zu denken. Es gilt, eine echte Theologie der Gefangenschaft zu entwerfen. Freilich ist dies keine Alternative zur Theologie der Befreiung, sondern eine neue Phase dieser Theologie im Rahmen und aufgrund von repressiven Regimen. Gefangenschaft steckt den umfassenden Horizont ab, innerhalb dessen wir befreiend arbeiten und überlegen müssen.
Für Israel war die Gefangenschaft in Ägypten und Babylon eine Zeit der Ausarbeitung von Hoffnung und Kraft, die für den geschichtlichen Moment unerläßlich waren, in dem es des befreienden Bruchs bedurfte. Natürlich hat die Kirche andere Aufgaben, und auch die Funktionen der Theologie sind andere. Es ist die Zeit, den Boden vorzubereiten und zu säen. Es ist die Zeit der Empfängnis und des Wachstums im Leib der Mutter. Aber der Tag der Geburt steht noch aus. Die Kirche weiß sich zur Auseinandersetzung mit dem totalitären Staat getrieben. Als Institution muß sie geschlossen und stark sein, um ihre prophetische Funktion zu stärken, und vermeiden, sich in internen Konflikten zu zerreiben. Die größten Widersprüche bestehen nicht in ihrem Innern, sondern in der Gesellschaft und im Staat. In einigen Situationen bleibt der Kirche nichts anderes übrig, als die würdige und risikoreiche Haltung Jesu Christi anzunehmen. Ohne das Evangelium zu verraten, kann sie es nicht unterlassen, ihre Stimme denen zur Verfügung zu stellen, die selbst weder Chance noch Stimme haben. Die qualifizierte Form evangelisierender Gegenwart der Kirche in der Welt besteht in ihrem Bemühen um Verteidigung der verletzten Menschenrechte. Deshalb obliegt es der Kirche, die Hoffnung lebendig zu erhalten, ohne die ein niedergetretenes Volk nicht

leben kann, den von den Mächten der Repression Entführter nachzugehen, Waisen zu trösten und Hilflose gegen die Übermacht des Militärapparates zu verteidigen.

Mehr als in jeder anderen Lage bedarf es bei uns der Verbindung von Prophetie und Institution. Die Institution muß prophetisch sein. Dabei ist Klugheit jedoch weder Anpassung noch Servilität noch einsichtsloser Wagemut, sondern Wagnis angesichts wirksamer Taktiken. Auf der Ebene der Theorie muß man die grundsätzliche Option für Befreiung ganz klar festhalten, hier gibt es keine Zugeständnisse. Auf der anderen Seite jedoch muß man ebenso einen geschichtlichen Blick haben für mögliche Bündnisse und Chancen, die im Rahmen des Gefangenschaftsregimes befreiende Schritte erlauben. Nur so entgehen wir einmal dem Neoreformismus und zum anderen selbstmörderischer Prophetie.

Eine Aufgabe der Evangelisierung, die eine Kirche im Gefangenschaftsregime zu erfüllen hat, besteht darin, sich ganz unter das Volk zu begeben. Vielfach ist nur noch die Kirche der einzige legale Ort, an dem man ein freies und kritisches Wort sagen kann und elementare Bande von Gemeinschaftlichkeit entstehen und gepflegt werden können. In diesem Sinne kommt der Kirche wieder ein eminent politischer Sinn zu, als Verteidigerin der Freiheit und als kritische Stimme gegenüber dem totalitären Staat. So hat die Theologie der Gefangenschaft eine ganz konkrete Reflexion zu erarbeiten über die neuen Aufgaben der Kirche, den neuen Sinn von Hoffnung und über ein Engagement, das voller Gefahren steckt. Sie muß ihre theoretische Praxis verfeinern, kritisch ihr Reflexions- und Praxisinstrumentarium vervollkommnen und die großen Themen der Überlieferung wiederentdecken, die häufig bei aller Notwendigkeit, die Wirklichkeit zu erleben und zur Tat zu schreiten, nach und nach in Vergessenheit gerieten. Aufgrund der bitteren Erfahrung der Gefangenschaft lernten viele Christen neue Dimensionen des Kreuzes Christi und der Geschichte der Märtyrer kennen. Theologie der Gefangenschaft hat nichts mit Euphorie zu tun. Vielmehr wird sie ständig zu wachen haben, damit in Anbetracht der tarnenden Sprache, zu der sie die Repression zwingt, ihre Inhalte nicht an Kritik und Befreiung einbüßen.

3. Theologie auf der Grundlage von Gefangenschaft und Befreiung: Versuch einer Beschreibung

Die Theologie der Befreiung entstand aus einer tiefen geistlichen Erfahrung: aus Einfühlungsvermögen und Liebe für die Armen, die den weitaus größten Teil der Bevölkerung unseres Erdteils darstellen. In ihrer wirtschaftlichen Einschränkung markieren die Armen den Ort einer Theophanie und einer Christophanie. Sie bieten dem Menschen die Möglichkeit einer Heilsbegegnung. Wie soll man ihnen helfen, aus ihrer demütigenden Lage herauszukommen? Welche Schritte müssen getan werden, damit die Wirklichkeit, in der viele Unterdrückte und wenige Reiche existieren, eine andere wird? Welche Maßnahmen gilt es zu ergreifen, damit eine neue, gleichere, freiere und brüderlichere Form des Zusammenlebens entstehen kann? Derlei Fragen liegen der Theologie der Befreiung zugrunde. Wie gesagt, Liebe ist ihr Kernstück. . . Liebe, die freilich nicht der Ertrag einer Theologie, sondern ihr Ausgangspunkt ist. Liebe aber ist Praxis und keine Theorie, Entscheidung für die Armen.

In ihrem Bestreben, die für all die Armut verantwortlichen Mechanismen aufzudecken, sahen sich die Theologen der Befreiung gezwungen, eine eindringlichere Rationalität zu suchen als die, welche ihnen die theologische Überlieferung in der Philosophie anbot. Freilich bedeutet das nicht, Philosophie hätte ihre Bedeutung verloren, nein, neue Funktionen kamen ihr zu. In den Human- und besonders in den Sozialwissenschaften fand man ein analytisches Instrumentarium, mittels dessen man fähig wurde, die strukturellen Ursachen der Unterdrückung aufzudecken und Alternativmodelle zu erstellen. Das Interesse für wissenschaftlich erhobene Daten aus der Wirklichkeit steht also im Dienst der umgestalterischen Praxis des Glaubens. Solche Fakten haben dazu zu helfen, eine konkrete Antwort auf folgende Frage zu finden: Welchen Sinn hat die von Jesus Christus erwirkte Befreiung in einer Situation von Randexistenz, Gefangenschaft und Unterdrückung, in der sich der lateinamerikanische Mensch befindet? Die eschatologische und letztgültige Befreiung, welche Jesus Christus uns brachte, hat nur dann geschichtlichen Sinn, wenn sie in befreienden Prozessen Gestalt gewinnt und innerhalb der bestehenden Situation antizipiert wird. Dann ist wirtschaftlich-politische Befreiung nicht nur wirtschaftlich–politisch, sondern macht in ihrer prozessualen Begrenztheit die geschichtliche Form aus, wie sich schon in der Zeit die volle Befreiung darstellt. Sie besitzt also einen theologischen Inhalt, den der Glaube anstreben und fördern kann und muß. Bemüht sein, daß dies sich bewahrheitet, das ist die Aufgabe der Theologie: Ihr obliegt es, alle Menschen, Christen und Kirche zu bewegen, damit sie alle imperialistischen Ideologien entzaubern und anklagen, die die gegenwärtige Gesellschaftsform begünstigen und stützen. Theologie hat durch eine konsequente und befreiende Praxis einen neuen Menschen und eine menschlichere Gesellschaftsform zu entwerfen und zu schaffen. Wenn wir hier den Versuch machen, die Theologie der Befreiung und der Gefangenschaft zu beschreiben, können wir sagen: Es geht darum, im Licht christlicher Glaubenserfahrung kritisch auf die Praxis der Menschen, zumal der Christen, zu reflektieren, mit dem Ziel ganzheitlicher Befreiung der Menschen. Im einzelnen gelten folgende Detailüberlegungen:

a) *Reflektieren:* Theologie der Befreiung ist selbstverständlich auch *Lógos* auf die historische Erfahrung Gottes in Jesus Christus und aufgrund ihrer. Als Reflexion ist sie aber schon Zweitwirklichkeit, d. h. Funktion christlicher Erfahrung, die verdeutlichen, artikulieren und systematisieren möchte. Wie jeder *Lógos* so hat auch Theologie der Befreiung ihre eigenen Gesetze, ihre Logik, ihre Grammatik und Semantik. Doch erarbeitet sie sich nicht ihre Daten, um sich selbst zu genügen, sondern um als dialektisches Moment eines umfassenden Lebensganzen die Praxis zu erhellen. Ohne Reflexion ist Praxis blind, und ohne Praxis ist Reflexion leer. Der dialektische Kreislauf zwischen Praxis und Reflexion macht Einheit und Reichtum von Erfahrung aus.

b) *Kritisch:* Wer von kritischer Reflexion spricht, verkauft eigentlich eine Redundanz. Reflexion ist entweder kritisch, oder sie ist keine Reflexion. Kritik bedeutet Fähigkeit, zu differenzieren, Prozesse zu beobachten, sich seiner eigenen Voraussetzungen bewußt zu werden, die Tragweite von Behauptungen zu ermessen und über die ideologischen Implikationen einer jeden Rede zu wachen.

c) *Im Licht von:* Die Formulierung »im Licht von« steckt den Horizont ab, aufgrund dessen Fragen gestellt, Wirklichkeiten erfaßt werden und man zu Erkenntnissen gelangt. Sowohl Wissenschaften als auch Wissenschaftler sind innerhalb eines Horizontes angesiedelt, der die geschichtliche Lage ausmacht, die mit ihrer Überlieferung, ihren Werten und ihrer Art gegeben ist, die Wirklichkeit zu spüren und den Sinn des Ganzen zu lenken. Alles, was man versteht, versteht man ausgehend von einem solchen Horizont und es wird demnach schon immer gesellschaftlich-kulturell gedeutet. Wenn Glaube Theologie ausarbeitet, dann projiziert er sie in den Horizont seiner Zeit. Glaube ist demzufolge keine Determinante eines derartigen Horizonts, sondern er ist selbst Horizont. Theologie hingegen ist eine Unterbestimmung eines solchen Horizonts.

d) *Christliche Glaubenserfahrung:* Glaube ist eine menschliche Urhaltung, mittels derer der Mensch seine Verbindung mit Gott anerkennt. Freilich geht es dabei nicht um Psychologie, sondern eher noch um Ontologie als eine bestimmte, von Gott und Christus her ermöglichte Art und Weise, in der Welt zu sein und die Wirklichkeit insgesamt zusammenzuschauen. Christliche Glaubenserfahrung sieht in Jesus Christus den letzten Sinn aller Dinge. In ihm hat Gott bekundet, wie er ist: als Vater, Sohn und Heiliger Geist, und uns seine universale Vaterschaft geoffenbart, die ihr Gegenstück findet in der universalen Bruderschaft aller Menschen. Indem Gott sich geoffenbart hat, hat er uns auch gezeigt, wer der Mensch ist. Hier liegt die Gleichheit der Herkunft, des heilsgeschichtlichen Prozesses und der Bestimmung begründet. Dieser Minimalinhalt christlichen Glaubens schließt schon eine starke kritische Dichte gegenüber Gesellschaft und Politik mit ein.

e) Auf die Praxis: Praxis ist die Quelle aller menschlichen Wirklichkeit. Sie bildet die Einheit aus Tun und Wissen. Leben ist schon Praxis, und deshalb geschieht in Praxis – gleichsam auf eine verdichtete Weise – die ganze Wirklichkeit. Theoretische Thematisierung ist Verdeutlichung und Ausfaltung dessen, was – wenn auch diffus und unthematisch – in der Praxis schon zugegen war. Von welcher Qualität ist menschliche Praxis? Befreit sie den Menschen und die Menschen für Gemeinschaft, Brüderlichkeit und für Gott, oder unterdrückt sie sich selbst und andere? Welche materiellen und menschlichen Vermittlungen benutzt sie, um wirksam zu werden? Steht sie im Einklang mit dem Plan Gottes und den Forderungen des Evangeliums?

f) Der Menschen: Da christlicher Glaube eine ontologische Existenzweise ist, welche die gesamte Wirklichkeit von Gott her erblickt, der in Jesus Christus Mensch geworden ist, betrachtet er auch die Praxis der Menschen, selbst wenn sie keinen ausdrücklichen Bezug zum Geheimnis Christi aufweist, im Licht von Heil oder Verderben und Annahme oder Ablehnung Gottes. Die Heilsgeschichte umfaßt unterschiedslos alle Menschen in ihren jeweiligen konkreten Situationen. Träger des Heils sind nicht exklusiv (Christen, Kirche als Institution), jeder Mensch kann Heilsträger sein. Gottes Befreiungswerk in Jesus Christus wird in der Geschichte vorweggenommen und in gesellschaftlichen, wirtschaftlichen, politischen und persönlichen Realitäten der Menschen vermittelt. Aufgabe der Theologie ist es zu prüfen, welche Modelle menschlicher Praxis diese Befreiung sichtbar machen oder eben verhindern. Daraus folgt, Theologie darf ihre Tätigkeit nicht auf systemimmanente Aktivierung derer, die denselben Glauben haben, beschränken, sondern muß sie auf alle Menschen ausdehnen.

g) Zumal der Christen: Theologie der Befreiung wird sich nicht ohne Verblüffung der Frage bewußt: Wie kann es auch gerade in Lateinamerika, einem vorwiegend katholischen Erdteil, zu dieser gesellschaftlichen Unterdrückung kommen? Welche Glaubenspraxis war das, die man hier gelebt hat, so daß eine derartige gesellschaftliche Situation überhaupt entstehen konnte? Wir müssen bekennen, daß der Glaube einfach in eine fremde Kultur verpflanzt und manipuliert wurde, um die Träger unterdrückerischer Macht zu legitimieren. Welche Art von Praxis müssen Christen Geschichte werden lassen, damit sie das wird, was sie sein muß, Stifterin von Freiheit und Fortsetzerin der Praxis Jesu Christi?

h) Mit dem Ziel ganzheitlicher Befreiung des Menschen: Theologische Reflexion hat nur dann Sinn, wenn sie in eine ganzheitliche Befreiung des Menschen eingeht. Der Begriff »ganzheitliche Befreiung« kann einmal nichts bedeuten und eine rein verbale Position vertuschen. *Ganzheitlich* heißt für uns jedoch, daß die Befreiung einen ganzen Prozeß durchmacht, in dem jede erreichte Etappe offen steht für ein Plus, bis hin zur endzeitlichen Fülle. Um den Befreiungsprozeß an seine Erfüllung bringen zu können, muß Theologie der Befreiung die jedem einzelnen Schritt eigene Vernunftmäßigkeit respektieren, die Gangbarkeit ihrer Projekte klug abwägen und dabei das allgemeine Regime der Gefangenschaft berücksichtigen, in dem fast alle Länder unseres Erdteils versunken sind. Daraus ergeben sich für die Glaubenspraxis neue Folgen: Hoffnung zu säen und wachzuhalten, mit einfacheren und weniger spektakulären Mitteln zu kämpfen und eine tiefgreifende Bewußtseinsbildung für den Augenblick vorzubereiten, damit der Akt der Befreiung organisiert werden kann.

Als ausgearbeitetes System ist die Theologie der Befreiung noch weit davon entfernt, eine abgeschlossene Realität zu sein. Jedoch steckt in ihr ein sehr weiter Horizont, und es zeichnen sich schon Tendenzen ab, die ein globales Modell darzustellen vermögen, Christentum zu assimilieren, zu verkünden und zu leben.

Horst Goldstein

Skizze einer biblischen Begründung der Theologie der
Befreiung

Zur spezifisch lateinamerikanischen Hermeneutik

Bekanntlich besteht ein hermeneutischer Zirkel zwischen Vorverständnis und jeweiligem Verstehensakt, zwischen Vorentscheidung
und jeweiliger Entscheidung. Diese Erkenntnis gilt für menschliches Denken insgesamt und entläßt auch Theologie, welcher
Couleur sie auch sei, nicht aus ihrer Logik. Theologen und
Seelsorger gingen hergebrachterweise ans Werk, ohne eigens auf
diese in ihre Verstehens- und Entscheidungsprozesse wesentlich
mit einfließenden Voraussetzungen zu reflektieren. Dabei bestand
diese Prämisse unausgesprochen – zumindest ein Stück weit – in
dem ängstlich konservativen Wunsch nach Erhaltung der bestehenden gesellschaftlichen Strukturen.
Lateinamerikanische Theologen hingegen, die aus der Erfahrung
eines pervertierten und entmenschlichenden internationalen Kapitalismus leben, thematisieren bewußt ihr Vorverständnis und ihre
Vorentscheidung. Sie argumentieren aus dem Vorverständnis der
Dependenztheorie,[1] der zufolge Unterentwicklung in den periphe-
ren Ländern der Dritten Welt durch die wirtschaftliche, politische
und kulturelle Herrschaft der betreffenden Metropolen in der
Ersten Welt je neu produziert wird. Unterentwicklung ist also
nicht ein im Vergleich mit dem Weltniveau zurückgebliebenes
Stadium des Fortschritts, sondern ein prozeßhaftes, abhängigkeit-
erwirkendes Korrelat der technologischen Entwicklung in den
Machtzentren. Aus diesem entschieden politischen und soziologischen Vorverständnis, das lateinamerikanische Theologen häufig in
marxistischer Terminologie artikulieren, ergibt sich auch ihre
Vorentscheidung. Sie schließen sich Gruppen und – wo möglich –
Parteien der Linken an und sehen im Proletariat eines jeden Landes
und des gesamten lateinamerikanischen Erdteils die Avantgarde des
Befreiungsprozesses.
Diese sozialistisch-revolutionäre Option stellt also den Inhalt der
politischen Hermeneutik dar, aus der her man in Lateinamerika
theologisch reflektiert und die Schriften des Alten und Neuen
Testaments liest.

1. Einheit von Schöpfung und Erlösung[2]

Nirgends in der Bibel wird von der Erschaffung der Welt berichtet, weil der Erzähler oder seine Adressaten prähistorisches Interesse gehabt hätten. Vielmehr geht es immer darum, daß Israel entweder in einer Blütezeit seiner Geschichte Jahwe als den mächtigen, sein Volk führenden Herrn erfährt oder in einer Phase der Erniedrigung ganz sein Vertrauen auf ihn setzt *und* daß in diesen Situationen semitisches Bewußtsein die jetzt gültige Macht Jahwes in Urzeiten verankert sieht: bei der Erschaffung der Welt. Wer jetzt vom Herrn Rettung und Erlösung erhofft, darf vertrauen, denn Jahwe hat seine Mächtigkeit ja schon im Werk der Schöpfung erwiesen. Die Schöpfung ist Gottes erste Heilstat.

Nehmen wir Gen 2,4b-25: Israel hat nach vielen Wirren und Kämpfen das Land Kanaan endgültig erobert. David hat Jerusalem zur Hauptstadt gemacht, Salomo den Tempel gebaut. Es herrscht Frieden. Das Volk genießt Ruhe und Ordnung. Da deutet der Jahwist gegen 950 den gegenwärtigen Frieden als Konkretisierung des göttlichen Heils für das Volk Israel. Ausgehend vom Heute blickt er in die Vergangenheit. Alles wurde von Gott umsichtig und liebevoll vorbereitet, so daß es zur friedvollen Lage der Gegenwart führte. Das – befreite, gerettete und erlöste – Heute ist im Heilsplan Jahwes das liebevolle Werk des Schöpfergottes. Die Schöpfungserzählung der Priesterschrift Gen 1,1-24a hat einen völlig anderen Entstehungsort. Sie wurde redigiert vermutlich zur Zeit des Exils. Für den, der in dieser Situation totaler Hoffnungslosigkeit dennoch auf den Gott Israels bauen will, gilt es, Elohim als mächtiger denn alle heidnischen Gottheiten zu erweisen. Elohim ist es, der aus dem Urchaos einen geordneten Kosmos schafft. Dabei signalisiert die Mühelosigkeit seines Schaffens durch das Wort, daß er der eigentliche und alleinige Besitzer der Welt ist. Sonne, Mond und Sterne, in antiken Religionen als Götter verehrt, bezeichnet der Elohist provozierend als Lampen. Indem er sie entdivinisiert, spricht er dem Gott Israels den absoluten Primat zu. Was für Israel – gerade unter den Bedingungen des Exils – so wesentlich ist, der Sabbat, das hat Elohim am Beginn der Zeit selbst eingesetzt. Wenn der Redaktor in seiner Schöpfungserzählung refrainartig siebenmal wiederholt, Gott selbst habe alles für gut bzw. sogar sehr gut erachtet, dann ist dies eine Reaktion auf den Pessimismus der Unterdrückten im Exil. Elohim kann sein Volk befreien, erretten und erlösen, weil er sich schon im Urbeginn als der Mächtigste erwiesen hat.

Wichtig ist nun für engagierte Lateinamerikaner, daß die Schöpfung durch das Werk der Menschen fortgesetzt wird: »Macht euch die Erde untertan« (Gen 1,28). Was Menschen an gesellschaftlichem, politischem und kulturellem Engagement leisten, trägt – der Theologie dieser beiden alttestamentlichen Passagen zufolge – demnach die Züge der Heilstat Gottes an seinem Volk.

Wir haben bisher gesehen, daß die zwei einzigen alttestamentlichen Textzusammenhänge größeren Umfangs, die von der Schöpfung sprechen, aus dem Bestreben komponiert wurden, Gottes gegenwärtiges Heilshandeln an seinem Volk schon in Urzeiten verankert zu wissen. Darüber hinaus finden sich aber auch Stellen, an denen die befreiende Tat Gottes indirekt, in Anspielungen auf das Schöpfungswerk, geschildert wird. Jes 51,9-10 z. B., wo es um die Heimführung aus dem Exil geht, wird die Rückwanderung nicht nur mit dem Exodus aus Ägypten verglichen, sondern in der Darstellung spielen Begriffe und Bilder auch auf die Schöpfung an. Heimführung aus Babylon, Exodus aus Ägypten und Schöpfung aus dem Urchaos werden als eine einzige Erlösungstat verstanden. Wenn also zuvor die Erschaffung der Welt als Gottes erste Heilstat gedeutet wurde, dann wird hier – umgekehrt – Erlösung als eine neue Schöpfungstat interpretiert. Folglich stellt sich die Frage: Wie kann unter den chaotischen gesellschaftlichen Verhältnissen Lateinamerikas Erlösung anders dargestellt werden als durch eine Neu-Schöpfung der Welt?

2. Der Überschuß alttestamentlicher Verheißung in den Neuen Bund[3]

Ein zweites Thema, das wie die Gedankenverbindung Schöpfung–Erlösung die Bibel von Anfang bis Ende durchzieht, besteht in der endzeitlichen Verheißung. Die Verheißung ist der innere Motor der Geschichte Israels, des einen wie des anderen, des alten wie des neuen. Abraham wird zu Beginn der Geschichte Israels die Verheißung zuteil, er und seine Nachkommen würden das Land erben, das Gott ihm zeigen werde (Gen 12,1-3; 15,1-16). In der Diktion des Paulus besteht der Inhalt der dem Abraham gegebenen Verheißung darin, »Erbe der Welt zu sein« (Röm 4,13). Die Verheißung konkretisiert sich dann noch einmal im Exodus: »Ich bin Jahwe; ich werde sie befreien . . . sie erlösen . . . zu einem Volk machen . . . aus der Sklaverei herausführen . . . in das Land führen, das ich Abraham, Isaak und Jakob zu geben geschworen habe; das will ich euch zu eigen geben« (Ex 6,6-8). Die wichtigste Form, in der die Verheißung Gestalt gewinnt, ist der Bund, den Jahwe am

Sinai mit Israel schließt (Ex 19,5 f.; 24). In einem reinen Gnadenangebot geht Jahwe ein einseitiges Schutzverhältnis ein.

Von eminenter Bedeutung für das sachgerechte Verständnis der eschatologischen Verheißung ist nun, daß Christus die den Vätern gegebene Verheißung bestätigt, ihr ein neues Gewicht verliehen, ja sie erst richtig in Kraft gesetzt hat (Röm 15,8; 4,16; 2 Kor 1,20). Die alttestamentliche Verheißung ist also nicht abgegolten oder auch nur erfüllt. Der Verheißungsüberschuß des Alten Testaments gilt weiter und kommt im Neuen Bund erst richtig zum Tragen[4]. Deshalb schreibt Paulus: »Die Verheißung wird aufgrund des Glaubens an Jesus Christus den Glaubenden gegeben . . . Wenn ihr . . . zu Christus gehört, dann seid ihr Nachkommen Abrahams und Empfänger des Erbes, wie es die Verheißung zusagt« (Gal 3,22. 29).

Wer nun der Meinung wäre, Christus spiritualisierte die endzeitliche Verheißung, würde Opfer eines tragischen, vermutlich aus einer »verphilosophierten« Theologie herrührenden Mißverständnisses. Vielmehr gibt ihr Christus im jeweiligen Heute neuen Sinn und bringt sie zur geschichtlichen Erfüllung. »Der geheime Sinn der Verheißungen besteht nicht im ›Geistigen‹, das das Zeitliche nur entwerten und wie ein lästiges Hindernis beseitigen würde, sondern in der Vollendung, die das Geschichtliche erfaßt und verändert. Mehr noch: Nur *im* geschichtlichen, zeitlichen und irdischen Ereignis können wir uns der künftigen letztgültigen Vollendung öffnen.«[5]

Ohne daß wir die eschatologische Verheißung mit bestimmten gesellschaftlichen Strukturen identifizieren, müssen wir dennoch festhalten, daß sie sich nach und nach im Lauf der Geschichte erfüllt. Obwohl ihre befreiende Kraft alles Vorhergesehene übertrifft und unvermutete Möglichkeiten eröffnet, realisiert sie sich dennoch in der Geschichte. Als in der Geschichte wirkmächtige Kraft ist die eschatologische Verheißung die Dynamik des Werdens der Menschheit.

3. Das Exodusmotiv

Im Vorhergehenden war schon einige Male auf den Auszug Israels aus Ägypten angespielt worden. Im Rückgriff auf die Enzyklika »Populorum Progressio« (26. 3. 1967) formulieren die zu ihrer zweiten Generalversammlung zusammengekommenen Bischöfe in Medellín (24. 8.–6. 9. 1968): »So wie einst Israel, das erste Volk, die rettende Gegenwart Gottes erfuhr, als er es aus der Unterdrük-

kung Ägyptens befreite, als er es das Meer durchschreiten ließ und es zum Land der Verheißung führte, so können auch wir, das neue Volk Gottes, nicht umhin, seinen rettenden Schritt zu spüren, wenn ›die wahre Entwicklung . . . für jeden einzelnen und für alle der Weg von weniger menschlichen zu menschlicheren Lebensbedingungen ist‹«. Um das Epitheton »weniger menschlich« bzw. »menschlicher« nicht im Unverbindlichen zu lassen, fahren die Bischöfe im Zitieren des päpstlichen Rundschreibens fort: »Weniger menschlich ist die materielle Not derer, denen das Existenzminimum fehlt, wie auch die sittliche Not derer, die vom Egoismus verstümmelt sind. Weniger menschlich sind Zwangsstrukturen, die ihren Grund haben im Mißbrauch von Besitz oder Macht, in der Ausbeutung der Arbeiter und in der Ungerechtigkeit im Geschäftsverkehr. Menschlicher dagegen sind Aufstieg aus dem Elend zum Besitz des Notwendigsten, Sieg über die sozialen Mißstände, Erweiterung des Wissens und Erwerb von Bildung. Menschlicher sind deutliches Wissen um die Würde des Menschen, Ausrichtung auf den Geist der Armut, Zusammenarbeit zum Gemeinwohl und Wille zum Frieden. Menschlicher ist die Anerkennung letzter Werte wie auch die Anerkennung Gottes als deren Quelle und Ziel von seiten des Menschen. Menschlicher sind vor allem der Glaube, der als Gottes Gabe freiwillig vom Menschen guten Willens aufgenommen wird, und die Einheit in der Liebe Christi, der uns alle aufruft, als Kinder am Leben des lebendigen Gottes teilzunehmen, des Vaters aller Menschen.«[6]
Noch expliziter deutet das Dokument »Ich habe das Schreien meines Volkes gehört«, welches 13 Bischöfe und Ordensobere im brasilianischen Nordosten am 6. Mai 1973 veröffentlichten, das Exodusmotiv auf die gesellschaftliche Lage Nordostbrasiliens: »Die unterdrückte Klasse hat keinen anderen Ausweg, sich zu befreien, als den eines langen und schwierigen Marsches – der im übrigen schon begonnen hat – zugunsten des Gemeineigentums an Produktionsmitteln. Dies ist das wichtigste Fundament eines gigantischen historischen Projekts zur globalen Veränderung der bestehenden Gesellschaft in eine neue Gesellschaft. In dieser wird es den Unterdrückten von heute möglich sein, die sachlichen Voraussetzungen dafür zu schaffen, ihre mit Füßen getretene Menschlichkeit wiederzuerlangen, die Ketten ihrer Leiden zu sprengen, die Klassengegensätze zu überwinden und Freiheit zu erobern.«[7]
Das Exodusmotiv, das zum Programm erhoben worden ist, umfaßt das ganze Leben des einzelnen wie des Volkes. Es ist als Protest gegen ein entfremdetes Christentum zu verstehen und setzt als solches immer wieder konkrete Hoffnung frei.[8] Was aber sind die

zentralen theologischen Aussagen der Exodustheologie?[9] Die alles-
tragende Grunderkenntnis besteht in der unentwegten Gegenwart
Gottes. Gott ist die wirkmächtige Präsenz hinter allen Dingen. In
ihrem Elend wie in ihrem revolutionären Kampf fühlen lateinamerikanische Christen sich nie allein gelassen. Immer ist Gott es, der sein
Volk führt. Ein zweites wesentliches Element besteht in der grundsätzlich positiven Einschätzung des Menschen. Der Mensch ist nicht
auf Resignation und Fatalismus hin geschaffen worden. Wäre dies
der Fall – der de facto in Lateinamerika freilich allzu häufig
anzutreffen ist – so müßte man in Verzweiflung versinken und im
Menschen eine kongeniale Fehlkonstruktion erblicken. Nein: Gott
hat die Menschen auf je größere Möglichkeiten hin entworfen. In
ihrem Klagen schenkt er auch schon Anlaß zum Jubel, und in ihr
Stöhnen legt er schon den Samen der Freude. Ein dritter Aspekt hat
ganz besondere Aktualität: Wie die von Mose geführten Stämme
sich durch das Eingreifen Jahwes zu einem Volk konstituierten, so
sind Lateinamerikaner davon überzeugt, daß der Gott Jesu Christi
auch auf ihrem Erdteil aus Untermenschen Menschen und aus einem
Nichtvolk ein Volk schaffen wird.
Frage: Was berechtigt lateinamerikanische Theologen, die Heimführung Israels aus Ägypten und ihren eigenen Kampf um Befreiung
ineinanderprojiziert zu sehen? Zwei Gründe haben sie. Erstens: Die
Verheißungen Jahwes an das Volk Israel sind mit der Einnahme
Kanaans nicht abgegolten, sondern konkretisieren sich – da sie im
Christusgeschehen ja noch einmal bekräftigt worden sind – im
neuen Bund erst nach und nach. Zweitens: Gott ist als Schöpfer
Erlöser und – umgekehrt – als Erlöser auch Schöpfer. Wo Entwicklung zu menschlicherem Leben betrieben wird, da geschieht Schöp-
fung. Wo Schöpfung und Entwicklung sind, da ist Gottes »*rettender*
Schritt zu spüren« (Medellín).

4. Die Menschwerdung des göttlichen Wortes

Unaustauschbares Charakteristikum lateinamerikanischer Theologie ist ihr Fragen nach dem inneren Zusammenhang (erstens) von
politischer, wirtschaftlicher, gesellschaftlicher und kultureller Befreiung, (zweitens) von anthropologischer, historischer und kom-
munitärer Selbstfindung des Menschen und (drittens) von in theologischer Sinngebung zu verstehender Erlösung. Die Antwort lautet:
Es handelt sich um drei verschieden tiefe Ebenen eines umfassenden
geschichtlichen Prozesses. Während auf der ersten Ebene wissenschaftliches Arbeiten geschieht und die zweite die der Utopie ist,

signalisiert die dritte Ebene die Realität des Glaubens. Wesentlich ist, daß die drei Ebenen nicht einfach horizontal übereinander lagern, sondern daß sie sich wechselseitig bedingen und als Triade erst die Einheit des *einen* Geschichtsprozesses möglich machen.[10]
Biblisch möglich und richtig ist diese Zentralthese der Theologie der Befreiung deshalb, weil – nach Johannesprolog und Philipperhymnus – das bei Gott präexistente Wort bzw. der präexistente Jesus Christus selbst Fleisch wurde bzw. sich entäußerte, Knechtsgestalt annahm und den Menschen gleich wurde. Gott begegnet uns in den Menschen, und Menschen tragen göttliches Leben in sich. Alle Dualismen sind überwunden. Besiegt ist die heidnische Versuchung, Natur und Übernatur, Profanes und Sakrales, Geschichte und Heilsgeschichte zu entzweien. Bewältigt ist die Anwandlung griechischer Philosophie, zwischen Immanenz und Transzendenz, zwischen Materie und Geist, zwischen Leib und Seele Brüche zu sehen. Und überwunden ist die intellektualistische Versuchung, Theorie von Praxis und Theologie von Handeln zu trennen. Deshalb bilden auch Gottes- und Nächstenliebe eine unspaltbare Einheit. Das Ewige verwirklicht sich im Provisorischen. Heilsgeschichte konkretisiert sich in den Unzulänglichkeiten der Weltgeschichte.

5. Jesu ureigenste Absicht: das Reich Gottes

Der neutestamentliche Begriff Reich Gottes besagt die absolute Herrschaft Gottes über die unheilvolle, von diabolischen Kräften bedrückte Welt (vgl. Dämonenaustreibungen). Jesus signalisiert in Wort und Tat die von Gott erwirkte Freiheit. Reich Gottes meint also *zunächst* das herrschaftliche, aber zugleich freiheitstiftende Eingreifen des souveränen Gottes in die bedrohte, gestörte und pervertierte Geschichte der Menschen.
Sodann: Herrschaft und Reich Gottes sind an die Person Jesu geknüpft (vgl. Lk 11,20). Freiheit gibt es – für Jesu Jünger – nur im Herrschaftsbereich Jesu Christi, weil Jesus Christus sich alle Unfreiheit bewirkenden Mächte und Strukturen unterworfen hat und weil nur in seinem Herrschaftsraum Freiheit herrscht. Der Mensch partizipiert an der Freiheit des Reiches Gottes, wenn er sich gläubig zu Jesus als dem Boten und Träger des Gottesreiches bekennt. Unverzichtbares Merkmal für den Christen ist darum seine Solidarität mit dem getöteten, vom Vater auferweckten und Freiheit ermöglichenden Jesus Christus.
Reich Gottes ist *drittens* ein endzeitliches Geschehen in der Spannung zwischen dem Schon der bereits begonnenen Erlösung und

dem Noch-nicht der absoluten Vollendung. Daraus folgt: Da das Gottesreich ein endzeitliches Ereignis ist, realisiert es sich in der Geschichte. In seiner menschlich erfahrbaren Gestalt ist die Herrschaft Gottes demnach noch anfechtbar, brüchig, schwach und partiell.

Reich Gottes ist *weiterhin* auch und nicht zuletzt »der Ausdruck für das Utopische im menschlichen Herzen: für die vollständige Befreiung von allen Elementen, die diese Welt fremd machen und brandmarken: Leiden, Schmerz, Hunger, Ungerechtigkeit, Unwissenheit, Ausbeutung, Trennung und Tod«.[11]

Fünftens: Obgleich Reich Gottes vor allem Angebot und Geschenk Gottes ist, gilt auch Mk 1,15: »Die Zeit ist erfüllt, die Gottesherrschaft ist nahe: *Kehret um* und glaubt an die Heilsbotschaft!« Reich Gottes schließt die Initiative des Menschen nicht aus, sondern fordert sie unbedingt. Das Gottesreich »nimmt Gestalt an in geschichtlichen Befreiungsversuchen, weist auf ihre Grenzen und Doppeldeutigkeiten hin, kündigt ihre letztgültige Vollendung an und treibt sie wirksam bis zur Schaffung der vollen Gemeinschaft«.[12] »Das Wachsen des Reiches Gottes ist ein Prozeß, der sich geschichtlich *in* der Befreiung vollzieht.«[13]

An dieser Stelle ist nun eigens noch einmal daran zu erinnern, daß beim Lesen biblischer (wie jedweder anderer) Texte nicht nur eine Hermeneutik »von hinten« gilt, sondern auch eine Hermeneutik »von vorn«. Hermeneutik von hinten bezeichnet dabei jene Fülle von historischen, kulturellen und religiösen Aspekten zeitgenössischer Art, die wesentlich zur Formulierung des Textes damals beigetragen haben. Hermeneutik von vorn dagegen deutet auf jene Prämissen hin, mit denen der moderne Leser an den damals geschriebenen Text herangeht. Rechtes Verstehen ist dann – wie Hans-Georg Gadamer[14] sagt – der Vorgang der Verschmelzung solcher vermeintlich für sich bestehender Horizonte. Im Blick auf den Jesus des Neuen Testaments ergibt sich daraus: »Der wahre Jesus ist nicht bloß der der Geschichte; alles, was man durch die Jahrhunderte im Glauben zur Aktuierung seiner Person, seiner Handlungen und seiner Botschaft vom Reich Gottes gesagt und getan hat, gehört auch zum Geheimnis Jesu Christi. Die endgültige Gestaltung seines Lebens und seines Geheimnisses ist daher noch offen.«[15] Daraus folgert, daß auch unsere Zeit, wie auch die Christen in einem bestimmten gesellschaftlichen Kontext – in unserem Fall also dem lateinamerikanischen – zur Erhellung der Botschaft Jesu vom Reich Gottes beitragen. »Erst am Ende der Geschichte werden wir wissen, wer Christus ist und wer er war.«[16] Bis dahin dürfen und müssen unter Berücksichtigung des Geschenkcharakters des Reiches lateinamerikanische Christen in ihrem Hier und Heute zum Verständnis dessen, was Reich Gottes für sie auch besagt, ihre Utopien artikulieren. In der intensiven, drängenden Zeit, in der ganz Lateinamerika lebt, wird ihnen die Freiheit des Reiches durch politische und ökonomische Befreiung, durch die Menschwerdung dieser Massen von Randexistenzen und durch die wachsende Solidarität und Mitwirkung der großen Mehrheit vermittelt.

6. Die religiöse und die politische Dimension in Prozeß und Tod Jesu

In dem Gerichtsprozeß, an dessen Ende Jesus zum Tode verurteilt wird, sind zwei hauptsächliche Akteure am Werk: das jüdische Volk, in dessen Hintergrund Hoherpriester und Hoher Rat als die eigentlichen Drahtzieher stehen, und Pilatus als Vertreter der römischen Staatsmacht. Die Juden machen gegenüber Pilatus geltend, Jesus habe sich zum Gottessohn gemacht. Auf Gotteslästerung stand die Strafe der Pfählung: »Wer am Pfahl hängt, der ist von Gott verflucht« (Dt 21,23). In Jesu Prozeß und Tod wird also zum einen diese jüdisch-religiöse Überlieferung aktuell.

Darüber hinaus beinhalten Prozeß und Tod Jesu aber auch eine eminent politische Frage. Zwar sind der Hohe Rat, Hannas, Kajafas und das jüdische Volk die treibenden Kräfte, die Jesus wegen seiner vermeintlichen Gotteslästerung umgebracht sehen wollen. Aber das Spiel geht Zug um Zug zwischen ihnen und den römischen Stellen hin und her. Pilatus, als deren Repräsentant, hat nach römischer Gesetzgebung zu urteilen. Bei den Römern darf die Kreuzigung nur gegen rebellierende Sklaven und politische Aufrührer angewandt werden. Die Juden wissen um diese Tatsache. Deshalb greifen sie Pilatus an: »Wenn du diesen freiläßt, hörst du auf, Freund des Kaisers zu sein. Denn wer sich zum König macht – wie Jesus das im von ihnen falsch verstandenen Sinn ja tut – widersetzt sich dem Kaiser« (Joh 19,12). Daraufhin verurteilt der Römer Pilatus Jesus zum Tode.

Die jüdisch-religiöse und die römisch-politisch-gesellschaftsbezogene Dimension sind beide in Prozeß und Tod Jesu untrennbar miteinander verwoben. Wer den römisch-gesellschaftlichen Inhalt allein für sich nimmt, höhlt die Wirklichkeit des Heils aus, die eben bis in unser soziales Verhalten hinein Auswirkungen hat. Und wer die jüdisch-religiöse Komponente isoliert betrachtet, raubt ihr ihre politische Wirkkraft. Vom Kreuz Jesu her bilden geschenktes Heil und als Auftrag formuliertes Weltengagement eine konstitutive Einheit.

Charakteristische Merkmale des lateinamerikanischen Volkskatholizismus, der auch heute noch allenthalben aktuell ist, sind sein entartetes Gottesverständnis[17] und sein einseitiges Christusbild.[18] Ein Volk von Sklaven und Entrechteten, denen die Kirche – durch eine auf Gehorsam, Demut, Untertansein und Jenseitsgläubigkeit abgestimmte Verkündigung – jahrhundertelang Resignation gepredigt hat, sieht in Gott weniger den Vater als vielmehr einen unerbittlichen Richter, weniger den treuen Freund als vielmehr einen willkürlichen Despoten und weniger den liebenden Weggefährten als vielmehr einen auf Schikane bedachten Tyrannen. In den Augen dieses ausgebeuteten und entfremdeten Volkes trägt Gott die Züge des als allmächtig empfundenen Großgrundbesitzers, dem man auf Gedeih und Verderben ausgeliefert ist. Was bleibt diesen Menschen, als sich mit dem geduldig und widerspruchslos leidenden Jesus zu identifizieren? Sie verinnerlichen das Bild des ungerecht gegeißelten, gefolterten und ermordeten Erlösers und übertragen auf ihn die Erfahrungen ihres eigenen Lebens. Der Tod Jesu gilt ihnen zwar als eine Greueltat, bringt ihnen jedoch keine Erlösung, Errettung, Befreiung aus ihrem Sklavendasein. Das an den Rand von Kirche und Gesellschaft gedrängte Volk kennt weder Ostern noch Auferstehung. Hoffnung ist ihm unbekannt.

Es dürfte einsichtig geworden sein: Im Volkskatholizismus machen Randexistenzen und Unterdrückte den verzweifelten Versuch, bestehende gesellschaftliche Verhältnisse theologisch, wenn auch mittels einer pervertierten Theologie, zu rechtfertigen. Dieses ist ihnen möglich, weil man in Lateinamerika – von Ausnahmen abgesehen – nicht säkularisiert ist. Da sich also das Verständnis von Gesellschaft und religiöser Glaube wechselseitig bedingen, führt der soziale Kampf zur Überwindung gegenwärtiger Mißstände zu neuen theologischen Einsichten: Jesus Christus ist nicht nur der Mann der Schmerzen, sondern auch der siegreiche und verklärte Auferstandene, der Beginn einer neuen Schöpfung, an der auch die teilhaben, die sich zum getöteten und auferweckten Herrn bekennen. Und umgekehrt: Da diese Menschen die Welt nicht nur weltlich deuten, sondern eben religiös verstehen, führt eine Evangelisierung, die in ihrer Mitte die Botschaft nicht nur vom gekreuzigten, sondern auch und gerade vom auferstandenen Kyrios hat, bei ihnen zum Hinterfragen des Bestehenden: Impulse werden frei und Hoffnung erwacht.

Während[19] im Alten Bund die Grundformel des Jahweglaubens

lautete: »Gott, der dich aus Ägypten geführt hat«, heißt die
Kurzformel des Glaubens im Neuen Testament: »Gott, der Jesus
von den Toten auferweckt« (Röm 4,24; 8,11; 2 Kor 4,14; Gal 1,1;
Eph 1,20; Kol 2,12; 1 Thess 1,10; 1 Petr 1,21). Jahwe, der Israel
gegen die Gewalt der Mächtigen aus der ägyptischen Gefangenschaft befreite und sich dadurch als Gott offenbarte, hat sich jetzt
als der Gott erwiesen, der Jesus und mit ihm alle, die sich glaubend
an ihn binden, aus der Not des Todes errettet und zu neuem Leben
erweckt (vgl. Röm 10,5-10).
Lassen wir noch einmal Medellín zu Wort kommen: »Gott hat
Christus auferweckt und folglich alle, die an ihn glauben. Christus,
aktiv in unserer Geschichte gegenwärtig, nimmt seine eschatologische Tat nicht nur im ungeduldigen Sehnen des Menschen nach
seiner totalen Erlösung vorweg, sondern auch als prophetische
Zeichen in jenen Errungenschaften, die der Mensch durch eine in
Liebe verwirklichte Tätigkeit erlangt.«[20] Noch ausdrücklicher ist
eine andere Stelle, an der es um Erziehung geht: »Da jede Befreiung
schon eine Vorwegnahme der vollen Erlösung Christi ist, fühlt sich
die Kirche Lateinamerikas besonders mit jeder Erziehungsbemü-
hung solidarisch, die auf die Befreiung gerichtet ist. Der österliche
Christus . . . ist das Ziel, das die Vorsehung Gottes der Entwicklung des Menschen setzt . . . Darum bringt alles ›Wachsen im
Menschsein‹ uns näher zur ›Teilhabe an der Reproduktion des
Bildes seines Sohnes, damit er der Erstgeborene unter vielen
Brüdern sei‹.«[21]
Die Theologie des Apostels Paulus vom auferstandenen Kyrios
bietet noch ein weiteres wertvolles Argument. Paulus dachte sich
wie die gesamte (semitische und hellenistische) Antike die »himm-
lische« Welt bevölkert von kosmischen Potenzen: Engeln, Herr-
schaften, Gewalten, Mächten und Obrigkeiten, welche gottfeind-
lich sind und die Menschen versklaven. Indem der auferweckte
Herr durch die kosmischen Räume hindurch in den Himmel
auffährt, macht er sich diese Mächte untertan (Röm 8,38; 1 Kor
15,24; vgl. Eph 1,21 f.; Kol 2,10; 1 Petr 3,22). Er schafft Räume der
Freiheit! Wer sich glaubend an den gekreuzigten und in den
Himmel erhöhten Herrn bindet, partizipiert an dieser Freiheit.
»Christus hat uns befreit, damit wir in Freiheit leben« (Gal 5,1.13).
Paulus verkündet also, »daß die Christusbekenner grundsätzlich
die Möglichkeit gewonnen haben, der Sklaverei der Mächte zu
entkommen, wenn sie auch gerade als Christen in die Situation des
Kampfes gestellt sind.«[22] Wer sich von derlei kosmischen Potenzen
des antiken Weltbildes nicht schrecken lassen will, frage, ob es
nicht – in Lateinamerika ebenso wie bei uns – Mächte, sprich:

Machtstrukturen gibt, die den Menschen auch heute noch versklaven. Wer an das Fortwirken des Auferstandenen glaubt, weiß, wer in einem solchen System allein letztgültig Freiheit zu stiften vermag.

8. Neutestamentliche Ethik – neu bedacht

Über diese zentralen Gesichtspunkte alttestamentlicher wie neutestamentlicher Theologie hinaus, auf die lateinamerikanische Autoren ihre Überlegungen gründen, ist man unlängst in Deutschland zu überraschenden Erkenntnissen bezüglich neutestamentlicher Ethik gekommen, die für unseren Zusammenhang zwar nur supplementären, nichtsdestoweniger aber wichtigen Stelle rwert haben. Wir beziehen uns einmal auf die Einstellung vornehmlich des Paulus zum Problem der Sklaverei, und zum zweiten auf die Frage nach der Einschätzung des römischen Staates durch Jesus wie auch durch Paulus und andere Autoren des Neuen Testaments. Beide Fragen: Sklaverei und Verhältnis Staat — Kirche, sind hergebrachterweise stets konservativ beantwortet worden, im Sinne der Wahrung des Status quo. Aber sehen wir selbst!

a) Die leidige Sklavenfrage

Gal 3,27 f. heißt es: »Alle, die ihr auf Christus getauft seid, habt Christus angezogen. Da gilt nicht mehr: Jude oder Grieche, nicht mehr: Sklave oder Freier, nicht mehr: Mann oder Frau, denn alle seid ihr Einer in Christus Jesus.« Hier – so wurde und wird gesagt – argumentiere Paulus auf der Erlösungsebene. Auf ihr seien in der Tat alle gesellschaftlichen Ungleichheiten irrelevant. Auf der Ebene aber der soziologischen Konkretion habe sich Paulus von den bestehenden gesellschaftlichen Bedingungen übermannen lassen und stets den konservativen Standpunkt vertreten. Als Beleg verweist man auf 1 Kor 7,21, eine Stelle, die im griechischen Original zwar nicht ganz eindeutig ist, die aber allenthalben wie folgt übersetzt wird: »Bist du als Sklave berufen? Laß es dir nicht leid sein! Selbst wenn du die Möglichkeit hast, frei zu werden, so bleibe gleichwohl um so lieber (in deinem Stand).« Als Hauptgrund für diese Interpretationsweise galt der Philemonbrief des Paulus: Im Gefängnis entstanden, richtet sich das kleine Schreiben an Philemon, einen wohlhabenden Christen, dessen Sklave Onesimus nach einem Diebstahl entlaufen war. Onesimus begegnet nun dem gefangenen Paulus, der ihn für den christlichen Glauben gewinnen kann. Paulus veranlaßt Onesimus, zu seinem Herrn Philemon zurückzukehren. Der Apostel gibt dem Sklaven ein Schreiben mit, eben den genannten Philemonbrief, in dem er den Herrn um Nachsicht bittet für den mittlerweile beiden zum christlichen Bruder gewordenen Sklaven. Mehr noch: Philemon solle Onesimus ihm, dem Paulus, zurücksenden; denn er benötige ihn als seinen Mitarbeiter. Freilich – so behaupten Bibelwissenschaftler – handle es sich hier nicht um eine Sklavenfreilassung als einer grundsätzlichen Forderung neutestamentlicher Ethik. Vielmehr gehe es allein um die Anerkennung eines christlichen und brüderlichen Zusammenlebens zwischen Sklavenhalter und Sklaven.

Nun hat unlängst Peter Stuhlmacher einen Kommentar zum Philemonbrief[23] veröffentlicht, der einige bemerkenswerte neue Gesichtspunkte eröffnet. Philemon steht – so Stuhlmacher – vor einer doppelten Möglichkeit: »Im Sinne der Liebe wäre es sowohl, daß er Onesimus vergibt, ihn aufnimmt, aber anschließend wieder zu Paulus zurücksendet, als auch der andere Weg, Onesimus zu vergeben, ihn aufzunehmen und dann weiterhin als treuen Sklaven zu beschäftigen.« (41) »Ob es sich dabei um eine regelrechte Freilassung oder nur eine Freistellung handelte, können wir – allerdings – den Quellen nicht unmittelbar entnehmen.« (54) Doch gibt Stuhlmacher einen wichtigen Hinweis. Aufgrund sprachwissenschaftlicher Vergleiche übersetzt er nämlich die oben schon zitierte Stelle 1 Kor 7,21 anders als üblich: »Bist du als Sklave berufen? Laß dich das nicht anfechten! Falls du aber doch freikommen kannst ... nimm diese Gelegenheit erst recht ... wahr.« (45) »Paulus respektiert die Freiheitssehnsucht der Sklaven also durchaus.« (45) Wenn dem so ist, dann ist die Empfehlung des Paulus an Philemon, gleich ob er Freistellung oder Freilassung meint, einzig an den realen Bedingungen eines Sklavenlebens in der Mitte des 1. Jahrhunderts nach Christus zu messen (vgl. 45). Daß aber von der Vätertheologie bis hin zur Bibelwissenschaft heutiger Tage die Möglichkeit der echten Freilassung von vornherein ausgeschlossen wurde, findet seinen Grund in einem zeitgeschichtlichen Umstand: »Vom 2. Jahrhundert an mußten sich die Christen gegen den für ihre Mission bedrohlichen Verdacht zur Wehr setzen, sie wollten unter dem Deckmantel der religiösen Bekehrung Umsturz und Sklavenemanzipation fördern.« (18)

b) Staat und Kirche

Das bekannte Streitgespräch zwischen den Pharisäern und Jesus um die Steuerfrage (Mk 12,13-17) endet mit der prägnanten

Formulierung: »Gebt dem Kaiser, was des Kaisers ist – und Gott, was Gottes ist!« Vielfach hat man sicherlich den Eindruck gehabt, das sei ein reelles Geschäft, jedem das Seine, fifty-fifty. Doch so einfach ist es nicht. Denn es handelt sich bei dem Spruch Jesu vielmehr »um einen sogenannten klimaktischen Parallelismus, bei dem das zweite Glied das erste überbietet. Inhaltlich und sachgerecht muß man das Wort also übersetzen: ›Gebt dem Kaiser, was des Kaisers ist – aber auch Gott, was Gottes ist!‹, oder noch schärfer: ›Gebt dem Kaiser nicht mehr, als ihm gebührt. Gebt ihm nicht, was Gott zusteht!‹ Jesus sagt also einschlußweise: Angesichts des Anspruchs Gottes können alle Forderungen des Staates immer nur ein begrenztes Recht und eine relative Bedeutung haben. Jesus schneidet der Sakralisierung«[24] des römischen und jedweden anderen Staates die Wurzel ab.
Einen noch eindeutigeren Erklärungsversuch hat jüngst der jüdische Wissenschaftler Pinchas Lapide[25] gemacht. Ihm zufolge ist die Jesus gestellte Frage, ob es »erlaubt« sei, dem Kaiser Steuern zu zahlen, eine böse Provokation. Wie kann man fragen, ob etwas, das unumgehbare Bürgerpflicht ist, »erlaubt« sei? Absicht der Fragenden sei es, Jesus in ein Dilemma zu bringen: Antworte er ja, sei er als Kollaborateur der römischen Besatzungsmacht entlarvt, urteile er nein, habe er sich als Rebell erwiesen. Jesus durchblicke aber diese Intrige. »Bringt mir einen Denar, ich will ihn mir ansehen.« Unerhört: Er, der Thoralehrer, besitzt keinen Denar! Nein, Jesus wolle sich mit dem Götzenbild des Kaisers nicht besudeln. Und dann die bittere Ironie: »Wessen Bild und Aufschrift ist das?« Und zum dritten Mal dieselbe eindeutige Antwort: »Gebt dem Kaiser zurück *(apodote),* was des Kaisers ist; und Gott, was Gottes ist!« Lapide legt großes Gewicht auf das »gebt zurück«, das nicht einfach »gebt« bedeute und gutes Hebräisch sei. »Es heißt: Gebt dem kaiserlichen Münzherrn sein verfluchtes Geld zurück, das nach römischem Recht sein Eigentum ist! Weigert euch nicht nur, die Kaisersteuern zu zahlen, sondern verweigert die Annahme seiner thorawidrigen Münzen überhaupt! Reinigt euch durch Rückgabe von seinem Sündengeld, damit ihr wieder Gott geben könnt, was Gottes ist: die Anerkennung seiner alleinigen Weltkönigsherrschaft.« Jesus geht also nicht in die Falle, die man ihm gestellt hat. Dennoch aber macht er ganz deutlich: Ablehnung des römischen Staates ist die einzige Haltung, die seine Jünger dem Kaiser gegenüber einnehmen können.
Doch scheitert eine solche Deutung nicht an Röm 13,1-7?: »Jedermann sei den vorgesetzten Obrigkeiten untertan. Denn es gibt keine politische Gewalt, die nicht von Gott kommt«[26]. Dazu

ist zunächst anzumerken, daß im ersten Petrusbrief, der gut dreißig Jahre nach dem Römerbrief entstanden ist, sich eine ähnliche Paränese (2,13-17) findet, die zwar zum selben Untertansein auffordert, ohne freilich die römischen Behörden als von Gott eingesetzt zu qualifizieren. Also ein Schuß Ernüchterung, Resignation vielleicht sogar.[27] Nüchterne Einschätzung und Skepsis gegenüber dem römischen Staat werden dann – nur wenige Jahre später – in Apk 13 zur ausdrücklichen Weigerung und Ablehnung. Aus einer solchen – vielgestaltigen – Entwicklungslinie darf man also nicht die eine oder andere Stelle, etwa Röm 13, herausgreifen und sie, isoliert von der ganzen Tendenz, absolut setzen. Vielmehr gilt es, auf den im Neuen Testament ansatzweise angedeuteten Entwicklungslinien weiter zu argumentieren und – in Neukonzipierung der in der Bibel angedeuteten Modelle – für die je neue Situation verantwortlich sachgerechte Verhaltensweisen zu entwerfen.

9. Bibel – verkürzt?

Man hat der lateinamerikanischen Theologie der Befreiung den Vorwurf gemacht, sie bastle sich eine eklektische Sammlung von Schriftstellen aus dem Alten und Neuen Testament zusammen, um bibeltheologisch irgendwie zu erhärten, was vorwiegend einem anderen Denkhorizont entspränge.[28] Aber kann man ein Argumentieren mit Hinweisen auf die Einheit von Schöpfung und Erlösung, den Verheißungsüberschuß des Alten Testaments, den Exodus aus der ägyptischen Sklaverei, auf die Inkarnation des göttlichen Logos, auf die ureigenste Absicht Jesu, auf die religiöse und politische Doppelschichtigkeit in Prozeß und Tod Jesu wie auch auf die Auferstehung Jesu Christi als Befreiung . . . wirklich mit dem Verdikt des biblizistischen Eklektizismus belegen? Natürlich: wer will, der kann. Dann aber handelt es sich nicht mehr um Einsicht, sondern um Wollen. Die Lösung des Rätsels liegt darin begründet, daß solchermaßen urteilende Geister nicht das Vorverständnis und die Vorentscheidung zu teilen geneigt sind, für welche lateinamerikanische Autoren verantwortlich optiert haben.

Juan Carlos Scannone

Das Theorie-Praxis-Verhältnis in der Theologie der Befreiung

In jüngster Zeit wurde die der Theologie eigene Geschichtlichkeit wiederentdeckt. Die sich auf sich selbst besinnende Glaubenseinsicht stellt ein wesentliches Moment im Leben der Kirche dar, aber sie nimmt im Verlauf der Geschichte verschiedene Formen an und setzt verschiedene Akzente. Heute entdeckt die Theologie, besonders in der lateinamerikanischen Theologie der Befreiung, ihre Funktion wieder oder expliziert sie, nämlich »kritische Reflexion der historischen Praxis im Lichte des Wortes Gottes« zu sein, als eine Dimension, die ihr eigentümlich ist und die sie in irgendeiner Weise immer hatte, auch wenn sie nicht immer reflex explizit war. Dementsprechend sagt G. Gutiérrez, daß diese Dimension die anderen nicht ersetzt, welche die Theologie im Verlauf ihrer Geschichte entwickelt hat, nämlich die, Weisheit und Wissenschaft zu sein; vielmehr benötige sie diese Dimensionen, setze sie voraus und interpretiere sie neu.[1]

Genau diese Formulierung von Gutiérrez, welche jene Aufgabe eingrenzt, stellt das Thema unserer Arbeit dar: das Theorie-Praxis-Verhältnis in der Theologie der Befreiung. Wir beabsichtigen nicht, eine Studie darüber anzufertigen, wie sich dieses Verhältnis im Denken Gutiérrez' oder eines anderen der bekannteren Repräsentanten der Theologie der Befreiung darstellt. Wir wollen vielmehr einen Beitrag zur Erhellung des Problems des gegenseitigen Verhältnisses von Theorie und Praxis selbst leisten, der nicht nur das Eigentümliche der christlich verstandenen Praxis der Befreiung berücksichtigt, sondern auch und besonders das Spezifische der Theologie, soweit sie als Theorie der genannten Praxis entspricht.

Ein anderer Ausdruck von G. Gutiérrez soll uns dazu dienen, unser Problem und die Richtung, die wir dem Thema geben, besser zu lokalisieren. Wenn er erklärt, in welchem Sinn er von »kritischer Reflexion« (der historischen Praxis im Lichte des Wortes Gottes) spricht, sagt er, daß er diesen Ausdruck vor allem »als die Theorie einer bestimmten Praxis«[2] betrachtet. Das Problem, das wir zur Sprache bringen, bezieht sich nun auf diese Bestimmung, und zwar in einem doppelten Sinn: (1) Wie ist es möglich, daß eine *bestimmte*

Praxis sich artikulieren läßt als eine theologische Theorie von universaler Geltung, ohne aus der Theologie eine Ideologie zu machen? (2) Wie muß diese Praxis der Befreiung aussehen (welches müssen ihre Bestimmungen sein), damit ihre Formulierung *echte* Theologie ist? Die zweite Frage bedenkt die Bestimmung einer in christlichem Sinn befreienden Praxis, indem sie diese *von anderen Typen* der Praxis und ihre Beziehung zu entsprechenden Theorien *unterscheidet.* Die erste Frage bezieht sich auf diese Praxis, die schon bestimmt ist, inwiefern sie ein *konkretes Niveau* der Bestimmung auf der Ebene der Befreiung erreicht; dabei ist auch das politische Niveau miteingeschlossen. Diese Frage richtet sich auch auf die Art von *gegenseitiger Beziehung,* welche sich zwischen den verschiedenen Dimensionen der konkreten Praxis ergibt (die theologale,[3] die anthropologisch-existentielle, die politische Dimension usw.), denen die gegenseitige Beziehung entspricht, welche sich auf den verschiedenen theoretischen Ebenen (der theologischen, der philosophischen, der politologischen usw.) ergibt. Die zweite Frage nimmt eher die befreiende *Authentizität* der Praxis in Christus in den Blick, wobei diese Praxis ein *theologales* Moment einschließt, so daß sie die Grundlage für eine wirkliche Theologie auf der theoretischen Ebene abgeben kann. Dieses zweite Problem wollen wir in zwei Schritten angehen: (1) Wir werden einige *theologische Kriterien* angeben, welche vom Glauben her den Umkreis der praktischen Optionen eingrenzen, die als hermeneutischer Ort für eine authentische theologische Reflexion Geltung besitzen; (2) sodann werden wir fragen, welche Praxis innerhalb dieser gültigen Optionen der *hermeneutische Ort* ist, von dem her vorzüglich eine lateinamerikanische Theologie der Befreiung gedacht werden kann. So werden wir auf ein drittes Problem stoßen. Unsere Antwort wird sein, daß ein solcher hermeneutischer Ort die befreiende Praxis des Gottesvolkes ist, wie sie in der Kultur des lateinamerikanischen Volkes Gestalt gewonnen hat. Diese Antwort impliziert einen bestimmten Begriff von dem Verhältnis zwischen Praxis und Theorie in einer Theologie der Befreiung, welcher theoretische Formulierung der praktischen Volksweisheit sein soll.

1. Determinierte geschichtliche Praxis und Theologie

Praxis ist die menschliche Tätigkeit, welche den Menschen selbst und die Welt umgestaltet. In der wirksamen geschichtlichen Heilsökonomie wirkt sie letztlich als Antwort auf den Anruf des

Gutes, welches tatsächlich das Heil in Jesus Christus ist, dem alleinigen letzten Ziel des Menschen in seiner Geschichte.[4] Darin, daß einzelne Menschen, Gruppen und Völker konkret wirken, artikulieren sich – soweit es menschliches Wirken ist – verschiedene Dimensionen des Seins, die untereinander verschieden sind, sich aber faktisch und in der Praxis vereinen. Wenigstens drei umfassende Dimensionen der Aktion wollen wir hervorheben: (1) die theologale Dimension, welche allein der Glaube entdeckt, weil sie Geschenk ist. Sie kann in Form einer Annahme des Gottesgeschenkes bestehen oder in seiner Zurückweisung; (2) die radikal menschlichen Dimensionen, welche die von Natur aus wesentlichen für die personale, soziale und geschichtliche menschliche Aktion sind; (3) die Dimensionen der unmittelbaren Erfahrung, unter denen in unserem Zusammenhang die politische Dimension der Errichtung und/oder Umformung der sozialen und kulturellen Welt eine besondere Betrachtung erfordert.

Diesen drei ausdrücklich in der Praxis geeinten, aber unvermischt verschiedenen Dimensionen entsprechen drei theoretische Ebenen, wie aus unserer vorherigen Überlegung deutlich hervorgeht. Jede einzelne von ihnen hat ihre eigene Rationalität. Sie lassen sich nicht aufeinander reduzieren, auch wenn alle analog wissenschaftlich sind. Dies sind (1) die theologische Ebene, welche die Praxis im Licht des Glaubens theoretisch interpretiert; (2) die philosophische Ebene, welche die der Praxis eigentümlichen Vorgänge und ihre wesentlich menschlichen Strukturen expliziert; und schließlich (3) die unmittelbar empirische Ebene der Human- und Sozialwissenschaften, in unserem Zusammenhang besonders der Geschichts- und sozio-politischen Wissenschaften.

Angesichts des Problems der lebendigen Praxis, die stets auf ihren Ebenen bestimmt ist, gibt es verschiedene theoretische approximative Zugänge. So gibt es Hermeneutiken, welche darauf abzielen, so sehr die *Unterschiedenheit* der Ebenen hervorzuheben, daß sie diese in Wirklichkeit auseinanderreißen. Sie gehen so vor, als ob zwischen diesen allein eine rein äußerliche Interaktion bestünde, wie es in der *ausschließlichen* »Anwendung« theologischer Prinzipien auf die politische Praxis etwa geschieht. In anderen Fällen gelangt man zu dem Extrem, allein die Autonomie jeder Ebene nachdrücklich zu betonen, wie es in einer Politik geschieht, welche als ethisch neutral aufgefaßt wird. In Richtung auf diese beiden Extreme tendieren die verschiedenen Strömungen einer »Theorie der zwei Ebenen«.

Andererseits kann man nicht nur die Unterscheidung, sondern auch die *Einheit* zwischen den Dimensionen der Praxis übertreiben. Das kann darauf hinauslaufen, sie in einer Art von totalitärem Integralismus miteinander zu verquicken, wie das bei einer gewissen Rechten der Fall ist, welche ihre politischen Positionen sakralisiert, indem sie paradoxerweise die theologische Dimension zu ihrem Werkzeug macht; oder man vereint die verschiedenen Dimensionen mittels einer Dialektik gegenseitig notwendiger Interaktion, so daß man – diesmal auf der Linken – erneut einer Verwerkzeuglichung anheimfällt. Dies wird deutlich etwa im sogenannten »Trichterprozeß«, den man bei gewissen Dokumenten der Christen für den Sozialismus feststellen kann.[5] Trotz des Nachdrucks, welcher auf die Autonomie der Ebenen gelegt wird, vereint diese eine solche Dialektik mit einer politischen praktischen Effizienz, die nicht beiseite geschoben werden kann, da sie in der politischen Analyse durch eine notwendige und reduktive (pseudo-) wissenschaftliche Rationalität theoretisch vereinigt werden. Das Spezifische der Rationalität jeder Ebene, einschließlich der theologischen, wird so sehr minimalisiert und reduziert, wie in der Praxis das dem Theologalen spezifische Geschenktsein, welches nur der Kontemplation zugänglich ist, minimalisiert wird zugunsten einer Effizienz des Kampfes um die Macht.

Die so verstandene Bestimmung wirft erneut das Problem einer Theologie auf, welche ihre Funktion anerkennt, Theorie einer bestimmten Praxis zu sein. Führt das notwendigerweise in einen neuen Integralismus zurück? Wird dann die Interaktion zwischen den Ebenen als notwendig dialektisch gedacht? Bedeutet das von Haus aus eine Tendenz, die Besonderheit einer jeden Ebene zu minimalisieren, da die jeweilige Autonomie jeder Ebene nicht berücksichtigt wird? Wenn man sich dagegen die Interaktion zwischen den Ebenen nur als äußerlich vorstellt, um der Klippe ihrer dialektischen Identifikation zu entgehen, führt das dann nicht vielleicht zu einer dualistischen Trennung der Ebenen? Wird dann die so garantierte Freiheit für politische Optionen nicht wieder als liberaler Pluralismus verstanden? Führt die Betonung dessen, was dem Theologischen eigentümlich ist, zu einer die Inkarnation aufhebenden und spiritualistischen Theologie, und bedeutet nicht die Autonomie des Zeitlichen einen Rückschritt, wenn sie die Wertfreiheit von Wissenschaft und Politik behauptet? Gerade diesen letzten Klippen gegenüber bedeutete die Theologie der Befreiung in ihrer Konzeption als eines Theorie-Praxis-Verhältnisses einen Gegenschlag.

In seiner Doktoratsthese zitiert J. van Nieuwenhove eine meiner Arbeiten, wo er meine Ansicht hinsichtlich dieser Fragestellung darlegte. Er benützt sie, um G. Gutiérrez zu interpretieren, wobei er ihn vor der Anklage in Schutz nimmt, die Theologie zu politisieren und zu ideologisieren. Bei diesem Zitat prägt er einen geglückten Ausdruck, um meine Ansicht wiederzugeben: zwischen den Dimensionen der Praxis besteht eine *reziproke, nicht reduktive Interaktion*.[6]

Um dies zu verdeutlichen, kann uns als analoges Vorbild der chalkedonensische Begriff der Vereinigung von Gottheit und Menschheit in Christus dienen: beide sind *unvermischt und ungetrennt* geeint. Mit Hilfe des Blondelschen Begriffes der Aktion, die das »Band« aller menschlichen und theologalen Dimensionen unter wechselseitiger Beachtung der Unterschiede ist,[7] kann man außerdem diese unvermischte und ungetrennte Vereinigung genauer fassen, nicht mehr auf der hypostatischen Ebene, sondern in der geschichtlichen Praxis.

Es ist nicht unsere Absicht, was in den zitierten Arbeiten über diesen Punkt geschrieben wurde, hier zu wiederholen. Wir wollen nur erwähnen, was unser Thema erhellen kann. Unter diesem Gesichtspunkt stellen sich zwei miteinander verbundene Probleme: (1) Bezüglich der Beziehung, welche zwischen einer *partikulären* Praxis und einer *universalen* Theorie besteht: ist sie die bloße Anwendung eines universalen Abstraktums auf einen partikulären Fall? Ist sie eine dialektische Interaktion, wie sie im konkreten Universale besteht? (2) Dieses Problem stellt sich mit allem Nachdruck, da die Theologie universal ist, nicht nur soweit sie Wissenschaft ist, sondern besonders hinsichtlich ihrer Charakterisierung als Glaubenseinsicht mit dem universalen Anspruch, sich an *jeden* Menschen, *jede* Kultur und *jede* Epoche zu richten. Läßt sie sich vor den Karren einer politischen Bestimmung spannen? Unsere Antwort darauf wird von einem »situierten Universale« sprechen, zwischen dessen Dimensionen keine dialektische, sondern eine analektische[8] Beziehung besteht. Auf diese Weise wird sich eine (analog) bestimmte Beziehung zwischen der Theologie und der bestimmten Praxis ergeben können, ohne sie an eine bestimmte univoke politische Praxis zu binden.

Damit man versteht, warum wir von Analogie und Analektik sprechen, wollen wir einige Voraussetzungen unseres Denkens erläutern. a) Die Vereinigung zwischen den verschiedenen Dimensionen ist nicht eine *a priori* notwendige, sondern eine faktisch geschichtliche. Demnach bezieht sich die theologale Dimension auf einen freien und schenkenden Akt Gottes, der in Jesus Christus rettet und erwählt, und auf die freie Antwort des Glaubens. Die politische Dimension bezieht sich ihrerseits sowohl auf die geschichtliche Faktizität als auch auf die Freiheit des Menschen;

beide bestimmen diese in kontingenter Weise. b) Die erwähnte Unterscheidung zwischen den Dimensionen ist solcher Art, daß diese von Haus aus, auch wenn sie konkret und praktisch geeint und ineinandergefügt werden, nicht denselben Grad absoluter Zustimmung implizieren. Auch wenn man etwas absolut aus Nächstenliebe tun will – bis hin zur Aufopferung seines eigenen Lebens –, bejaht man damit nicht absolut den ganzen Gehalt des Tuns. Auch wenn man absolut das Ziel gutheißt und bejaht (oder den anderen Menschen als »Zweck an sich«), werden damit nicht alle Vermittlungen dieser Liebe verabsolutiert, wie es etwa die politischen und historisch-kulturellen Vermittlungen der Praxis sind, und die üblichen wissenschaftlichen oder philosophischen Vermittlungen, um diese Praxis theoretisch auszudrücken. c) Die Vereinigung der Dimensionen ist nicht notwendig, *auch wenn sie einsichtig ist,* und daher ist der Schritt von der einen zur anderen theoretischen Ebene nicht notwendig. Diese Freiheit ist nicht absolut, vielmehr ergibt sie sich innerhalb eines Fächers von Optionen, der determiniert und bedingt ist durch die anderen Dimensionen und durch seine geschichtliche Determination. So läßt die echt theologale Option eine ganze Familie von politischen Optionen zu, aber nicht äquivok jede beliebige politische Option, und umgekehrt. – Man muß in Betracht ziehen, daß, wenn die christliche Option in abstracto einen hinreichend großen Fächer von politischen Optionen zuläßt, möglicherweise im konkreten Einzelfall – unter Berücksichtigung der gegenwärtigen und der vergangenen historischen Situation – dieser Fächer sich ziemlich verengt, ohne jedoch deswegen den Pluralismus aufzuheben. Die letzte Konkretion wird durch die personale Entscheidung im Licht des Glaubens und der Situationsanalyse erreicht, sowohl in der kirchlichen als auch in der bürgerlichen Gemeinschaft. d) Auf diese Weise wird die Verifikation und die Berichtigung der Theorie durch die Praxis möglich, ohne die Freiheit der praktischen Entscheidung aufzuheben; während man sich an die Ausführung der Entscheidung begibt, rechnet man gleichzeitig mit der Hilfe der theoretischen Kriterien.

Nachdem wir diese Voraussetzungen aufgezählt haben, stellt sich die Frage: wie ist die Interrelation zwischen den Dimensionen der Praxis und zwischen ihren entsprechenden theoretischen Ebenen zu denken? Weiter oben sagten wir, die Inkarnation Christi diene als Denkmodell – von der Glaubensanalogie her – dieser Interrelation. Will man philosophische Kategorien gebrauchen, so kann man das »Symbol« benutzen: die unteren Dimensionen *»inkarnieren« und symbolisieren* irgendwie die oberen (sie sind ihre realen

Zeichen), ohne sich dialektisch mit ihnen zu identifizieren. Die politischen, kulturellen, geschichtlich-sozialen Dimensionen usw. *konkretisieren* wirksam die praktische Aktualisierung und *bestimmen* den theoretischen Begriff der oberen Dimensionen. Aber sie tun das in einer *offenen* Form, da ja das Symbol mehrdimensional und mehrdeutig, wenn auch keineswegs äquivok ist. Wenn man andererseits die Beziehung von oben herab in den Blick nimmt, so zeigt es sich, daß die oberen Dimensionen (die theologale und die anthropologische) die unteren voraus-setzen, um sich zu konkretisieren, aber indem sie diese setzen, befreien und transzendieren sie diese unteren auch. Sie transzendieren sie: denn sie lassen sich nicht auf sie zurückführen noch mit ihnen identifizieren, sondern sie formen sie im Symbol um. Sie befreien sie: denn sie berücksichtigen nicht nur die dem Politischen, Historisch-Kulturellen usw. eigene Autonomie und Konsistenz, sondern sie reinigen sie auch von jeder götzendienerischen Verabsolutierung und von jedem univoken Ausschließlichkeitsanspruch, indem sie diese in bezug auf das Absolute relativieren. Indem sie also deren Natur respektieren, lokalisieren sie diese unteren Dimensionen als Vermittlungen im konkreten menschlichen Dynamismus auf das letzte Ziel hin: auf das Heil gewährende Ziel hin, das Reich Gottes. Und sie bewirken, daß die konkrete Verwirklichung der politischen, kulturellen, sozio-ökonomischen Dimensionen usw. sensibel wird für eine ethische und heilswirksame *Unterscheidung,* d. h. *sub ratione salutis et peccati,* indem sie die Eigenart der wissenschaftlichen Analyse und des technischen Urteils achten.

Deshalb besteht auch von der Theologie (Theorie) her ein Einfluß, der sich auf die Unterscheidung hinsichtlich des Ethischen und Heilwirkenden der Ziele bezieht, auf die Politik (Praxis), nicht nur abstrakt und im allgemeinen, sondern auch in der Konkretheit und Besonderheit der Praxis. In der Konkretheit, d. h. insofern jene Ziele (Freiheit, Gerechtigkeit, Friede usw. als Vorwegnahme des Reiches Gottes) sich in der konkreten Vermittlung der Mittel inkarnieren, einer Vermittlung, welche impliziert, daß tatsächlich die menschliche Gesamtheit in jeder Aktion ins Spiel kommt, soweit sie das letzte Ziel anstrebt (oder nicht). Diese gesamtheitliche Implikation auf der Ebene der Praxis läßt sich theoretisch dank der expliziten Vermittlung der dazwischenliegenden Ebene erklären, nämlich der philosophischen. Dies ist das innere Moment der letzten höheren Ebene (der theologischen) und – wenigstens implizite – Voraussetzung der unmittelbar gegebenen Ebenen.

Wenn also auf dem Feld der Praxis sich die Vereinigung der Dimensionen ergibt, wie wir es beschrieben haben, dann ergibt sich auch eine gleichartige Interrelation zwischen den theoretischen Ebenen. Daher besteht zwischen der politischen und/oder kulturellen Ebene einerseits und der theologischen andererseits eine Interrelation, die derjenigen ähnelt, welche Thomas von Aquin zwischen dem Philosophischen und dem Theologischen in seiner ausgereiften Theorie über die Theologie als Wissenschaft aufspürt. Diese Interrelation erläutert M. Corbin, demzufolge sie sich nach der *Summa Theologiae* zwischen dem »revelabile« (von seiten der intelligentia fidei) und der »manuductio« (als Funktion des philosophischen Erkennens bei dieser Glaubenseinsicht) ergibt.[9]

Solcher Parallelismus mit der thomasischen Lehre – eine historische Antwort auf das kulturelle Problem seiner Zeit: das dritte Eindringen des Aristoteles in den Westen – braucht nicht zu verwundern. Wie wir sagten, besteht die Interrelation zwischen der theologischen und der politischen und/oder kulturellen Ebene nicht ohne Vermittlung – explizit oder nicht – der philosophischen. Mit anderen Worten: das neuerliche theologische Verständnis des Glaubens in einer bestimmten geschichtlichen Situation (das »revelabile«, das nicht dasselbe ist wie das »revelatum«) oder das neuerliche theoretische Verständnis des Offenbarten in und von einer existentiellen, historisch-kulturell und sozio-politisch verschiedenen Praxis her geschieht durch Vermittlung (»manuductio«) des athematisch philosophischen Moments (welches thematisiert werden kann), das in dieser Praxis eingeschlossen ist. Diese schließt also einen Sinn und ein Verständnis vom Menschen und vom Leben ein und setzt sie voraus: sowohl die politische als auch die Glaubenspraxis. Deshalb implizieren die Theologie wie auch jede Wissenschaft vom Menschen und von der Gesellschaft einen Entwurf des Menschen, wenigstens als inneres Moment und/oder nichtthematisierte Voraussetzung. So ergibt sich durch das umfassende anthropologische Moment die wechselseitige Interaktion zwischen den theoretischen Ebenen und den Dimensionen der Praxis, und zwar eine Interaktion, welche die jeweilige Verschiedenheit respektiert.

So entsteht in der konkreten Praxis der Befreiung (soweit sie echt ist) eine *geistliche Erfahrung*[10] bei einzelnen Menschen, in Gruppen und Völkern, welche historisch in ihrer Besonderheit bestimmt ist durch die Situation, die Kultur, die ethisch-anthropologischen und die ethisch-politischen Optionen, die jeweils vorhergehende Geschichte usw. Diese geistliche Erfahrung impliziert eine *theologale Weisheit*, welche nie völlig thematisierbar ist, die aber reflex und kritisch im Licht des Wortes Gottes zum Ausdruck gebracht werden kann. Die politische und kulturelle Dimension bestimmt –

als »manuductio« – das neuerliche theoretische Glaubensverständnis, weil sie das auch schon mit der Glaubenspraxis selbst gemacht hat. Aber sie tut das in einer offenen Weise, indem sie Eigentümlichkeit, Universalität, Transzendenz und Geschenktsein des Glaubens und deshalb auch der entsprechenden theologischen Reflexion achtet. Auch wenn sich der Glaube in solchen Bestimmungen »inkarniert«, übersteigt er sie demnach doch und ordnet sie in die Totalität der Praxis ein, die offen ist auf das ungeschuldete Geschenk des Herrn hin.

Dem aufsteigenden Weg der Vermittlung als »manuductio« entspricht ein abwärts führender Weg der Vermittlung als Erleuchtung, die der Glaube – der Praxis, wenn auch nicht nur Praxis ist – der politischen und historisch-kulturellen Praxis gibt, um sie so in ihrem auf Transzendenz hin offenen Verstehen – sofern sie menschliche Praxis ist – zu begreifen und *sub ratione salutis et peccati* zu beurteilen.

Auf diese Weise wird die Beziehung zwischen der determinierten Praxis und der allgemeinen theologischen Theorie nicht als bloße univoke Anwendung von Prinzipien gedacht, die als bloß theoretische Aussagen verstanden werden, auch nicht als ein dialektisch konkretes Universale, sondern als ein *situiertes Universale*. Dies ist historisch und praktisch bestimmt (es ist nicht äquivok), aber in einer offenen Form, welche die Freiheit einer ganzen Familie von Entscheidungen ermöglicht (es ist nicht univok). Deshalb kann es theoretisch formuliert werden, ohne die Freiheit und die Determination der Praxis zu verletzen: es ist analogisch.

Wenn man das Theorie-Praxis-Verhältnis in umgekehrter Richtung betrachtet, so läßt sich sagen, daß die Praxis, die sich dann von einer analogisch verstandenen Theorie herleitet, nicht dem »Trichterprozeß« unterliegt, vielmehr wird sie bestimmt und wirksam sein (denn sie sucht – auch politisch – die größte Effizienz, angetrieben durch die Nächstenliebe), aber nicht exklusiv und univok, so daß keine ihrer praktischen und historischen Bestimmungen als exklusiv und/oder endgültig verabsolutiert werden kann, indem diese sie in eine totale Praxis umwandelt. Es gibt bei Christen, welche den Marxismus ohne genügend Kritik und Freiheit des Geistes annehmen, die Tendenz, einer solchen Versuchung anheimzufallen, weil die marxistische Dialektik eine Dialektik der Totalität ist.

Nicht allein deshalb sprechen wir von Analogie und Analektik. Diese bestehen nicht nur zwischen den verschiedenen Ebenen und dienen nicht nur dazu, die determinierte Praxis theoretisch auszudrücken, sondern auch dazu, die *Geschichtlichkeit* der echt befreienden Praxis in den verschiedenen geopolitischen und kulturellen Räumen und in den verschiedenen Geschichtsepochen zu denken. Zwischen ihnen besteht ein analoges Verhältnis hinsichtlich ihrer Beziehung zu einer echt befreienden Praxis. Mehr noch: man kann (im *a posteriori* der Geschichte und nicht aufgrund einer *a priori* notwendigen Dialektik) ein »analektisches« Verhältnis zwischen ihnen denken, d. h. eine nicht-reduktive Interrelation, die erkennbar ist, aber ungeschuldet und frei in der Geschichte verwirklicht.

Noch ein weiterer Grund veranlaßt uns, von Analogie zu sprechen. Innerhalb der Glaubensanalogie (und nicht nur in der Seinsanalogie) ist jede im christlichen Sinn wirklich befreiende Praxis analog hinsichtlich der prototypischen Praxis Jesu mit ihren Vorbildern in der Praxis Israels und ihrer ständig erneuerten Verwirklichung während der »zwanzig aufgelaufenen Jahrhunderte der Praxis«[11] des durch die Geschichte wandernden Gottesvolkes. Die Praxis Jesu, des Christus, ist das *analogatum princeps,* aber ihrerseits wird sie von neuem lebendig und analog wiederaufgenommen von seiten der wirklich befreienden Praxis, die offen ist auf die Transzendenz hin, aber geschichtlich bestimmt, symbolisch, aber real und wirksam. So verwirklichen wir in unserer Praxis, »was an Christi Drangsalen noch aussteht«, und wir können theologisch in neuer Form – auch wenn sie innerhalb der Tradition dieselbe bleibt –, d. h. in einer analog identischen und unterschiedenen Form, seine einmalige, allumfassende, endgültige und unveränderliche Offenbarung begreifen.

2. Praxis einer wirklichen Befreiung und Theologie

Die Theologie der Befreiung versteht sich selbst als Theorie einer bestimmten Praxis. Wir erörterten schon das Problem, das dadurch aufgeworfen wird. Aber das ist nicht genug. Die Praxis der Befreiung, welche die Theologie reflex und kritisch zu formulieren beabsichtigt, kann nicht eine beliebige sein, welche sich selbst den Namen »der Befreiung« zulegt, sondern sie muß eine wirklich befreiende Praxis sein, *entsprechend dem Urteil des Glaubens im Licht des Wortes Gottes.* Zu diesem Zweck wird sie jede Praxis, die mehr oder weniger von der Sünde infiziert und zugleich mehr oder weniger Heilsträgerin ist, unterscheiden und reflektieren, aber sie wird dies tun *aus einem Glauben heraus,* der praktiziert wird und zur Praxis antreibt.

Damit wollen wir nicht behaupten, die wirklich befreiende Praxis identifiziere sich mit derjenigen der Christen oder der Kirche als institutioneller Körperschaft. Wir behaupten aber dennoch: um als befreiende Praxis, die ein theologisches Moment impliziert, *theologisch* unterschieden und reflektiert zu werden, ist es unmöglich, auf eine wesentliche Beziehung zum lebendigen Gedächtnis der befreienden Praxis Jesu einerseits, das in der Kirche in Erinnerung gebracht und neu belebt wird, und andererseits auf die »zwanzig aufgelaufenen Jahrhunderte der Praxis« des Volkes Gottes zu verzichten; dabei ist normativ die Hermeneutik, welche die Kirche bezüglich der Praxis Jesu, ihrer eigenen Praxis und derjenigen der ganzen Menschheit stets betrieben hat und weiterhin betreibt, zu beachten. Das hindert nicht daran, daß auch die dem Christentum scheinbar fremde Praxis, insofern sie evangeliumsgemäß befreiend sein kann durch die anonyme Kraft Jesu, die Verfälschung der christlichen Praxis und die theoretischen Ideologisierungen, in denen sie sich unter Umständen expliziert, in Frage stellen und verurteilen kann, indem sie die Christen an die vielleicht vergessenen Aspekte der Praxis des Herrn erinnert.

Der Fluß und Rückfluß der Unterscheidung besitzt einen dreidimensionalen Rhythmus.[12] Es besteht nicht nur der hermeneutische Zirkel zwischen der theologischen Hermeneutik und der lebendigen Praxis – davon sprachen wir bereits im ersten Teil –, vielmehr spielen beide – Theorie und Praxis – dialektisch zusammen mit einer dritten, sie transzendierenden Dimension, deren Urteil sie unterworfen sind und welche sie von ihrer Verfälschung befreien kann. Denn in der Praxis gibt es mehr als die bloß menschliche Praxis, nämlich die lebendige Gegenwart des Herrn der Geschichte, desselben, der gestorben und auferstanden ist, der heute in ihr lebt und kommen wird (der schon im Kommen begriffen ist), um sie zu richten und zu retten. Die Dialektik von Theorie und Praxis und die Dialektik von Vergangenheit, Gegenwart und Zukunft verschließen sich nicht in sich selbst, vielmehr werden sie angetrieben, gerichtet und gerufen zur Transzendenz durch den, der durch sie der Geschichte sich *schon jetzt* manifestiert und mitteilt, wenn auch *noch nicht* ohne menschliche Doppeldeutigkeit, welche ihr eigentümlich ist. Diese Doppeldeutigkeit gibt der Analogie und der Unterscheidung Raum.

Die geschichtliche Praxis ist also doppeldeutig. In ihr gibt es kein historisch identifizierbares Subjekt, welches der heilbringenden Unterscheidung nicht bedürfte. Kein Volk, keine Rasse, Institution, Klasse, Gruppe oder Person kann sich nämlich anmaßen, *das* Subjekt *der* Geschichte zu sein, so daß seine Praxis totale Praxis[13] und die entsprechende Theorie ein absolutes Wissen wäre. Die

Kirche ist gewiß das *Sakrament* des Heils, aber auch sie identifiziert sich nicht mit dem Gottesreich, sondern sie steht in der *sakramentalen*[14] wie auch in der *eschatologischen* Spannung des »Schon – aber nocht nicht«.

Von wo aus können wir theologisch die Verfälschungen der Praxis kritisieren und reflex und kritisch ausdrücken? Was ist der *hermeneutische Ort* für diese Unterscheidung, Interpretation und Theoretisierung? Dieser Ort ist die Praxis, insofern in ihr die erwähnte transzendierende und heilbringende Gegenwart des Herrn gegeben ist, welcher das letzte Kriterium für die Unterscheidung ist. Es handelt sich nicht nur um die Praxis von Individuen oder Gruppen, soweit sie an ihn glauben, sondern um die Praxis des *gläubigen Gottesvolkes,* dessen Teile sie darstellen.

Deshalb genügt nicht die praktische Gewißheit des Einzel-, Gruppen- oder Sozialgewissens, um die theologale Gegenwart des Heilands in der geschichtlichen Praxis zu unterscheiden. Wie wir sagten, ist sie nicht ihre eigene Norm, vielmehr besteht in ihr die lebendige Norm des Geistes, der Praxis und Theorie transzendiert. Dieser hat einen wesentlichen Bezug zur Praxis Jesu und zu seiner eschatologischen Offenbarung wie auch zur Tradition und zu ihrer immer wieder erneuerten praktischen Aktualisierung und ihrer immer wieder aufgenommenen theoretischen Durchdringung in der Geschichte der Kirche; ebenso hat er einen wesentlichen Bezug zu genau dieser Kirche als organisiertem gläubigen Volk, in dem es nicht nur ein »Gespür der Gläubigen« bezüglich der Gegenwart des Geistes gibt, sondern auch die authentische Interpretation des Lehramtes. Dieses bestätigt stets, was die Orthopraxie des Gottesvolkes und ihre entsprechende theoretische Formulierung in der Orthodoxie ist.

3. *Der hermeneutische Ort für eine Theologie der Befreiung*

Die Praxis ist also doppeldeutig. Diese Behauptung findet ihre Verifikation in Lateinamerika, wo angesichts einer sozialen Krise widersprüchliche historische Praxis und Absichten aufeinanderprallen. Auch die Christen sind untereinander unterschiedlicher Meinung, nicht nur auf der politischen, sondern auch auf der theologischen Ebene. Wir haben bereits von einigen *theologischen* Kriterien gesprochen, welche den Umkreis der Praxis eingrenzen, der als hermeneutischer Ort für die Theologie der Befreiung dienen kann.[15] Jetzt stellen wir die Frage nur dahingehend, *welche Praxis der Befreiung der hermeneutische Ort ist,* von dem her vorzüglich eine Theologie der Befreiung zu denken ist.

Auf diese Fragestellung gibt es keine univoke Antwort in der lateinamerikanischen Theologie und in den dortigen pastoralen Praktiken (welche wenigstens unausgesprochen Theologien implizieren). Es gibt nicht einmal eine univoke Antwort innerhalb der Theologie der Befreiung, einer theologischen Bewegung mit verschiedenen Richtungen.

Von ihrem Standpunkt aus glauben wir einen Fächer von drei Hauptrichtungen bezüglich unseres Themas unterscheiden zu können; links von diesen Positionen existiert eine weitere, ebenfalls innerhalb der Theologie der Befreiung, welche – wie uns scheint – die Gefahr in sich birgt, von der politischen Linken als Werkzeug mißbraucht zu werden. Am anderen Ende des Fächers gibt es gewisse der Theologie der Befreiung entgegengesetzte Positionen, welche bei ihren Angriffen auf sie riskieren, Werkzeuge der politischen Rechten zu werden.

Zuerst wollen wir kurz diese zwei extremen Positionen skizzieren, wobei wir auf der Rechten beginnen. Dann wollen wir die drei Richtungen charakterisieren, welche – entsprechend unserem Kriterium – treffender der theologischen Tradition treu sein wollen.[16] Nebenbei wollen wir dennoch die Risiken jeder einzelnen aufzeigen. Schließlich wollen wir verdeutlichen, daß diese drei Positionen sich kritisieren und gegenseitig vermitteln lassen und auf welche von ihnen, wie wir glauben, der Akzent gelegt werden muß. So werden wir eine Antwort geben auf die Frage danach, welche Praxis der hermeneutische Ort für eine genuin theologische Theorie der Befreiung ist.

Es handelt sich um drei Hauptlinien, welche in Wirklichkeit nicht in chemisch reiner Form existieren, sondern sich untereinander vermischen, mit mehr oder weniger Nachdruck auf der einen oder anderen.

(1) Wenn das Verhältnis von Theorie und Praxis als univoke »Anwendung« einer allgemeinen, schon vorgängig erarbeiteten Theorie auf die Praxis gedacht wird, läuft man Gefahr, naiv hinsichtlich der Praxis zu sein, welche in Wirklichkeit diese Theorie speist, und ebenso die Augen zu verschließen vor der Beziehung, die zu den geopolitischen, klassengebundenen Interessen usw. besteht, die ihr zugrunde liegen. Das bedeutet noch nicht, daß jede naive Theologie notwendig ideologisch ist, aber sie läßt sich leicht manipulieren, ohne sich davon Rechenschaft zu geben. Eine gewisse Art von undifferenzierten Angriffen auf die Theologie der Befreiung, ohne die Urteile zu nuancieren oder zwischen Autoren und Tendenzen zu unterscheiden – Angriffe, welche fast überhaupt nichts Positives an ihr finden –, erweisen sich so als

Ideologisierungen von seiten der Rechten (ob sie nun konservativ oder entwicklungsfreundlich ist).

(2) Beim anderen Extrem finden sich Tendenzen, welche sich selbst als »Theologie der Befreiung« definieren, auch wenn sie manchmal diesen Namen ablehnen, da er ihnen doppeldeutig zu sein scheint. Sie laufen Gefahr, den Bezug zur Kirche aufzulösen und das kontemplative Moment des theologalen Geschenktseins ebenso wie die Entscheidungsfreiheit, die der christlichen Praxis eigentümlich sind, zu minimalisieren. Daher neigen sie dazu, sich in Theorien der Befreiung umzuwandeln, welche eine soziologisch christliche Sprache gebrauchen, aber zunehmend aufhören, wirkliche Theologie zu sein.

Das geschieht, wenn die politische Option – in Wirklichkeit die revolutionäre Option – nicht der Kritik des Glaubens in seiner befreienden Echtheit unterliegt, selbst wenn von ihm her die Formulierungen und Institutionen des Glaubens kritisiert werden, wenn man diese univok bestimmte politische Praxis als einzigen hermeneutischen Ort für die Theologie der Befreiung betrachtet und wenn diese an jene Optionen in univok dialektischer Weise gebunden wird.

Die Theorie wird dann als »Theologie«, die nur für diese Avantgarden geeignet ist, partikulär und somit vorläufig – entsprechend den Variationen der Praxis –, so daß sie schließlich dazu neigt, ihren traditionellen und universalen Charakter zu verlieren. Meist wendet sie die marxistische Methode zur Analyse und Umformung der Wirklichkeit und der Theologie selbst an, aber ohne sie genügend der Kritik auf ihre anthropologischen Voraussetzungen hin unterzogen zu haben und ohne sie deshalb radikal umzuformen, indem sie diese auf dem Hintergrund eines Begriffs vom Menschen und von der Gesellschaft neu lesen, wie er vom Glauben impliziert wird. Aus all diesen Gründen läßt sich diese Theologie leicht von der Linken manipulieren und als ideologisches Instrument des Klassenkampfes gebrauchen.

(3) Zwischen beiden Extremen finden sich Richtungen, welche in Anbetracht ihrer Methode als Theologien *der Befreiung* charakterisiert werden müssen, die aber andererseits wegen ihrer Treue zur Kirche und zum Lehramt wie auch gegenüber der theologischen Tradition als wirkliche *Theologien* der Befreiung bezeichnet werden müssen. Hinsichtlich ihrer Konzeption vom Verhältnis zwischen Theorie und Praxis unterscheiden wir drei Hauptlinien. Sie schließen sich nicht gegenseitig aus, sondern lassen sich in verschiedener Form miteinander kombinieren und je nach Autor akzentuieren. Wenn eine von ihnen ausgeschlossen wird, gehen Reichtü-

mer an befreiender Praxis in ihrem theologischen Ausdruck verloren. Wir sind uns der Tatsache bewußt, daß, wie jede Typologie, auch diese unvollkommen ist und vor allem dazu dient, unsere eigene Darlegung zu erhellen.

Jede dieser drei Linien betont die Reflexion, die von der Praxis der verschiedenen Pole des kirchlichen Lebens herkommt, indem sie einen von diesen als bevorzugten, wenn auch nicht einzigen hermeneutischen Ort annimmt: (3.1) Die befreiende Praxis der Kirche als institutioneller Körperschaft, besonders ihres Episkopats; (3.2) Die Praxis der Elitechristen, besonders der Laien (und/oder Priester), welche politisch tätig sind; (3.3) Die Praxis des gläubigen lateinamerikanischen Volkes in seiner Gesamtheit.

(3.1) Um theoretisch die Praxis der Befreiung im Lichte des Glaubens zu reflektieren, betrachten einige Theologen vor allem die *pastorale* Praxis der lateinamerikanischen Kirche als einer *institutionellen* Körperschaft: ihre Tätigkeit in Medellín, die prophetische Rolle der Verkündigung und Anklage, wie sie von verschiedenen Episkopaten und einzelnen Bischöfen übernommen wurde, usw. Diese Erfahrung wurde schon auf theoretischer Ebene – wenn auch nicht wissenschaftlich – in zahlreichen offiziellen Dokumenten ausgedrückt. In ihnen und in der Theologie, die sich an ihnen besonders inspiriert, werden immer wieder die *integrale* Befreiung und ihre *evangelischen* Inhalte betont. Gewiß, man bedenkt die politischen Implikationen (der hohen Politik) der pastoralen Tätigkeit, aber fast immer aus der Sicht der Hierarchie, ihrer besonderen Sendung als Wächter der Tradition und Band der kirchlichen Einheit. In der wechselseitigen, nicht-reduktiven Interaktion zwischen den oben genannten Ebenen betont man mehr das nicht-reduktive Moment als die Interaktion.

Diese Position neigt dazu, weniger in Rechnung zu stellen, daß die Funktion der Bischöfe nicht die einzige in der Kirche ist. Deshalb kann sie die theologische Entfaltung des theologalen Moments an der befreienden Praxis vernachlässigen, das dem Laien eigentümlich ist, welche – infolge ihrer Sendung – sich »die Hände schmutzig machen« mit der Tagespolitik und mit schöpferischen Ansätzen zu neuen Gesellschaftsformen. Besonders – wenn auch nicht ausschließlich – in der Praxis der Laien werden die geokulturellen und die ethisch-politischen Bestimmungen deutlich, die der geschichtlichen Situation entsprechen, wenn man sie vom Glauben her sieht, sowie der Reaktion des christlichen Bewußtseins angesichts der Zeichen der Zeit. Wie wir sagten, können diese Bestimmungen die Rolle der »manuductio« für die Glaubenseinsicht spielen.

(3.2) In anderen Fällen wird der Nachdruck auf die Praxis christlicher Avantgarden gelegt, deren Bewußtsein besonders geschärft ist und die politisiert sind; diese haben für eine radikale, umfassende und dringend nötige Veränderung – d. h. für eine revolutionäre, nicht mit gewaltsam gleichbedeutende Veränderung – der ungerechten Strukturen der lateinamerikanischen Gesellschaft optiert und leben von dieser Praxis her ihren Glauben. Bei dieser Position geschieht das Umgekehrte wie bei der vorherigen: an der wechselseitigen nicht-reduktiven Interaktion neigen sie dazu, die Interaktion gegenüber dem Nicht-Reduktiven überzubetonen.

Manchmal machen diese Gruppen Gebrauch von marxistischen Kategorien, um die Gesellschaft zu analysieren und ihre Umformung zu denken, auch wenn sie – nicht immer erfolgreich – eine gründliche, kritische, erneute Lesung dieser Kategorien vom Standpunkt ihrer christlichen Option her vornehmen. Es gibt auch andere Gruppen, welche die marxistische Konzeption des sozialen Wandels nicht teilen und diesen Wandel vielmehr in lateinamerikanischen nationalen und Volksbewegungen finden. Vor allem aber die ersten sind den Fragen gegenüber sehr sensibel, welche sich ihrem Glauben von der befreienden Praxis der Nichtchristen her stellen. Sie laufen Gefahr, mehr das zu betonen, was ihnen mit diesen gemeinsam ist, als das, was sie mit anderen Christen gemein haben, die ihre politische Praxis nicht teilen.

Tatsächlich kam es in Lateinamerika vor, daß gewisse christliche avantgardistische Gruppen sich in ihrer Praxis von der Praxis des Gros des gläubigen Volkes – welches ein historisch realistischeres Tempo anschlägt – und von der Hierarchie trennten.[17] Sie machten sich nämlich abstrakte utopische Entwürfe zu eigen. Die Utopie der Befreiung dient gewiß zur Vermittlung zwischen dem Glauben als Prophetie und der Politik.[18] Von dieser Utopie aus ist es möglich, was der Befreiung innerhalb der Strukturen einer Gesellschaft entgegensteht, zu kritisieren. Aber man läuft Gefahr, einer abstrakten Negation der sozialen Totalität zu verfallen, die man aus Gründen der Utopie ablehnt. Eine solche Abstraktion ist es, wenn die Utopie nicht durch die konkrete Geschichte – in unserem Fall die Geschichte der lateinamerikanischen Völker und der dortigen Kirche – und ihre entsprechenden Institutionen hindurch vermittelt wird. Es ist also genau die historische und institutionelle Vermittlung, die der befreienden Praxis das Gewicht des Konkreten verleiht, wie ihrerseits die Öffnung auf die Utopie hin sie daran hindert, sich zu etablieren. So ergibt sich die eschatologische Spannung des »Schon« (historisch und institutionell), aber »Noch nicht« (repräsentiert durch das Utopische als Vermittlung der eschatologischen Verheißung, auch wenn es mit dieser nicht identisch ist). Auf diese Weise überwindet man die abstrakte Negation (wie sie sich auf dem ausweglosen Weg der Gewalt ergibt) und entdeckt reale Möglichkeiten und konkrete und realisierbare Strategien der Befreiung.

Wenn man außerdem nur der Praxis politisierter Gruppen Rechnung trägt, um die theologische Theorie zu artikulieren, begibt man sich unmerklich in die Gefahr, allein die politische Praxis zur Bestimmung der situierten Theologie in Betracht zu ziehen, womit diese an Perspektivenvielfalt verliert. Eben diese offene Bestimmung (die als »manuductio« tätig wird) muß den *gesamten* Umfang der befreienden Praxis als einer *integralen* Praxis umgreifen und nicht nur das in engerem Sinn Politische. Die lediglich politische Praxis ist ein bedeutsames Moment an ihr (besonders zu Zeiten der sozialen Veränderung), aber nicht das einzige. Wenn man aber auf die Praxis der politisierten Christen achtet, kommt es darauf an, dieses wichtige Moment zu würdigen; es ruft uns ins Gedächtnis, daß alle anderen Dimensionen der Praxis (die religiöse, pädagogische, sozio-ökonomische und die im engeren Sinn kulturelle, nämlich die wissenschaftliche, künstlerische usw.) eine politische Dimension besitzen – soweit sie die Gesamtordnung der Gesellschaft auf das Gemeinwohl hin beeinflussen –, auch wenn sie sich nicht auf diese Dimension reduzieren lassen.

(3.3) Die dritte Hauptlinie betont die Praxis des gläubigen Volkes als eines Ganzen, insofern es in die historisch-kulturelle und geopolitische lateinamerikanische Geschichte eingebettet ist, d. h. insofern es in den konkreten Völkern des Kontinents seit seiner Evangelisation »inkarniert« ist.

Diese Linie betrachtet das gläubige Volk als eine organische Gemeinschaft, weshalb sie ebenso die Autorität seiner Hirten wie auch die den verschiedenen Eliten eigene Sendung anerkennt. Aber vor allem zieht sie seinen Charakter als kollektives Subjekt in Betracht, in welchem die armen und einfachen Menschen einen bedeutenden Platz einnehmen.[19] Von hier aus kann man auch die Praxis der ökonomisch und im Geiste Armen – entsprechend dem Geist der Seligpreisungen – als ein sichtbares Zeichen der authentischen Praxis des gläubigen Volkes als eines kollektiven Subjekts betrachten. Diese von Herzen Einfachen und Armen gibt es in der lateinamerikanischen Bevölkerung in großer Zahl, und sie besitzen – dank der Evangelisation – ein tiefes Gespür für die eigene Würde und für die Gerechtigkeit.

Das Gottesvolk gibt es tatsächlich in Lateinamerika in Völkern, welche ein eigenes kulturelles *Ethos* besitzen, Ergebnis einer fruchtbaren kulturellen Vermischung (»mestizaje cultural«), bei deren Werden der Glaube einen entscheidenden Einfluß ausgeübt hat. In der Erinnerung an die politisch befreienden Ereignisse spielt in der Lebensweisheit, welche die Frucht historischer Erfahrung ist, und in dem historischen Entwurf von Gerechtigkeit und Freiheit – Momente, welche die politisch-kulturelle Praxis der lateinamerikanischen Völker gestalten – sowohl der Glaube als auch der christliche Sinn des Lebens eine entscheidende Rolle. Und umgekehrt spielt eben dieses kulturelle *Ethos* eine Rolle der »manuductio« in der weisheitlichen Glaubenserkenntnis, welche diese Völker besitzen, und in den Symbolen und Riten, welche ihre volkstümliche Gläubigkeit und Frömmigkeit ausdrücken. Die theologale Dimension der kollektiven Praxis des Gottesvolkes, welche in Völkern inkarniert ist, die schon ihre Geschichte der Befreiung haben – die noch immer andauert –, impliziert ein weisheitliches Moment, das kritisch wissenschaftlich vom Theologen im Licht des Wortes Gottes reflektiert werden kann.[20]

Auch diese Hauptlinie des theologischen befreienden Denkens birgt ihre eigenen Gefahren in sich. Die Beachtung der beiden anderen Linien kann dabei helfen, sie zu vermeiden. Solche Gefahren sind: a) Sie kann unmerklich dazu neigen, die Dimensionen der Praxis miteinander zu vermischen, wenn sie die Inkulturation und »Inkarnation« des Gottesvolkes in den konkreten Völkern im bürgerlichen Sinn und in ihrer Kultur betont.[21] Außerdem kann sie, fixiert auf Lokales, das Universale etwas aus dem Blick verlieren. b) Sie läuft Gefahr, das Volk romantisch oder populistisch zu hypostasieren, indem sie es idealisiert, als ob es von Sünde und Entfremdung schon völlig frei wäre. Der Trennungsstrich zwischen Volk und Gegen-Volk (das läßt sich sowohl auf das Volk im bürgerlichen Sinn als auch auf das Volk Gottes anwenden) verläuft quer durch das Herz jedes einzelnen von dessen Mitgliedern.

Die Gefahr einer solchen Idealisierung besteht, wenn der Theologe das Volk von außen in einer Subjekt-Objekt-Beziehung betrachtet. So stellt er sich auf einen Platz außerhalb der Geschichte und projiziert, ohne das zu beabsichtigen, auch das Volk außerhalb der Geschichte und deren Doppeldeutigkeiten, als ob er es absolut verobjektivieren könnte oder als ob er es dialektisch in ein absolutes Subjekt umwandeln könnte. Wenn der Theologe demütig sich als Volk und das Volk wiederum als geschichtlich anerkennt und auch weiß, daß das lokale Volk Gottes unterwegs ist in Gemeinschaft mit dem weltweiten Gottesvolk, wird er die Demut besitzen anzuerkennen, daß die Praxis des Volkes *nicht* absolutes Subjekt, *sondern* hermeneutischer Ort ist. Von daher unternimmt er es, die Tradition theologisch neu zu erfassen, aber von daher kritisiert er – im Licht der eschatologischen Hoffnung – die Praxis des gläubigen lateinamerikanischen Volkes. Dazu kann die erste Hauptlinie als Korrektiv dienen.

Die zweite Linie dagegen wird den Theologen die Entfremdungen des Volkes durch die Vermittlung kritischer Theorie und Praxis der Eliten (wenn diese zuvor kritisiert wurden) und im Licht der befreienden Utopie, sofern sie angemessen vermittelt wurde, verstehen lassen.

Die dritte Linie betont nicht nur die ethisch-pastorale und die ethisch-politische Hinwendung zu den Armen, was das neue Bewußtsein jener ist, welche in der Kirche Autorität ausüben oder im Besitz von Wissen und Selbstbewußtsein sind – wie das bei den anderen beiden Linien der Fall ist –, sondern legt auch den Nachdruck auf die Würde, das weisheitliche Gedächtnis, die Volksweisheit, den Sinn des Lebens und Gottes und auf den Entwurf von Gerechtigkeit und Befreiung gerade der Armen und Einfachen. Sie sind das Herz des ganzen Volkes lateinamerikanischer Nation und des Gottesvolkes – einer organischen Gemeinschaft –, das sich mit jenem unvermischt und ungetrennt vereint.

(4) Wie wir schon weiter oben andeuteten, schließen sich diese drei Hauptlinien nicht gegenseitig aus. Sie ergänzen sich nicht nur, sondern können auch durch eine wechselseitige Vermittlung zu gegenseitiger Kritik dienen. So kann zwischen ihnen eine dreidimensionale Dialektik bestehen, welche der organischen Einheit des Gottesvolkes entspricht, in dem die Armen und Einfachen einen bevorzugten Platz einnehmen. Wir glauben, der historische Akzent müsse heute auf der dritten Linie liegen, die an den Kern dessen rührt, was die Theologie der Befreiung beabsichtigt, und zwar ohne die unersetzliche Funktion der Autorität in der Kirche außer acht zu lassen oder auch die kritische Funktion der am meisten politisierten Eliten, vorausgesetzt, daß jene sich nicht vom Volk Gottes trennen. Der Begriff »Volk« selbst erfordert organische Strukturen, Autorität und Differenzierung der Funktionen. Aber er impliziert auch Gemeinschaft, in welcher die Sendung derer betont wird, die nur »Volk« sind (um das zu verdeutlichen, sprechen wir von »Juan pueblo«[22]): eine bescheidene Sendung, aber deshalb nicht weniger bedeutsam. Die Befreiung steht in ihrem Dienst und besitzt im Volk den hauptsächlichen Gegenstand ihrer Praxis.

Als Schlußfolgerung dieses dritten Teils wiederholen wir: die praktische Volksweisheit, welche die Geschichte und die historische Praxis der Befreiung der lateinamerikanischen Völker begleitet, kann reflex und kritisch in Theorie oder Wissenschaft formuliert werden. Das theologale Moment dieser Praxis, soweit sie Praxis des inkulturierten Gottesvolkes ist, kann – deshalb – theoretisch in einer Theologie formuliert werden, welche kritische Reflexion über die Praxis im Lichte des Wortes Gottes sein soll, wie es in der Kirche interpretiert wird. Die Kultur, in der dieses Volk seinen Glauben und seine befreiende Praxis der Nächstenliebe inkarniert, dient so als »manuductio« für die Glaubenseinsicht. Das ist nicht verwunderlich, denn in der Entstehung des lateinamerikanischen kulturellen *Ethos* spielte die Evangelisation historisch eine entscheidende Rolle. Von daher glauben wir, daß der primäre hermeneutische Ort für das lateinamerikanische theoretische Denken der Befreiung (auch für das theologische Denken) die Praxis und Kultur des lateinamerikanischen Volkes sind.

Othmar Noggler

Theologie oder Pastoral der Befreiung

Die Tatsache, daß eine Formulierung wie »Theologie oder Pastoral der Befreiung« möglich ist, deutet bereits darauf hin, daß die Theologie der Befreiung in pastoralem Denken ihre Wurzeln hat und von diesem Denken her bestimmt ist.[1]

Die besonders schwierige Situation, in der sich die Christen Lateinamerikas aufgrund historischer Gegebenheiten, wie kulturelle Entfremdung, Abhängigkeit, Unterentwicklung usw. befinden, darf hier als gegeben und anerkannt vorausgesetzt werden. Es soll deshalb lediglich versucht werden, das pastorale Denken im Rahmen der Theologie der Befreiung aufzuzeigen.

Theologie, richtig verstanden, hat immer einen Bezug zum praktischen Christenleben, sie kann nie Nur-Wissenschaft sein.[2] Die Denker und Verfechter der Theologie der Befreiung werfen allerdings dem europäischen theologischen Denken wiederholt vor, am Menschen und vor allem am Evangelium vorbei gedacht zu haben. So machten sich nach Auffassung von Dussel weder die Theologie von Trient noch die protestantische Theologie Gedanken über den Indianer, den Afrikaner oder den Asiaten.[3] Comblin faßt seine Stellungnahme zur europäischen Theologie so zusammen: »Kurzum: Die theologische Wissenschaft ließ sich durch die Problemvorstellungen und methodischen Prinzipien des platonischen Aufstiegs der Seele lenken (und die ihr nahestehenden Religionsphilosophien von der aristotelischen Metaphysik, dem Recht und der Rechtsphilosophie). Die Botschaft von der Befreiung ist erloschen. Sie hat sich aufgelöst in Gedankengänge, die im voraus programmiert waren.«[4] Und näher zum Thema Freiheit, Befreiung: »Von dem, wovon das Evangelium spricht, spricht die Theologie nirgendwo mehr: Von der Auseinandersetzung Jesu mit den Pharisäern – einem zentralen Thema seiner Botschaft –; vom Kommen des Geistes und der Freiheit, wovon der Apostel Paulus spricht; von der Wahrheit die frei macht, wie wir bei Johannes lesen.[5]« Gutiérrez zitiert Comblin und bedauert mit ihm, daß nach Thomas von Aquin, besonders nach dem Konzil von Trient, die Theologie zur Hilfsdisziplin des kirchlichen Lehramtes geworden ist, deren Aufgabe es war, die geoffenbarten Wahrheiten zu definieren, zu prüfen, Irrlehren aufzuspüren und die geoffenbarten

Wahrheiten mit Autorität zu lehren.[6] Einen wirklichen Neubeginn, der dann vom II. Vatikanischen Konzil aufgegriffen wurde, sieht Gutiérrez erst wieder in der »neuen Theologie«, die den Menschen, dem die Offenbarung gilt, wieder in den Vordergrund rückt. Sie geht einher mit der Suche nach einer Spiritualität für den Laien und löst die bisher übliche, von Weltflucht und Selbstheiligung bestimmte Mönchsspiritualität ab. Gutiérrez übernimmt das Wort K. Barths: »Der Mensch ist die Mitte aller Dinge, seit Gott Mensch wurde.«[7] In dieser Linie liegt der Ansatz der Theologie der Befreiung: Weltdienst als Gottesdienst und Umgestaltung der Welt in eine bessere Welt als Mittun am Reiche Gottes.

Weil jedoch die lateinamerikanische Welt die der Abhängigkeit, Unterdrückung, Unterentwicklung usw. ist, bedarf es mehr als vordergründiger Anpassung, kleiner Reformen, billigen Aufpolierens der kirchlichen Alterspatina. Es bedurfte wieder der lebendigen, kompromißlosen Hirtensorge des Herrn, die auch nicht dem Bewahren von Vergangenem galt, sondern dem Menschen, dem er begegnete, in seiner Schuld und Not. Die prophetische Gestalt Johannes' XXIII. hat die Hirtensorge Jesu aufgegriffen im Ruf nach dem »aggiornamento«.

Die lateinamerikanische Kirche hat diesen Ruf aufgenommen und seitdem versucht sie die gute Nachricht verstehbar zu machen als ein Künden des befreienden Gottes, der schon einmal sein Volk aus der Knechtschaft[8] geführt hat, und der seinen Sohn geschickt hat, um den Gefangenen Befreiung zu verkünden (Lk 4,18).

Theoretiker haben für die Lage der Menschen in Lateinamerika, in die hinein diese Befreiung zu künden ist, die Begriffe Abhängigkeit, Unterentwicklung und Marginalität gefunden. Die Masse des Volkes (Gottes) leidet unter den konkreten Symptomen der gefundenen Theorien, nämlich Armut, Hunger, Unterernährung, hohe Kindersterblichkeit, mangelnde Schulbildung – Übel, die unter den gegebenen Verhältnissen so bleiben werden, zumal das Volk auf die Politik kaum Einfluß hat. Im Gegenteil, es ist gleichzeitig Opfer von Korruption, Machtmißbrauch und Ausbeutung.[9]

Eine wesentliche Kraftquelle zum Überleben in einer verzweifelten Situation war und ist die eher im kosmischen Gefühl und in der Tradition, denn in einer persönlichen Entscheidung wurzelnde Volksfrömmigkeit[10] (religiosidad popular) oder Volkskatholizismus[11] (catolicismo popular).

»Die Teilnahme des Volkes am offiziellen Kultleben ist fast null und seine Verbundenheit mit der Organisation der Kirche sehr gering. Diese Religiosität von mehr kosmischem Charakter, in der

Gott Antwort auf alles Unbekannte und alle Bedürfnisse der Menschen ist, kann in eine Krise kommen. Und in der Tat hat diese Krise nach den wissenschaftlichen Erkenntnissen der Welt von heute bereits begonnen.«[12]

Nach dem Urteil lateinamerikanischer Fachleute wird diese Art Glaube in einer säkularisierten Welt nicht überleben können bzw. einer Läuterung bedürfen, um befreiender Glaube zu werden.[13]

Die Kirche in Lateinamerika gibt sich keinen Illusionen hin, sie weiß, daß es einer ernsthaften »Re-Evangelisierung« und ständigen »Wiederbelebung«[14] des Volkes Gottes bedarf, um den Glauben als Befreiung zu erfahren. Die Evangelisierung hat in Treue zum Evangelium und gegenüber dem Volk in seinen geistigen, religiösen und sozial-politischen Nöten zu geschehen.[15] Damit ist der Beginn nicht nur einer Theologie, sondern gleichsam einer »neuen Kirche« gegeben, einer Kirche, die nicht nur wie bisher von Sünde und Kreuztragen, sondern auch von der befreienden Osterherrlichkeit des Herrn spricht, zu der alle gerufen sind. Selbst lange Zeit meist Nutznießerin der bestehenden, jetzt als institutionalisierte Gewalt[16] erkannten »Ordnung«, stellte sich die offizielle Kirche mit erstaunlicher Selbstkritik und Radikalität der Herausforderung.

Als die zweite Generalversammlung des lateinamerikanischen Episkopats nach Medellín einberufen wurde (24. 8.–6. 9. 1968), war der Subkontinent geistig bereits im Auf- und Umbruch. Freiheit und schließlich Befreiung von den unwürdigen Ketten der Fremdbestimmung waren zum entschlossenen Kampfruf geworden, der gerade von bewußt christlichen Gruppen, unter ihnen viele Priester und Ordensleute, erhoben wurde.[17]

Die Erkenntnis der unwürdigen Abhängigkeit auf wirtschaftlichem, politischem und kulturellem Gebiet bis hinein in die Kirche, die nahezu zur Hälfte nach 400 Jahren Christentum von »priesterlichen Gastarbeitern«, sogenannten Missionaren, getragen wird und die Tatsache, daß sich gerade Christen neben den Marxisten für die Befreiung einsetzten, veranlaßte die Bischöfe zu Medellín, getragen von einer relativ kleinen, aber aktiven Gruppe von Priestern und Ordensleuten, sich auch theologisch der Herausforderung zu stellen.

In das wachsende Bewußtsein unwürdiger Abhängigkeit hinein und mitten in das Bemühen, die unwürdigen Ketten abzustreifen, mitten in den geistigen Aufbruch und das wachsende Selbstwertempfinden, mußte der Glaube verkündet, mußte für die im Kampf für die Befreiung stehenden Christen eine Antwort aus dem Evangelium gegeben werden.

Die Kirchenversammlung von Medellín hat sich, gemessen an den dort versammelten Bischöfen, selbst übertroffen.[18] In einer ehrlichen, wenn auch beunruhigenden Analyse der gegebenen Situation, zeigt sich der Wille, Kirche im Heute für die Menschen von heute zu sein. Medellín konnte auf ›Gaudium et Spes‹ des II. Vatikanischen Konzils zurückgreifen, das mit seinen theologischen und pastoralen Orientierungen die lateinamerikanische Kirche noch völlig unerwartet getroffen hatte.[19] Vor allem aber war es die Enzyklika Populorum Progressio, die den versammelten Bischöfen den Zugang zum Denken in den Kategorien der Theologie der Befreiung verhalf. In dieser Enzyklika wird der aufs Profitmachen um jeden Preis ausgerichtete Kapitalismus, als dessen notwendige Folge die Misere Lateinamerikas gesehen wird (konditioneller Kapitalismus), als Mißbrauch der wirtschaftlichen Macht scharf verurteilt.[20]

Mit diesen Vorgaben konnte man in Medellín eine umfassende theologische Aussage versuchen. Der Begriff der »Sünde« wurde um eine Dimension erweitert. Man erkannte, daß sich in der evangeliumswidrigen Situation, in der sich die Mehrheit der Lateinamerikaner befindet, die Sünde gleichsam kristallisiert.[21]

Zur theologischen Kategorie der Sünde gehört auch die der Erlösung durch Jesus Christus. Hatte man den Begriff Sünde auf die ungerechten Strukturen anzuwenden gelernt, mußte auch deren Überwindung mit dem Begriff der Erlösung in Verbindung gebracht werden. So entdeckte man die Botschaft Jesu in zunehmendem Maße[22] als Botschaft der Befreiung, sein Tun als befreiendes Tun, und zwar nicht nur aufgrund der klassischen Stelle im Lukasevangelium, wo die messianische Sendung Jesu mit den Jesaia-Worten beschrieben ist (Lk 4,18), sondern aufgrund eines ganzheitlichen Verständnisses vom Menschen, vom Heil und von der Heilsgeschichte. Das heißt, wie der Mensch biblisch als Ganzheit verstanden wird, sich Heil nicht aufteilen läßt in Seelen-Heil und Leib-Heil, so gibt es auch nur eine Geschichte, die immer Heilsgeschichte ist.[23]

Dies dem gläubigen Volk Lateinamerikas zu künden, als dessen Teil sich auch die in Medellín versammelten Bischöfe verstanden oder verstehen lernten, war das Ziel. – »Unsere Sendung ist es, zur ganzheitlichen Entwicklung des Menschen und der Gemeinschaften beizutragen.«[24]

In den vielfältigen Problemen und in dem ebenso vielfältigen Bemühen, die Hintergründe zu erhellen und Lösungen anzustreben, erkennt der Glaube die »Zeichen der Zeit« als theologischen Ort, d. h. als eine Form, in der Gott zu den Menschen spricht und sie damit auffordert, seinen Plan vom Menschen als einen ganzheitlich entwickelten und auf die Gemeinschaft in brüderlicher Haltung ausgerichteten, zu verwirklichen und entsprechend zu handeln.[25]

Dies ist prophetisches Reden. Die Aufgabe des Propheten ist es, Gottes Wollen deutlich zu machen. Die Wege, auf denen Gottes erkannter Wille verwirklicht werden kann, zu finden und zu realisieren ist nicht seine Aufgabe. So bleibt es auch nach Medellín den Theologen überlassen, den Anstoß von Gottes befreiendem Tun zu vertiefen, und den Praktikern muß es überlassen bleiben, die Vision zu verwirklichen. Die Versammlung von Medellín ist somit zum Katalysator und Sprachrohr derer geworden, die ihr Ahnen nicht artikulieren konnten.

Da die »Zeichen der Zeit«, und nicht ein philosophisches System, Ausgangsbasis für das theologische Denken sind,[26] gibt es eine Vielzahl von Möglichkeiten, Antwort auf Gottes Anruf zu geben, die aber alle in den Versuch einer Theologie der Befreiung einmünden. Die erkennbaren, durchgängigen Linien dieser am Menschen und seinen Bedürfnissen orientierten Theologie[27] führen direkt zu einer Pastoral der Befreiung.

Zunächst muß im Volk Gottes das Bewußtsein geweckt werden, daß die ererbten Zustände nicht Gottes unabänderlichem und heiligem Willen entsprechen, sondern eine »Beleidigung des Geistes des Evangeliums« darstellen,[28] und damit um des Heils willen verändert werden müssen. Das verlangt ein tiefgreifendes Umdenken. Auf seiten der Opfer der gegenwärtigen »Ordnung« gilt es, die eigene Passivität zu überwinden. Auf seiten der derzeitigen Nutznießer muß die Einsicht Platz greifen, daß sie bewußt oder unbewußt mitschuldig sind an dem als sündhaft[29] zu bezeichnenden Zustand in dem »katholischen« Kontinent. Es gehört zur Tragik Lateinamerikas, daß zu beiden Gruppen überzeugte Katholiken gehören, wobei die einen foltern und töten, um ihre vermeintlich christliche Welt zu retten,[30] und die anderen zum Maschinengewehr greifen, um eine menschlichere Welt aufzubauen.

In einer echten Bekehrung hat die Kirche, selbst wichtige Säule der bisherigen Ordnung, wieder ihre prophetische Rolle entdeckt, sich gegen die Zufriedenen, Satten, die »Ordnung« Verteidigenden gewandt[31] und sich auf die Seite der Verzweifelten, Kleingläubigen gestellt.

In ihrer Botschaft an die Völker Lateinamerikas leiten die Bischöfe die Verpflichtung der Christen zur Umgestaltung der ungerechten Ordnung auf dem Kontinent aus seiner Christus-Zugehörigkeit, aus der Taufverpflichtung ab.[32] Damit ist der Einsatz für eine gerechtere Welt nicht länger eine Auch-Möglichkeit für den

Christen, die neben Selbstheiligung und Vorbereitung auf die wahre Heimat geduldet wird, sondern die Verpflichtung der Stunde, um den »ganzen Umwandlungsprozeß mit den Werten des Evangeliums zu durchdringen«.[33]

Um die angestrebte neue Gesellschaft zu erreichen, müssen die Grundprinzipien des Evangeliums neu bewertet werden. Denn auch die derzeitigen Strukturen sind nicht ohne das Christentum entstanden. Sicher, das Gebot der Nächstenliebe galt auch vor Medellín und wurde in karitativer Hinsicht auch erfüllt.

Der Gedanke, mit Almosen nur die Symptome der sozialen Sünde zu mildern, und damit gleichzeitig ihr Überleben zu garantieren, ist noch relativ jung. Da sich die Christen im bisherigen rein karitativen Tun zu Recht auf das Evangelium berufen haben, wird eine vertiefende Neubewertung der Grundprinzipien des Evangeliums erforderlich, damit die in ihm grundgelegte Befreiung voll zum Tragen kommt. Das setzt bei der Kirche selbst Befreiung von den gesellschaftlichen Fesseln, von der ihr Fortkommen sichernden Bindung an den Staat und die begüterten Gesellschaftsschichten voraus. Dann erst wird es ihr möglich sein, als »Kirche der Armen« ihre prophetische Rolle zu erfüllen. Für Jesus waren die Armen, Rechtlosen, Ausgebeuteten und Unterdrückten die bevorzugten Adressaten seiner Botschaft; folglich hat sich seine Kirche mit ihnen zu solidarisieren.

Da der Arme in Lateinamerika aber nicht als Einzelner, aus persönlichem Unvermögen oder Mißgeschick an den Rand der Gesellschaft Geratener auftritt, sondern die Mehrheit des Volkes darstellt, beginnend beim Indianer über den Landarbeiter bis hin zum indianischen Minenarbeiter, hat sich die Kirche mit ihnen zu solidarisieren – um des Evangeliums willen. So gesehen muß es der gegenwärtigen bestehenden »Ordnung« gegenüber als subversiv gelten. Subversiv will die Botschaft Jesu denn auch verstanden sein: Von Grund auf neu gestaltend. Dies geschieht nur, wenn die gute Nachricht »authentisch« verkündet wird, d. h. als die von Gott angekündigte Befreiung von Tod, Sünde, besonders der bislang in der Geschichte übersehenen strukturellen Folgen, – Befreiung aber auch als Botschaft von Kreuz *und* Auferstehung, als Botschaft vom angebrochenen Reich Gottes, das in seiner Vollendung zwar Gottes Geschenk bleibt, aber auch mit vom Menschen hier und heute zu verwirklichen ist.

Das heißt, der Christ muß nicht nur sein Kreuz tragen, sondern handeln, selbst für eine gerechte, menschenwürdige und damit eine dem Plan Gottes entsprechende Welt kämpfen.

Damit ist die Verantwortung für die Gestaltung seiner Umwelt jedem einzelnen als »heiliger Dienst« anvertraut. Und mit diesem Verständnis von Weltverantwortung kann der unterprivilegierte Lateinamerikaner zum vollverantwortlichen Mitglied der Gesellschaft werden, über das nicht mehr von oben bestimmt wird, für das nicht länger andere denken und handeln. Das befreiende Evangelium wird ihn seinen Selbststand finden lassen, er wird nach dem im Wollen Gottes grundgelegten Plan einer vollmenschlichen aktiven Teilnahme an der Gestaltung des eigenen Geschicks und an dem der Gemeinschaft bzw. der Gesellschaft mitwirken. Das wird auch im wirtschaftlichen, zwischenstaatlichen Bereich seine Auswirkungen haben. Die unwürdige und bedrückende Abhängigkeit in der Form des Neokolonialismus müßte so auch ihr Ende finden.

Dazu motiviert die Ethik aus der Theologie der Befreiung – die aus dem Bewußtsein der Befreiung als historische Tat Jesu und als Auftrag an die Seinen, gespeist, neue Akzente setzt. Im Gegensatz zum derzeitig als gültig, aber als evangeliumswidrig erkannten Maßstab: mehr haben = mehr sein, wird der befreite Mensch aus der Kraft des Glaubens mehr sein können statt mehr haben zu wollen.

Dies bedeutet, sich zu einem neuen, zutiefst christlichen Menschenbild zu bekennen, das vom Mit-denken, Mit-handeln, Mit-leiden und Sich-mit-freuen geprägt ist. Mit einem Wort, der »neue (und damit soziale) Mensch« wird nicht mehr nur als fromme Aufforderung des hl. Paulus betrachtet, die kaum ernst genommen wird, sondern als Ziel, das um des Evangeliums willen verwirklicht werden muß.

Dieser Mensch ist – wiederum dem Evangelium gemäß – nur in freier Selbstfindung und Selbstentscheidung zu formen, nicht durch Zwang und Terror. Einer neuen Pädagogik wird dabei eine wichtige Rolle zukommen, damit aus Unterdrückten freie Menschen werden.

Der befreite Mensch wird nicht länger mehr als Randfigur betrachtet werden können, er wird den Marginalitätsstatus überwinden und sein Recht fordern nach voller Integration ins politische, wirtschaftliche und kulturelle Leben.

Sicherlich handelt es sich hier um eine Utopie, ein dynamisches Fernziel, das innerweltlich nie voll verwirklicht werden kann.[34] Das weiß der Christ, und das wird ihn davor bewahren, den Menschen einer Ideologie zu opfern.[35] Gleichzeitig wird er sein eigenes menschliches Mühen auf dieses Ziel hin unter Urteil und Gericht des befreienden Evangeliums stellen.

Die Utopie vom neuen Menschen will der Ausbeutung des

Menschen durch den Menschen ein Ende bereiten; die alte Formel, nach der ein Mensch des anderen Feind ist (homo homini lupus), wird ihre Geltung verlieren müssen, wenn wenigstens Christen sich als Brüder betrachten und behandeln. Das wird das befreiende Evangelium bewirken, vorausgesetzt, das Evangelium wird authentisch verkündet und, was bedeutsamer, authentisch gelebt. Die neue Ethik erkennt Ausbeutung als Verbrechen und qualifiziert sie theologisch als Sünde. Das heißt, der einzelne wird sich immer wieder fragen müssen, ob sein Verhalten dem Gebot der Nächstenliebe auch im sozialen Bereich entspricht.

Dieser »neue Mensch«[36] wird auch eine neue kirchliche Gemeinschaft schaffen. Sie wird nicht mehr länger Priester als Gastarbeiter brauchen, um die Lücken in den eigenen Reihen zu schließen, weil die Gemeinde selbst die Verantwortung für ihre Existenz und damit auch für die notwendige Zahl von Priestern übernimmt.

Der Laie, nicht mehr länger nur »Objekt der Hirtensorge«, sondern mitverantwortlicher Träger der Gemeinde,[37] wird den Priester entlasten und für seine wesentlichen Aufgaben der Verkündigung und des Dienstes an der Einheit freisetzen.[38] Als »Animateur« wird er den kleinen Gruppen bewußter Christen helfen bei ihrer Suche nach einem authentischen Christenleben. Seit Medellín ist diese »Kernzelle kirchlicher Strukturierung« (Basisgemeinde) zur eigentlichen Form des Zusammenlebens von Christen erklärt worden.[39]

Am Prozeß der Gemeindewerdung sind in der Basisgemeinde alle Mitglieder verantwortlich beteiligt. Damit wird dem erwachsenen Christen seine volle Würde gegeben und Bevormundung und Klerikalisierung, die mit der Eroberung des Kontinents begonnen haben, finden in einer befreiten Kirche ihr Ende.

Der »neue Mensch« wird unbequemer sein als der alte, verwaltete. Er wird als mündiger Christ Fragen stellen und seine eigenen Vorschläge einbringen. Denn Theologie als Antwort des Glaubens auf die konkrete Situation kann nicht mehr nur Sache einiger Schreibtischgelehrter sein, sondern nur die gemeinsam gesuchte und erfahrene Antwort aus dem Glauben auf die Probleme der Zeit. Damit wird der Theologe nicht überflüssig, ebensowenig wie der Priester, aber er wird, wie sich die Theologen der Befreiung heute schon verstehen, nur Interpret sein, der mit seinem Fachwissen Erfahrungen und Nöte der Gemeinde, der Kirche, auszudrücken und einzuordnen weiß. Die Praxis, das Tun, hat den Vorrang vor der Theorie. Deshalb hat auch die Formel Gültigkeit: Theologie oder Pastoral der Befreiung.

Zu dieser neuen Form von Theologie und Pastoral sind sicherlich kritische Bemerkungen möglich. Und es ist richtig, wenn eine Teilkirche die andere auch theologisch und pastoral verantwortlich begleitet. Die Verantwortung trägt in unserem Fall allerdings die lateinamerikanische Kirche selbst, die die Antwort aus dem Glauben auf ihr Heute kennt und zu verantworten bereit ist.

Die entsprechende Antwort führt zu anderen Akzentuierungen, Wahrheiten, die wir vernachlässigt haben, kommen wieder zum Tragen, z. B. die soziale Seite der Sünde. Wenn lateinamerikanische Theologen wieder den ganzen Menschen als »Objekt des Heilswirkens Gottes« erkennen und ihn nicht aufteilen in Leib und Seele, folglich in Caritas und Seelsorge, dann stehen sie fraglos der Bibel näher als die scholastische Theologie. Wenn die Lateinamerikaner nach der Theologie der Befreiung auch die Geschichte als eine begreifen, in der im Zusammenwirken Gottes mit dem Menschen Gottes Reich verwirklicht werden soll, so ist auch dies zuinnerst dem Evangelium gemäß. Die Tatsache, daß die Theologie der Befreiung ihre begeisterten Anhänger auch außerhalb Lateinamerikas findet, liegt wohl darin, daß hier die größte Teilkirche, eine Kirche der Armen, eine glaubwürdige und dynamische, weil authentische Anwendung der Guten Nachricht auf ihr Heute gefunden hat, nach der andere Kirchen in der sogenannten Dritten Welt ebenfalls suchen.

Falls die »geniale Synthese«[40] von befreiender Verkündigung und Praxis glückt, wird der Aufbruch der Kirche in Lateinamerika das größte Ereignis in der Kirche seit der Reformation sein, u. a. auch als Frucht einer Theologie, die aus pastoralem Denken entsprungen ist.

Miguel Manzanera

Theologische Anmerkungen zur »revolutionären Gewalt« in Lateinamerika

Ausgangspunkt

Wenn man theologisch über das Problem der Gewalt in Lateinamerika reflektieren will, ist es nicht zu vergessen, daß dort die Gewalt weder eine Gewissensfrage skrupulöser Christen, noch weniger ein akademisches Problem, wie oft in der Theologie der üppigen Länder dargestellt wird, wo vorgefertigte Unterrichtsfälle durch spekulative Prinzipien gelöst werden, sondern eine erschreckende Tatsache ist, unter der Millionen »Nicht-Menschen«, d. h. menschliche Wesen, die in der Unterdrückungssituation ihre Würde nicht verteidigen, sogar nicht verstehen können, leiden und sterben.
Diesen Ausgangspunkt unserer Reflexion bezeichnete treffend der lateinamerikanische Episkopat im Schlußdokument seiner Zweiten Vollversammlung in Medellín, Kolumbien (24. 8.−6. 9. 1968)[1] als »institutionalisierte Gewalt«: »Nämlich dann, wenn durch Unzulänglichkeit der Strukturen der industriellen und landwirtschaftlichen Unternehmen, der nationalen und internationalen Wirtschaft des kulturellen und politischen Lebens ›ganze Völker das Notwendigste entbehren und in einer Abhängigkeit leben, die die Initiative und Verantwortung sowie alle Chancen zum kulturellen Aufstieg und zur Teilnahme am sozialen und politischen Leben unterbindet‹ und auf diese Weise fundamentale Rechte verletzt werden« (Med II, 16). Diese »institutionalisierte Gewalt« wurde als »Situation der Sünde« und »Ablehnung des Herrn« entschieden zurückgewiesen (Med II, 1,3; 14,c; 16,1).
Innerhalb dieser knapp geschilderten Situation stand die theologische Reflexion, die mittlerweile mit der Benennung »Theologie der Befreiung« weltbekannt geworden ist.[2] Sie ist keine Mode, wie sich einige wohlsituierte Christen wünschen mögen, sondern eine prophetische Weise, aus der Perspektive der Unterdrückten und in Solidarität mit ihnen die Frohbotschaft des Evangeliums zu reflektieren.
Das methodologische ›Novum‹ in dieser Theologie ist gerade die engagierte Bemühung, von der geschichtlichen Praxis aus und über sie in Konfrontation mit dem im Glauben gelebten und bejahten Wort des Herrn kritisch zu reflektieren.[3]

In der vorliegenden Arbeit reflektieren wir theologisch über die, um diese etablierte Gewalt zu überwinden, erforderliche Gegengewalt, die wir als »revolutionäre Gewalt« (violencia revolucionaria) benennen, wobei das Wort »Gewalt« nach seiner ursprünglichen Herkunft als Zwang, Kraft (lateinisch: vis) und das Wort »Revolution« im Sinne einer Umwälzung der (in Lateinamerika bisher bestehenden liberal-kapitalistischen) Strukturen benutzt werden. Nach dieser Regelung, was jedenfalls in der lateinamerikanischen Umgangssprache möglich ist, kann man also von einer bewaffneten bzw. unbewaffneten »revolutionären Gewalt« sprechen. Wie soll diese »revolutionäre Gewalt« aussehen? Darf ein Christ als solcher unter den gegebenen Umständen die Waffen ergreifen? Soll er es sogar tun? Ist es legitim, auf die Waffengewaltanwendung absolut zu verzichten? Welche Kriterien können die Praxis der Christen orientieren, damit die Bekämpfung der Ungerechtigkeit nach den Forderungen des Glaubens und der Vernunft geschieht?[4]

Methodologisch gesehen darf unser reflektives Vorgehen nicht ein spekulatives sein, sondern wir werden aus der Analyse zweier Strömungen in der Praxis der Befreiung in Lateinamerika ausgehen und von dort her eine kritisch-theologische Auswertung machen. Die zwei Strömungen, die hier – im Rahmen eines Essays – analysiert und ausgewertet werden, sind die Bewegung »Christen für den Sozialismus« und die »Gewaltlose Befreiungsbewegung«, wobei die letzte, wenngleich nicht so reif wie die erste, interessante Impulse für die theologische Reflexion über die revolutionäre Gewalt anbietet. Um diese zwei Strömungen in einem breiteren Rahmen zu situieren, werden wir zuerst die Orientierungspunkte, die im Schlußdokument von Medellín dargestellt, zusammenfassend analysieren.

1. Orientierungspunkte im Schlußdokument von Medellín

Der lateinamerikanische Episkopat sah eine wichtige Ursache der »institutionalisierten Gewalt« in dem liberal-kapitalistischen System, das gegen die Würde des Menschen verstößt, weil es »als Voraussetzung den Primat des Kapitals, seine Macht und seinen diskriminierenden Gebrauch im Dienst des Gewinns hat« (Med I, 10,2). Diese Verurteilung beruhte nicht nur auf isolierten Mißbräuchen, sondern auf dem Konzept selbst, das dem lateinamerikanischen System zugrunde liegt: »Das lateinamerikanische Unternehmungssystem und somit die derzeitige Wirtschaft entsprechen einer irrigen Auffassung vom Eigentumsrecht an den Produktionsmitteln und von der eigentlichen Zielsetzung der Wirtschaft« (Med I, 10,1). Infolgedessen plädierte der lateinamerikanische Episkopat für »globale, kühne, dringende und tiefgreifend erneuernde Umwandlungen«, die die geschilderte »institutionalisierte Gewalt« abschaffen soll (Med II, 16,1).

Alle Christen sind aufgefordert, aufgrund ihres Glaubens gegen diese Situation, »die so schwerwiegend gegen die Würde des Menschen und damit gegen den Frieden verstößt«, mit den ihnen zur Verfügung stehenden Mitteln zu handeln (Med II, 16 – 19). Die wirtschaftliche, soziale und kulturelle Befreiung unterdrückter Völker steht innerhalb der Heilsgeschichte als eine Dimension des göttlichen Wirkens hin auf die Totalbefreiung durch Jesus Christus in seinem Reich der Gerechtigkeit, der Liebe und des Friedens (Med I, 3 – 5).

In welcher Richtung und durch welche Vermittlung sollte diese politische befreiende Veränderung geschehen? Selbstverständlich findet man im Schlußdokument von Medellín nur eine allgemeine pastorale Orientierungshilfe. Bei der Suche nach dem Modell einer wirklich humanen Gesellschaft wurden die Christen vor »dem marxistischen System« gewarnt, weil es gegen die Menschenwürde verstoße. »Dieses System, obwohl es ideologisch einen Humanismus verteidigt, zielt mehr auf den kollektiven Menschen ab, und verwandelt sich in der Praxis in eine totalitäre Konzentration der Staatsgewalt« (Med I, 10,2). Durch die Verurteilungsbegründung sieht man doch, daß, was vom Marxismus verurteilt wurde, keineswegs sein Humanismus war, sondern seine kollektivistische Neigung und vor allem seine historische totalitäre Prägung in den kommunistischen Ländern.

Ob es möglich ist, den Marxismus von seinen unmenschlichen Erscheinungen zu reinigen, ist ein Problem, das im Medellín-Dokument nicht erörtert wurde. Es wäre also falsch, anhand von diesem Dokument alle marxistisch-inspirierten sozialistischen Modelle als menschenunwürdig ablehnen zu wollen.

Die positive Orientierung des Medellín-Dokumentes geht in der Richtung der »Sozialisierung«, etwas ungenau beschrieben als »sozio-kultureller Prozeß der wachsenden Personalisierung und Solidarität« (Med I, 13). Der lateinamerikanische Episkopat in Medellín erhoffte, daß es durch seine wiederholten und dringenden Aufforderungen an die Christen möglich wäre, den Sozialisierungsprozeß durch eine verbreitete soziale Erziehung und »concientizacion« (Bewußtseins- und Gewissensbildung) zu einem für die Durchsetzung der Gerechtigkeit erforderlichen Strukturwandel zu bewegen (Med I, 23). »Die Sozialisierung (. . .) veranlaßt uns daran zu denken, daß alle Sektoren der Gesellschaft, in diesem Fall aber besonders der sozio-ökonomische, die Gegensätze (antagonismos) durch Gerechtigkeit und Brüderlichkeit überwinden sollen (...) Ohne diese Einheit wird sich Lateinamerika weder vom Neo-Kolonialismus, dem es unterworfen ist, befreien können, und sich folglich auch nicht in Freiheit mit seinen ihm eigenen Charakteristiken im Kulturellen, Sozialpolitischen und Wirtschaftlichen verwirklichen können« (Med I, 13).[5]

Nichtsdestoweniger betrachtete der lateinamerikanische Episkopat realistisch die Möglichkeit der gegen die strukturelle Ungerechtigkeit gerichteten bewaffneten Revolution, die im Dokument mit dem ungenaueren Ausdruck »Gewalt« gleichgesetzt wird (vgl. Med II, 19,2). Obwohl als Grundprinzip eine solche Gewalt als unvereinbar mit dem Evangelium erklärt wurde – »Die Gewalt ist weder christlich noch entspricht sie dem Evangelium« (Med II, 15,2) –, wurden doch diejenigen, die eine solche Lösung befürworteten, in ihrer tiefen, von der Gerechtigkeit und Solidarität angetriebenen Motivierung verstanden und unter bestimmten Bedingungen – Bekämpfung einer eindeutigen, dauernden, schwerwiegend ungerechten Gewaltherrschaft, Begrenzung des durch diese Bekämpfung direkt oder indirekt hervorgerufenen Übels und Mitbeteiligung des Volkes – legitimiert (Med II, 19; 15,2).

Theologisch gesehen entdeckt man hinter dieser doppelten Stellungnahme zur revolutionären Gewalt zwei verschiedene in etwa widersprüchliche Grundgedanken, die sich mit den Stichworten »evangeliumsgemäß« und »vernunftgemäß« charakterisieren lassen. In der Geschichte des Christentums haben diese beiden Strömungen nach der Situation, in der die Kirche sich befand, eine weitgehende Resonanz gehabt.

Die erste, nämlich die charismatische absolute Verurteilung aller Waffengewalt, hat ihren Ursprung im Evangelium selbst, in der Lehre, Leben und Tod des Herrn und wurde von der Kirche der ersten Jahrhunderte trotz bitterer Verfolgungen treulich gelebt und überliefert. Erst nach der konstantinischen Wende öffnete sich in der Kirche durch die humanistische Rezeption des hellenistisch-römischen Rechtes eine mehr oder weniger begrenzte Zulassung der Waffengewaltanwendung. Die Legitimation unter bestimmten Bedingungen des sogenannten gerechten Krieges und ausnahmsweise der Tötung des Tyrannen gehören wohl zu dieser späteren Tradition, die in der scholastischen Theologie ein Übergewicht bekam und infolgedessen die andere charismatische Strömung zurücktreten ließ. Erst durch Johannes XXIII. und eine konziliarische Minderheit im Zweiten Vatikanischen Konzil wurde die in der

ursprünglichen Tradition des Evangeliums begründete kompro-
mißlose Verurteilung des Krieges wieder lebendig.[6] Der jetzige
Papst Paul VI. und in seinen Spuren der lateinamerikanische
Episkopat verkörpern wohl den schwierigen Versuch, diesen fast
nicht zu vereinbarenden Richtungen Rechnung zu tragen.[7]
Fast ein Jahrzehnt nach dem Treffen von Medellín haben sich die
Hoffnungen des lateinamerikanischen Episkopates auf eine friedliche Sozialisierung nicht erfüllt. Obwohl technische Fortschritte
und wirtschaftliche Entwicklungen in einigen Ländern festzustellen sind, bleiben noch für einen großen Teil der Bevölkerung die
unmenschlichen Erscheinungen der »institutionalisierten Gewalt«.[8]
Die wiederholte und dringende Aufforderung an die Christen, sich
für die Durchsetzung der Gerechtigkeit einzusetzen, hatte keine
große Beachtung von seiten vieler Machtbesitzer, die ihre privile-
gierten Herrschaftspositionen auf Kosten der Unterdrückten weiter verstärkt haben.
Viele Christen, die nach der pastoralen Orientierung im Medellín-
Dokument das liberal-kapitalistische System zu verändern versuch-
ten, sind mit einer brutalen Repression konfrontiert. Chile nach
dem Sturz Allendes kann als Beispiel dieser Repression gelten, die,
wenn nicht in einem solchen skandalösen Ausmaß, noch in vielen
lateinamerikanischen Ländern unter verschiedensten Umständen
herrscht.

2. Bewegung »Christen für den Sozialismus«

a) Die politische Rationalität und der Glaube

Das Jahr 1972 bedeutete einen Höhepunkt in den Hoffnungen der
lateinamerikanischen Sozialisten. Kuba, Chile und in gewissem
Grade Peru galten vielen im Befreiungsprozeß engagierten Christen als Zeichen eines sozialistischen Lateinamerikas. Diese Hoffnungen ließen sich im Schlußdokument des 1. Treffens »Christen
für den Sozialismus« in Santiago de Chile (23.–30. 4. 1972)
ausdrücken.[9]
Wir werden jetzt einige Punkte dieses Dokumentes analysieren, um
die Reflexion über die revolutionäre Gewalt weiter zu vertiefen.
Die in Santiago de Chile mehr als 400 versammelten Christen, von
denen 170 Priester, bekennen sich entschieden zum »echten
Sozialismus« als der bisher einzigen Form, eine totale Befreiung
Lateinamerikas zu erreichen (CfS I, 1.20). Der Sozialismus, dessen
Aufbau angestrebt wird, soll lateinamerikanisch und kritisch-mar-
xistisch sein: »In diesem Sinne stellen die kubanische Revolution

110

und der sozialistische Prozeß in Chile eine Rückkehr zu den Quellen des Marxismus und eine Kritik am traditionellen marxistischen Dogmatismus dar« (CfS I, 1.19). In diesem Dokument wird aber nicht ausführlich beschrieben, worin die Schwerpunkte solcher Kritik bestehen. Ein Grund dafür könnte wohl im schöpferischen Merkmal dieses kritischen Sozialismus liegen, dessen Einzelheiten erst in dem dazu führenden Prozeß entdeckt werden können: »Der Sozialismus ist keine Sammlung historischer Dogmen, sondern eine ständig fortzuentwickelnde kritische Theorie der Ausbeutungsbedingungen und eine revolutionäre Praxis, die durch die politische Machtübernahme von seiten der ausgebeuteten Massen zur sozialen Aneignung der Produktions- und Finanzmittel und zu einer globalen und rationalen Wirtschaftsplanung führt« (CfS II, 1.6). Zur Durchsetzung des Sozialismus wird ein strategisches Bündnis zwischen den revolutionären Christen und den Marxisten im lateinamerikanischen Befreiungsprozeß vorgeschlagen. »Dieses strategische Bündnis bedeutet ein gemeinsames Vorgehen in einer gemeinsamen politischen Aktion auf dasselbe geschichtliche Befreiungsprojekt hin« (CfS I, 3.7).

Über die von uns aufgeworfene Frage der »revolutionären Gewalt« spricht das Dokument nur beiläufig, als es die – seitens der herrschenden Kultur – ideologische Verwendung des Evangeliums aufdeckt, die darin bestehe, das Bild einer »pazifistischen Gesellschaft« zu verbreiten und infolgedessen die Zusammenarbeit und den Dialog zwischen Klassen und Völkern als evangeliumsgemäß zu erklären. »Auf diese Weise bleibt die institutionalisierte Gewalt des Systems verborgen und wird die Benennung ›Gewalt‹ nur auf den Kampf gegen die herrschende Klasse und auf den revolutionären Kampf begrenzt« (CfS II, 2.8).

Obwohl das Dokument sich auf die Linie heldenhafter lateinamerikanischer Befreier und Guerrilleros, unter ihnen Camillo Torres und Che Guevara, stellt (CfS I, 2.1), wäre es oberflächlich, daraus zu schließen, daß die »Christen für den Sozialismus« für die bewaffnete Revolution Stellung nehmen.[10] Neben der kubanischen Revolution wird im Dokument auch der chilenische Weg zum Sozialismus hoffnungsvoll erwähnt (CfS I, 1.19). Wohlgemerkt hätte 1972 ein starkes Bündnis der Christen mit den Marxisten, wie im Dokument vorgeschlagen ist, diesen Weg erheblich erleichtert. Das Dokument aber nimmt zur Frage der »revolutionären Gewalt« aus offensichtlichen – strategischen und prinzipiellen – Gründen keine Stellung. Aus der Perspektive des angestrebten sozialistischen Bündnisses wäre eine Stellungnahme der Christen zur Frage der Gewalt überflüssig und hätte sogar eine störende Wirkung auf die schon geschichtlich gespannten Beziehungen zwischen Christen und Marxisten. Von einem marxistischen Standpunkt her hat eine bloß theoretische Diskussion zu dieser Frage aus historischen materialistischen Günden wenig oder sogar keinen Sinn. Nicht eine vorgefertigte Theorie, sondern die Rationalität des Klassenkampfes in der Praxis selbst wird die Strategie des Kampfes dialektisch bestimmen. Die »Christen für den Sozialismus« versuchen sich in diese marxistische Perspektive kritisch zu versetzen. Der Klassenkampf wird als eine Grundtatsache anerkannt, deren Analyse als »hermeneutischer Schlüssel zur objektiven und wissenschaftlichen globalen Interpretation der Strukturen Lateinamerikas« dienen soll (CfS II, 1.2). Ferner wirkt die Rationalität des Klassenkampfes als ein historisch-determinierendes Prinzip: »Die gegenwärtige Situation aller Menschen des (lateinamerikanischen) Kontinentes, und somit der Christen, ist bewußt oder unbewußt durch die historische Dynamik des Klassenkampfes im Befreiungsprozeß determiniert« (CfS I, 1.15).

Für die »Christen für den Sozialismus« hat der Glaube eine wichtige Funktion innerhalb der revolutionären Praxis. Nach ihrer Meinung besteht sogar eine Konvergenz zwischen der Radikalität des Glaubens und der Radikalität des politischen Engagements, wobei eine fruchtbare Interaktion zwischen dem Glauben und der politischen Rationalität zustande kommt. »Der christliche Glaube wird zu kritischem und dynamischem revolutionären Ferment« (CfS II, 3.2). Der Glaube leistet so einen wichtigen Beitrag zum Aufbau einer qualitativ anderen Gesellschaft und zur Schaffung des neuen Menschen. Als orientierende Hinweise dieses Beitrages werden im Dokument folgende erwähnt: »Der Glaube verstärkt die Forderung, daß der Klassenkampf entscheidend auf die Befreiung aller Menschen, vor allem der am schlimmsten Unterdrückten, zielt, und unterstreicht die Orientierung auf eine globale Umwandlung der Gesellschaft und nicht nur der wirtschaftlichen Strukturen« (CfS II, 3.2).

Dieser christliche Beitrag, so betont ausdrücklich das Dokument, geschieht ausschließlich durch die im Befreiungsprozeß engagierten Christen und erst in der revolutionären Praxis selbst. »Die Spezifizierung des christlichen Beitrages darf nicht als etwas der Praxis Vorangehendes betrachtet werden, das der Christ als etwas schon Fertiges bei seinem Eintritt in die Revolution mitbringen würde. Was geschieht, ist folgendes: Im Laufe der revolutionären Erfahrung offenbart sich der Glaube als Schöpfer neuer Beiträge, die außerhalb des Prozesses weder der Christ noch irgendjemand sonst hätte vorhersehen können« (CfS II, 3.2).[11]

Wenn wir jetzt die allgemeine Reflexion der »Christen für den Sozialismus« über die Interaktion zwischen dem christlichen Glauben und der politischen Rationalität innerhalb des revolutionären Engagements auf die spezifische Frage der »revolutionären Gewalt« anwenden, kommen wir zu folgenden Ergebnissen:

1. Entscheidungen über die »revolutionäre Gewalt« werden erst in der geschichtlichen Praxis erörtert und anhand von Analysen der konkreten Situation durch die Rationalität des Klassenkampfes hermeneutisch erleuchtet und dialektisch-determinierend getroffen, wobei die engagierten Christen ihren im Licht des Glaubens kritischen und schöpferischen Beitrag leisten werden.

2. Offen bleibt die Frage der Interaktion zwischen Glaube und Rationalität, d. h. konkret: inwiefern sind die engagierten Christen unter den schwierigen Umständen der revolutionären Praxis wirklich frei, um den Beitrag ihres Glaubens geltend zu machen? Wird die Rationalität des Klassenkampfes, die nach der marxistischen Perspektive einen hermeneutischen und dialektisch-determinierenden Vorrang hat, die geistliche Entfaltung des Glaubens respektieren? Wie werden die engagierten Christen, die in konkreten Problemen der »revolutionären Gewalt« anders als die Marxisten denken, zu einer fruchtbaren Interaktion mit ihnen kommen können?[12]

3. Erhebliche Bedenken erweckt die im Dokument aufgeführte Formulierung über die Beschränkung der Fruchtbarkeit des Glaubens nur innerhalb der revolutionären Praxis, die die »Christen für den Sozialismus« befürworten. Streng interpretiert wäre diese Formulierung ein Anspruch auf die Ausschließlichkeit des Glaubens seitens dieser Bewegung und eine ausschließende Intoleranz gegen andere Christen und Bewegungen, die auch im Befreiungsprozeß, wenngleich mit anderen Meinungen beispielsweise in der Frage der »revolutionären Gewalt«, engagiert sind.[13]

Diese kritischen Anfragen weisen auf ein wichtiges theologisches Problem hin, nämlich das hermeneutische Grundproblem des Verhältnisses zwischen Glaubensverständnis und gesellschaftlicher Praxis, das zwar im Dokument unter dem Titel »Der Glaube im revolutionären Engagement« reflektiert und versuchsweise gelöst wurde (CfS II, 3), aber dessen Lösung, wie in der Anwendung auf die dargestellte Frage der »revolutionären Gewalt« gezeigt worden ist, sich als nicht zufriedenstellend erweist. Nach dieser Lösung läuft der Glaube die Gefahr, in der revolutionären Praxis vernachlässigt, sogar unterdrückt zu werden, was sicher gegen die Absichten der »Christen für den Sozialismus« ist.

All dies ohne die historische Bedeutung eines Dokumentes zu verkennen, dessen vielleicht größter Wert darin besteht, daß zum ersten Mal in der Geschichte des Christentums eine interkonfessionelle, auf kontinentaler Ebene organisierte Gruppe lateinamerikanischer Christen eine im Glauben reflektierte Option für den Sozialismus traf. Ein Beweis dafür ist schon gegeben in der Resonanz, die dieses Dokument vor allem in Europa gefunden hat,[14] aber seine vollen Auswirkungen für die Zukunft der christlichen Kirchen und überhaupt für die Welt sind heutzutage noch nicht abzusehen. Das Bild der christlichen Kirchen, die trotz ihres in den letzten Jahren erklärten Distanzierens vom (liberal-)kapitalistischen System immer noch im reformierten (neo-)kapitalistischen Lager festgebunden bleiben, hat erst begonnen, vor den Augen vieler engagierter Christen und Marxisten innerhalb und außerhalb Lateinamerikas ein neues Gesicht zu bekommen.

3. Die gewaltlose lateinamerikanische Befreiungsbewegung

a) Allgemeine Darstellung

Während der letzten Jahre sind in Lateinamerika vorwiegend in den ländlichen Basisgemeinden organisierte Gruppen zustande gekommen, die sich im Befreiungsprozeß des Kontinentes aktiv durch gewaltfreie Mittel einsetzen. Diese gewaltlose Befreiungsbewegung, obwohl noch anfänglich, bietet schon originelle Ansatzpunkte für die theologische Reflexion nicht nur über das Problem der revolutionären Gewalt, sondern auch für das des Verhältnisses zwischen dem Glaubensverständnis und der geschichtlichen Praxis innerhalb des lateinamerikanischen Befreiungsprozesses.[15]

Bei der Entstehung dieser Bewegung in Lateinamerika sind zwei zuerst verschiedene, nachher gekoppelte – populäre und elitäre – Strömungen festzustellen. Die erste und ursprünglichere stammt aus der friedlichen Grundhaltung vieler einheimischer Völker Südamerikas, die schon bei der Entdeckung der »neuen Welt« von den spanischen Eroberern bewundert und von ihnen ausgenutzt wurde. Im Gegensatz zur kriegerischen und habgierigen Haltung bis zur Grausamkeit vieler »conquistadores« und Geschäftsleute verhielten sich die Indianer im allgemeinen freundlich und friedlich.[16] Diese Grundhaltung, die während der Kolonialzeit oberflächlicherweise von den Machtbesitzern als Stumpfsinn oder

Feigheitserscheinung interpretiert wurde, gehört wohl zur indianischen Lebens- und Weltanschauung, nach der das Menschliche einen Vorrang hat, der nur hinter dem Sakralen zurücktritt.[17]
Dazu kommt eine tiefe Volksweisheit, die das leidende Volk während seiner jahrhundertelangen Unterdrückung gelernt hat. Ohne Zugang zu den üblichen Mitteln der militärischen, politischen, wirtschaftlichen und sozialen Macht, mit denen das arme Volk unterdrückt, ausgebeutet und ausgenutzt wird, haben die kleinen Bauern, Land- und Industriearbeiter gelernt, daß ein bewaffneter Kampf gegen solche Mißbräuche oft fast völlig aussichtslos ist und nicht selten eine seitens der Machthaber jetzt gerechtfertigte Repression hervorruft.
Nach dieser Erfahrung erweist sich eine nicht-gewaltsame Aktion oft als geeigneter als ein bewaffneter Aufstand, um einen »Angesicht-zu-Angesicht«-Dialog mit dem Herrscher zu erzwingen und kraft der Argumente, die auf der Gerechtigkeit und Wahrheit beruhen, möglicherweise die Situation zu verbessern.
Die elitäre Herkunft der lateinamerikanischen gewaltfreien Bewegung zeigte sich in der von M. Gandhi stark inspirierten »Gewaltlosigkeit«, die während der sechziger Jahre in Lateinamerika von einigen vorwiegend christlichen Intellektuellen verbreitet wurde. Helder Câmara dürfte wohl der bekannteste Pionier der lateinamerikanischen Gewaltlosigkeit sein.[18] Diese zweite Herkunft aber bemühte sich bald, der populären Strömung in einer wechselseitig fruchtbaren Symbiose entgegenzukommen. Schon 1971 bei dem ersten lateinamerikanischen Treffen der gewaltlosen Gruppe in Alajuela, Costa Rica, sahen die Delegierten die Notwendigkeit des Überganges der bisherigen vorwiegend elitären Organisation zu einer Volksbewegung, und das zweite Treffen, diesmal über die »Strategien gewaltloser Befreiung in Lateinamerika« in Medellín 1974 stellte fest, daß diese Absicht einigermaßen verwirklicht wurde und eine, obwohl noch anfängliche, eigenständige lateinamerikanische Befreiungsbewegung zustande gekommen war, die sich von der pazifistischen Gewaltlosigkeit europäischer und US-amerikanischer Herkunft in wichtigen Punkten unterscheiden ließ.[19] Hier werden einige wichtige Grundzüge dieser erneuerten Bewegung dargestellt:
1. Die spontanen, meist kurzlebigen isolierten Aktionen der gewaltlosen Gruppen wurden jetzt nicht nur besser organisiert und durchgeführt, sondern auch im Rahmen des lateinamerikanischen Befreiungsprozesses verstanden, wobei die Beiträge der sozio-politischen »Dependenz-Theorien« zur globalen Analyse und zur Überwindungsstrategie der Abhängigkeits-Situation Lateinameri-

kas kritisch berücksichtigt wurden. Der Befreiungsprozeß wird in Richtung eines menschlichen, demokratischen Sozialismus orientiert.[20]

2. Im Gegensatz zur früheren elitären Führung wird jetzt ausdrücklich betont, daß die Träger der Befreiungsbewegung die Unterdrückten selbst sind und infolgedessen die ausgebildeten Experten und andere Intellektuelle eine sekundäre begleitende Rolle übernehmen sollen. Um dieses Grundprinzip konsequent durchzuführen, wird die »concientización«, d. h. die Bewußtseins- und Gewissensbildung der einzelnen Menschen in den Basisgemeinden, als unentbehrliche Vorraussetzung und ständige Bedingung für die gewaltfreie Aktion anerkannt.

Anhand der vorliegenden Umstände, in denen die Gemeinde sich befindet, werden die Gemeindemitglieder durch eine befreiende Erziehung und Evangelisierung ihrer bisherigen naiv gelebten Verhältnisse zu ihrer Umwelt kritisch bewußt. Der hermeneutische Pol Unterdrückung – Befreiung, der früher von der herrschenden Kultur durch ideologische Erklärungen sorgfältig weggezaubert war, erscheint jetzt klar im Gewissen der Unterdrückten im Bezug auf ihre Mitmenschen und ihre soziale, politische, wirtschaftliche, religiöse und kulturelle Umwelt. Infolgedessen werden in der Gemeinde Kriterien erarbeitet, um die globale Situation und die einzelnen Probleme zu beurteilen, die Verbesserungs- bzw. Veränderungsalternativen zu diskutieren und die dafür erforderlichen Entscheidungen zu treffen.[21]

3. Die in diesen Gemeinden und Gruppen unternommenen gewaltfreien Aktionen haben bewiesen, daß lokale Strategien konkrete Unterdrückungs-Situationen wirksam beseitigen können. Zum Beispiel Aufrichtung gemeinschaftlicher Selbstverwaltungen, Erzeuger- und Verkaufskooperativen, unbewaffnete Besitzübernahme ungerecht gehaltenen Landes erwiesen sich als erfolgreich bei der Bekämpfung der Abhängigkeit von Zwischenhändlern und Ausbeutung von Großgrundbesitzern. Auch dort, wo wegen der Repression eine erfolgreiche Aktion nicht möglich war, wurde die Einstimmigkeit und Hilfsbereitschaft der Gemeindemitglieder und dadurch das gemeinsame Leben stark verbessert. Die Bewegung bemüht sich jetzt durch Schulungs- und Fortbildungskurse die Strategien, die Organisation und Koordination der gewaltfreien, im Befreiungsprozeß engagierten Gruppen zu fördern.[22]

b) Die gewaltfreie Aktion

Nach dem in der Öffentlichkeit noch vor wenigen Jahren verbreiteten Bild war die Gewaltlosigkeit eine pazifistische elitäre Organisation, fast wie eine Sekte, deren eingeweihte Mitglieder zwar eine persönliche – aus welchen Gründen auch immer – motivierte Mystik gegen die Waffengewaltanwendung besaßen, aber ohne eine wissenschaftliche Begründung, die den anderen Menschen überzeugenderweise vermittelt werden konnte.

Die gewaltfreie lateinamerikanische Befreiungsbewegung bemüht sich durch eine grundlegende Reflexion ihre Motivierung kritisch zu überprüfen. Der Verzicht auf die Waffengewaltanwendung, so wichtig er sein kann, darf nicht zum unbegründeten negativen Grundprinzip werden, sondern im Rahmen eines positiven globalen Konzeptes infolge der in der Praxis erfahrenen menschlichen und christlichen Grundüberlegungen verstanden werden:

1. Die gewaltlose Befreiung ist ein Konzept integraler und radikaler Veränderung jedes Menschen und der Gesellschaft, eine geistig-politische Revolution, in der vor allem der absoluten Achtung vor dem menschlichen Leben und dem demokratischen Handeln, d. h. der schöpferischen Entfaltung und Mitverantwortung jedes einzelnen, größte Bedeutung beigemessen wird.[23]

2. Beim »Concientización«-Prozeß in den Basisgemeinden wird dieses anthropologische Grundprinzip existentiell erfahren: der Mensch ist ein Gewissenswesen, d. h. jeder Mensch als Mensch, der er ist, hat ein Gewissen, das vielleicht falsch informiert, verbildet, unterdrückt, aber trotzdem ansprechbar und infolgedessen veränderbar ist. Die kritisch-bewußtwerdenden Gemeindemitglieder verstehen jetzt nicht nur ihre Unterdrückungssituation, sondern auch die noch schlimmere geistige Versklavung, unter der ihre Unterdrücker leiden, die infolgedessen einer tiefgreifenden Befreiung bedürfen.[24]

3. Christlich gesehen erscheint Jesus als der Befreier, der gegen die Bösen entschieden kämpft, aber mit einer unbewaffneten, prophetischen Gewalt, die die Hoffnung auf die Bekehrung der Sünder nicht endgültig verloren weiß.

Die Liebe zu den Feinden, das ›Novum‹ des Evangeliums, verwies auf die Kraft der Liebe Christi, der bis zum Ende sich hingibt. Sein Tod ist das ›Zeugnis‹ dieser unermeßlichen Liebe, die am Ende gegen alle hoffnungslosen Erwartungen eine befreiende Wirkung mit sich bringt.[25]

4. Aus diesen anthropologischen und theologischen Überlegungen ergibt sich ein ethisches Prinzip: die absolute Achtung vor dem Leben eines jeden Menschen, vor allem des ungerecht Unterdrückten, aber auch des Unterdrückers. Hierin wurzelt der Glaube an die Kraft der waffengewaltfreien Aktion, die direkt auf der Gerechtig-

keit, Wahrheit und Liebe beruht und auch die Befreiung des Unterdrückers nicht ausschließt.

»Die subversive Gewalt mit Waffen erzieht als Herrschaftspädagogik: der Herrscher wird ausgeschaltet und sein Platz wird von einem neuen Herrscher besetzt. Die prophetische subversive Gewalt erzieht als Befreiungspraxis: der Herrscher wird in der Befreiung des Beherrschten vermenschlicht.«[26]

5. Die gewaltfreie Aktion zielt nicht primär auf die ungerechten Strukturen, die abgeschafft werden sollten, sondern direkt auf die Menschen, die für diese Ungerechtigkeit Verantwortung tragen, damit sie selbst einmal in ihrem Gewissen befreit, die unterdrückerischen Strukturen beseitigen.

»Der Ausgangspunkt der Revolution ist immer das menschliche Gewissen, jener Teil des Menschen, der verwundbar, der veränderbar ist, von dem die Entscheidungen für die neue Gesellschaft ausgehen. Daraus ergibt sich die Erkenntnis, daß eine wirkliche Veränderung der Situation nur dann vor sich gehen kann, wenn gleichzeitig Haltungen und, davon abhängig, Strukturen in diesen Ländern verändert werden.«[27]

c) Zusammenfassende kritische Bemerkungen

Die erneuerte gewaltlose lateinamerikanische Befreiungsbewegung verdient zweifellos die Aufmerksamkeit der Christen mehr, als bis jetzt der Fall war, gerade weil in dieser Bewegung das Ethische, ja sogar das spezifische Christliche im Vordergrund ihrer Absichten steht. Die gewaltfreie Aktion, richtig verstanden und konsequent geübt, ist befreiend schon im Befreiungsprozeß, gerade weil dort die Menschen die Kraft der Gerechtigkeit, der Wahrheit und der Liebe spüren. Der unbewaffnete Befreiungskampf läßt immer die Tür offen für die erhoffte wahre Versöhnung, die nur unter der Bedingung der Bekehrung des Unterdrückers stattfinden kann, womit in der gegenwärtigen strukturellen Ungerechtigkeit rein rationell gesehen nicht zu rechnen ist. Aber das ist gerade das spezifische Christliche, das gegen alle menschlichen Erwartungen die verheißene Hoffnung nicht aufgibt.

Trotz dieser tiefen menschlichen und christlichen Einsichten gibt es in der gewaltlosen lateinamerikanischen Befreiungsbewegung wichtige Punkte, die eine Vertiefung benötigen, um es zu vermeiden, daß die Bewegung rein utopisch wird – man denkt an die »utopischen Sozialismen« des vorigen Jahrhunderts – oder sogar ideologisch von den reaktionären Kräften instrumentalisiert wird. Hier werden einige kritische Bemerkungen als Orientierungshinweise dargestellt:

1. Das Hauptmerkmal der Bewegung soll keineswegs passiv noch negativ sein, wie die Benennung »Gewaltlosigkeit« den Eindruck erweckt. Neue aktive und positive Bezeichnungen, die dem radikalen und wirksamen Engagement im Befreiungsprozeß entsprechen, wie z. B. »unbewaffnete revolutionäre Gewalt«, »friedliche befreiende Gewalt«, wären zu entwickeln.

2. Die Bewegung braucht eine Vertiefung des »Politischen«, wo sich das »Ethische« verkörpern muß. Die Betonung der Wichtigkeit des menschlichen Gewissens als Ausgangspunkt der Revolution ist ein legitimer Anspruch der Bewegung, aber dieser Anspruch darf nicht vergessen, daß das Gewissen auch von den Strukturen bedingt ist. Ohne sie zu verändern, bleibt es fast unmöglich, die Menschen von ihrer materiellen und geistigen Versklavung frei zu machen. Die Rezeption der Sozialwissenschaften ist noch anfänglich und einige Probleme, wie z. B. die Eingliederung der Bewegung in das politische Leben des Landes, sind sogar theoretisch noch nicht anvisiert. Die Bewegung befindet sich in einer ersten Phase, in der die Basisgemeinden gesellschaftliche Organisationen mit einer gewissen Selbständigkeit werden in Anbetracht der »neuen Gesellschaft«, wo sie eine wichtige Rolle haben müssen. Aber es ist noch nicht gedacht, wie diese Gemeinden mit politischen Parteien und Organisationen zusammenarbeiten können. Hier gibt es eine beachtliche Lücke, die gefüllt werden muß, sonst könnte diese Bewegung indirekt das etablierte System unterstützen, was sicher gegen die Einsichten der Befreiung wäre. Eine Auseinandersetzung mit anderen Befreiungsbewegungen, besonders mit den »Christen für den Sozialismus«, könnte eine wechselseitige fruchtbare Wirkung haben.

3. Auch eine Vertiefung der theologischen Intuitionen, die hinter dieser Bewegung liegen, kann die Theologie innerhalb der Befreiungspraxis bereichern. Besonders wichtig scheint die Begeisterung, mit der in den Basisgemeinden das Evangelium gelesen und ausgelegt wird. Diese Begeisterung sollte nicht in eine fast materielle »Nachahmung« Jesu oder der Urgemeinde, sondern tiefer in eine »Nachfolge« des Herrn einmünden, die seine eigensten Absichten in unsere heutigen kulturellen und politischen Kategorien übersetzt. Hier sind noch wichtige Probleme zu lösen, z. B. die Beziehung zwischen Glaube und Rationalität, zwischen Marxismus und Christentum u. a., die im Rahmen des hermeneutischen Grundproblems der Theologie, nämlich das des Verhältnisses

zwischen dem christlichen Glauben und der geschichtlichen Praxis, einzubeziehen sind.

Schlußfolgerung

Anhand der Orientierungspunkte des Lateinamerikanischen Episkopates 1968 in Medellín haben wir die Stellungnahme zum Problem der »revolutionären Gewalt« in zwei lateinamerikanischen Bewegungen christlicher Inspiration, nämlich »Christen für den Sozialismus« und die »Gewaltlose Befreiungsbewegung« analysiert und theologisch ausgewertet. Es gibt eine Übereinstimmung bei der Verurteilung und Bekämpfung der »institutionalisierten Gewalt«, die direkt oder indirekt zum großen Teil auf die Mißbräuche und noch tiefer auf die Grundprinzipien des in Lateinamerika praktizierten liberal-kapitalistischen Systems zurückzuführen ist. Die Aufhebung dieser schwerwiegenden Ungerechtigkeit kann nur durch einen globalen Strukturwandel im Rahmen eines Sozialisierungsprozesses geschehen. Dieser Prozeß führt nach den zwei oben genannten Befreiungsbewegungen – was eine Spezifizierung der in Medellín vorgeschlagenen Sozialisierung bedeutet – zu einem lateinamerikanischen humanen, wahrhaftig demokratischen Sozialismus, der kritisch den historischen Fehlerscheinungen des totalitären Kommunismus gegenübersteht.

Die Stellungnahme zur Frage der dazu erforderlichen »revolutionären Gewalt«, sei sie bewaffnet oder unbewaffnet, ist in den zwei Befreiungsbewegungen verschieden. Aus der Perspektive des Bündnisses mit den Marxisten betonen die »Christen für den Sozialismus« die Notwendigkeit, die politische Rationalität des Klassenkampfes als hermeneutisches und dialektisch-determinierendes Prinzip anzuerkennen und konsequenterweise in die revolutionäre Praxis einzusteigen. Erst so kann der christliche Glaube seinen dynamischen und kritischen Beitrag zur Revolution leisten. Näheres über die Frage der »revolutionären Gewalt« wird im Dokument der »Christen für den Sozialismus« – aus offensichtlichen strategischen und prinzipiellen Gründen – nicht gesagt. Diese Bewegung hat das Verdienst, eine neue Ära in den Beziehungen zwischen Christen und Marxisten einzuschlagen und der theologischen Reflexion neue Impulse für ein fruchtbares Gespräch mit den Sozialwissenschaften anzubieten.

Nichtsdestoweniger sollen die Christen auf die Gefahr aufmerksam gemacht werden, daß die politische Rationalität des Klassenkampfes einen Vorrang vor dem Glauben hätte, wie aus einigen vagen

Formulierungen des Dokumentes vorschnell gefolgt werden könnte. Eine solche Interpretation wäre eine Vernachlässigung des Glaubens und sogar seine Reduzierung auf eine kritisch-marxistische revolutionäre Praxis, was gegen die Absicht der »Christen für den Sozialismus« selbst ist. Deshalb braucht diese Bewegung eine tiefere Reflexion über die Artikulierung zwischen dem christlichen Glauben und der politischen Praxis, damit der Glaube, von diesen Einschränkungen befreit, seinen kritischen und dynamischen Beitrag zum Befreiungsprozeß wirklich leisten kann. Auch die Frage der »revolutionären Gewalt« müßte im Licht des Glaubens explizit erleuchtet werden als wichtige Orientierungshilfe für die engagierten Christen in ihren schmerzhaften Gewissenskonflikten in der Befreiungspraxis.

Für die erneuerte »Gewaltlose lateinamerikanische Befreiungsbewegung« ist die (waffen)gewaltfreie Aktion der richtige Weg zur wahren Befreiung. Eine bewaffnete Revolution verstöße gegen die anthropologische Grundauffassung, der Mensch sei ein ansprechbares und veränderbares Gewissenswesen, und gegen das Novum des Evangeliums, den Feind nach dem Beispiel des Herrn zu lieben.

Nur so kann die Geschichte von dem Teufelskreis der Waffengewaltanwendung, die die Menschheitsgeschichte in eine Unheilsgeschichte umzuwandeln droht, befreit werden. So lobenswert aus einer humanistischen und christlichen Perspektive diese Absicht sein kann, soll diese Bewegung ihre Aufmerksamkeit mehr auf das Politische lenken, damit diese gutgemeinte Betonung des Ethischen nicht in eine außerhalb der Geschichte gestellte Utopie einmündet oder sogar von den reaktionären Kräften als Ideologie benutzt wird. Eine philosophisch-theologische Reflexion im Gespräch mit den Human- und Sozialwissenschaften müßte das Verhältnis zwischen dem Ethischen und dem Politischen im Befreiungsprozeß klarer erleuchten.

Erstaunlicherweise – so kann man schließen – spiegeln die zwei dargestellten Bewegungen die zwei Strömungen wider, die im Schlußdokument von Medellín als Orientierungspunkte zur Lösung des Problems der »revolutionären Gewalt« angedeutet wurden. Die charismatische Verurteilung aller Waffengewalt als weder christlich noch »evangeliumsgemäß« zeigt sich in der »Gewaltlosen lateinamerikanischen Befreiungsbewegung« als gewaltfreie Aktion. Andererseits kann die ausnahmsweise, »vernunftgemäß« gerechtfertigte Legitimierung der bewaffneten Revolution unter der politischen Rationalität der Praxis, die die »Christen für den Sozialismus« so stark betonen, subsumiert werden.

Die Frage der »revolutionären Gewalt« erweist sich als Schlüssel zu einem konkreten Verständnis des hermeneutischen Grundproblemes des Verhältnisses zwischen dem christlichen Glauben und der politischen Rationalität, das trotz aller bisher unternommenen Versuche für viele engagierten Christen noch unklar bleibt.

Es ist also hochwichtig und -dringend, eine theologische Reflexion in der engagierten Praxis einzuschlagen, die in einer zufriedenstellenden Weise den Glauben und die Rationalität in den jeweiligen Eigenarten berücksichtigt und den für die Christen bedingungslosen Charakter des Glaubens gewährleistet.

Wir hoffen, daß im Befreiungsprozeß Lateinamerikas die Rationalität und die Spiritualität sich gegenseitig nicht ausschließen, sondern in der einzigen Option für das Reich Gottes und seine Gerechtigkeit, das endgültig uns in Jesus Christus geschenkt wird, zusammentreffen werden.

Jon Sobrino

Theologisches Erkennen in der europäischen und der lateinamerikanischen Theologie

In dieser Arbeit wollen wir einen Vergleich zwischen der europäischen und der lateinamerikanischen Theologie anstellen, nicht so sehr bezüglich ihres Inhaltes oder der verschiedenen Methoden, welche sie zur Analyse benutzen, sondern in bezug auf das theologische Erkennen selbst, seine Bedeutung, seine Vorgangsweise und die Folgen, welche von einem bestimmten Begriff dessen, was Erkennen ist, herrühren. Aber bevor wir uns diesem Vergleich zuwenden, ist es nötig, einige Anmerkungen vorauszuschicken.

1. Wenn auch mit ausdrücklichem Vorbehalt können wir die »europäische« Theologie beschreiben als eine Theologie, welche in Mitteleuropa entwickelt worden ist und die allgemein als progressiv bezeichnet wird. Unter »lateinamerikanischer« Theologie verstehen wir die Theologie der Befreiung mit ihren verschiedenen Spielarten.

2. Um einen Vergleich zwischen der lateinamerikanischen und der europäischen Theologie herzustellen, scheint es uns besonders wichtig, bis zur Wurzel theologischen Erkennens vorzudringen, welche sich erst später in einer Vielfalt von Methoden, Analysen und Hermeneutiken ausdrücken und konkretisieren wird. Dieses tiefste Fundament theologischen Erkennens wollen wir von zwei Gesichtspunkten her erhellen: (1) wenn wir voraussetzen, daß das theologische Erkennen christlich und nicht bloß ein Sonderfall jedes Erkennens überhaupt ist, dann fragen wir uns, wie die christliche Wirklichkeit das theologische Erkennen in beiden Theologien beeinflußt; (2) wir fragen uns auch, welches theologische Interesse letztlich dazu antreibt, theologisch zu erkennen.

3. Um unseren Vergleich anzustellen, wollen wir unsere Aufmerksamkeit auf drei Punkte richten, welche durch die christliche Wirklichkeit selbst erfordert werden; d. h. auf einen dreifachen Gehalt, dessen Widerhall im theologischen Erkennen es als christlich ausweist und welchen man vorzüglich aus einer Betrachtung der Geschichte Jesu erhält: (1) der befreiende Charakter der Geschichte Jesu, welcher auf das epistemologische Problem der befreienden Bedeutung des theologischen Erkennens oder auf das

Problem des treibenden Interesses verweist; (2) die Dialektik zwischen Anwesenheit und Zukünftigkeit des von Jesus verkündeten Reiches Gottes, welche auf das epistemologische Problem der Beziehung zwischen Theorie und Praxis verweist; (3) die Differenz zwischen christlicher Religion und christlichem Glauben oder, theologisch ausgedrückt, die Dialektik zwischen Kreuz und Auferstehung, welche auf das Problem des epistemologischen Bruchs mitten im theologischen Erkennen selbst verweist.

4. Was den zweiten Punkt angeht, den wir vorhin als Kriterium, um beide Theologien zu vergleichen, erwähnten, so wollen wir auf der Wichtigkeit der Frage bestehen: welches Interesse treibt das theologische Erkennen an, warum treibt man Theologie? Das impliziert auch die Frage: für wen und von wessen Standpunkt her erkennt man theologisch? Diese Fragen setzen voraus, daß das theologische Erkennen, das als Erkennen noch eine gewisse Autonomie besitzt, immer in einem Realitätszusammenhang begegnet. Das Erkennen ist nie, weder von der Praxis noch von der Bewertung her, neutral; immer enthält es implizit oder explizit einen praxisbezogenen und ethischen Charakter.

Wir halten es vorerst für grundlegend, der praxisbezogenen und ethischen Option des Erkennens selbst nachzugehen und zu entdecken, was im Verständnis des Erkennens selbst an praxisbezogener und ethischer Option vorhanden ist. Deshalb erscheint es uns als eine Schlüsselfrage, beim Vergleich verschiedener Theologien miteinander zu fragen, welches Interesse real und nicht intentional die verschiedenen Arten theologischen Erkennens in Gang setzt.

1. Der »befreiende« Charakter des theologischen Erkennens

Immer wenn die Theologie christlich über die Wirklichkeit reflektiert hat, zeigte sich, daß die konkrete Wirklichkeit nicht das ist, was sie sein sollte, weil die Negativität besteht, welche sich konkret als Sinnlosigkeit, Sünde, Tod usw. ausdrücken kann. Zwischen der im Glauben ausgesagten Wahrheit und der negativen Wirklichkeit besteht weder Komplementarität noch Dialektik, sondern strikter Widerspruch. Daher hat der christlichen Existenz und der Theologie immer die Erörterung und Verwirklichung von Rettung entsprochen, auch wenn man diese als »Erlösung« oder als »Befreiung« beschrieben hat mit den verschiedenen, schon bekannten Implikationen beider Ausdrücke.

Für den christlichen Glauben und die Theologie ist ihr befreiender Charakter wesentlich. Wir fragen uns nun, wovon und wofür theologisches Erkennen in den verschiedenen Theologien befreit hat und befreit. Eine adäquate Antwort auf diese Fragen würde ein Studium der gesamten Geschichte der Theologie voraussetzen. Aber für unsere Aufgabe, nämlich die europäische mit der lateinamerikanischen Theologie zu vergleichen, können wir mit einer kurzen Analyse des Einflusses der Aufklärung auf den befreienden Charakter theologischen Erkennens beginnen.

Die Aufklärung stellte in erster Linie eine Herausforderung an das theologische Erkennen dar. Aber es ist wichtig, zwei Aspekte an der Bewegung der Aufklärung zu unterscheiden, denn gerade in der Beziehung zur Herausforderung der Aufklärung, nämlich in dem Bemühen um eine Antwort des Glaubens gegenüber der Aufklärung, ist, historisch gesehen, die Entwicklung der modernen Theologie vor sich gegangen. Diese beiden Aspekte können symbolisch dargestellt werden durch die Namen von Kant und Marx. Für Kant ist Aufklärung »der Ausgang des Menschen aus seiner selbst verschuldeten Unmündigkeit«,[1] einer Unmündigkeit, welche sich ausdrückt im fehlenden Gespür für die Notwendigkeit, selbst zu denken, sondern vielmehr in der unkritischen Annahme dessen, was andere für einen denken. Für Kant besteht die Notwendigkeit, den Menschen aus dem bequemen Gefühl des Infantilismus zu befreien, und die Devise der Aufklärung lautet: »Habe Mut, dich deines eigenen Verstandes zu bedienen!«[2] Die Befreiung, die insofern den ersten Aspekt der Aufklärung darstellt, ist die Befreiung der Vernunft von jedem Autoritarismus, die Sehnsucht nach Rationalität, auch wenn Kant eine politische Befreiung im Sinn hatte. Dieser erste Aspekt der Aufklärung ist antitheologisch in dem Sinne, daß er behauptet, sich von jedem Dogmatismus zu befreien, dem der Hl. Schrift eingeschlossen, und das menschliche Bewußtsein von jeder religiösen, außer seiner selbst liegenden Bevormundung zu befreien.

Der zweite Aspekt an der Aufklärung faßt die Befreiung nicht als Autonomie der Vernunft, von der sich angeblich die völlige Befreiung des Menschen abhebt, sondern zielt direkt auf die Befreiung aus dem Elend der Wirklichkeit, was nicht nur eine neue Weise – jetzt nämlich autonom – zu denken erfordert, sondern eine neue Weise zu handeln. Die Befreiung, die man anzielt, ist dann nicht mehr eine Befreiung des Verstandes, sondern eine Befreiung aus dem Elend der Wirklichkeit, welche eine neue Art, die Rolle der Vernunft zu begreifen, erfordert und freisetzt. Es ist auch bekannt, daß dieser zweite Aspekt der Aufklärung ebenfalls antitheologisch war, soweit die Existenz der Religion selbst zugleich Opium des Volks und Ausdruck des wirklichen Elends ist.

Die moderne Theologie hat sich in der Tat im Horizont der Herausforderung durch die Aufklärung entwickelt, indem sie versucht hat, die kritisch-befreiende Bewegung dem theologischen Erkennen einzuverleiben. Von diesem Gesichtspunkt aus kann man zwei Weisen, Theologie zu betreiben, miteinander vergleichen, je nachdem die Herausforderung zur Antwort und Eingliederung der erste oder der zweite Aspekt der Aufklärung gewesen ist, d. h. je nachdem das Interesse, welches als Antrieb im Hintergrund stand, um Theologie zu betreiben, ganz allgemein gesagt, Interesse an der Rationalität oder Interesse an der Umwandlung gewesen ist.

Allgemein kann man behaupten, daß die moderne europäische Theologie sich vorzugsweise am ersten Aspekt der Aufklärung orientiert hat, d. h. daß sie die befreiende Funktion des theologischen Erkennens verstanden hat als Befreiung in erster Linie von jeder dogmatischen Willkür, von jedem Autoritarismus. Bezüglich dieses Anliegens entsteht das Interesse, vor der natürlichen und der historischen Vernunft die Wahrheit des Glaubens aufzuzeigen; oder, negativ ausgedrückt, das Interesse, den Glauben von allem zu befreien, worin man Mythos oder historischen Irrtum vermuten könnte.

Diese Lösungsversuche müssen gemeinhin beanspruchen, auf die Herausforderung der ersten Aufklärung zu antworten und sind in erster Linie in der protestantischen Theologie entwickelt worden. Um nur einige klassische Beispiele zu zitieren: Schleiermacher suchte die Übereinstimmung des Glaubens mit der universalen Wahrheit des religiösen Bewußtseins; die Wissenschaft der Religionsgeschichte suchte die Übereinstimmung des Glaubens mit der historischen Wahrheit anderer Religionen; Harnack suchte die Übereinstimmung zwischen Glaube und Kultur; Bultmann, der eine Reaktion auf die vorangegangene liberale Theologie darstellt, behauptet, der Glaube sei »ein Ja oder Nein, welches begreift«.[3] Barth sucht die Einsichtigkeit des Glaubens, indem er ihn gerade Glauben sein läßt; d. h. indem er ihn innerhalb seiner selbst verifiziert.[4] Unter den zeitgenössischen protestantischen Theologen ist W. Pannenberg der entschiedenste Exponent dieser Art, das theologische Erkennen zu fassen; bei ihm wird offensichtlich, wie die erste Aufklärung das theologische Erkennen beherrscht.

In der europäischen katholischen Theologie kann man grundsätzlich dieselbe Bewegung beobachten, auch wenn ihre Anfänge später liegen als die der protestantischen Theologie, was auf theoretische und besonders praktische Bedingtheiten einer bestimmten Konzeption von Lehramt zurückzuführen ist. Um nur ein bezeichnendes

Beispiel zu zitieren, war das Werk von K. Rahner, unabhängig von seinen großen Verdiensten und auch von seinen Lücken, grundsätzlich seit dem »Hörer des Wortes« und seinen grundlegenden Artikeln über die Inkarnation, die Trinität und die Gnade daraufhin ausgerichtet, auf die erste Aufklärung zu antworten.

Verallgemeinernd können wir behaupten, daß die verschiedenen europäischen theologischen Bewegungen durch die erste Aufklärung bedingt waren und versucht haben, auf sie eine Antwort zu geben. Die Bewegung der Entpositivierung einer Theologie vom Typ Denzinger, die neue exegetische historisch-kritische Forschung, die Dogmeninterpretation, die Entwicklung der verschiedenen Hermeneutiken haben beansprucht, die Theologie vom Autoritarismus zu befreien, vom historischen Irrtum, vom Mythos und von der Verdunkelung der Bedeutung des Glaubens. Diese Bewegungen wurden an sich selbst als befreiend verstanden und wurden von vielen Christen inmitten einer gehobenen Kultur als wirkliche Befreiung ihres Glaubensverständnisses empfunden. Aber die Voraussetzung dafür, daß das theologische Erkennen als befreiend empfunden wurde, bestand darin, daß es seine Aufgabe ist, die Wahrheit des Glaubens zu erklären, und später, als der Sinn des Glaubens sich bedroht sah, darin, daß es seine Aufgabe ist, Sinn zu geben oder, besser gesagt, die verlorene Bedeutung des Glaubens zurückzugewinnen. Diese Sinngebung wird als befreiend erfahren, denn die Krise der Realität wird als Sinnkrise erfahren, und die reale Bedrohung der Wirklichkeit wird für den Glauben subsumiert unter die Sinnkrise und mit einer neuen Interpretation beschworen.

Ohne die Echtheit des befreienden Interesses der europäischen Theologie zu bagatellisieren, muß man sich dennoch fragen, (1) ob der befreiende Charakter des theologischen Erkennens, so verstanden, der christlichen Befreiung gerecht wird, d. h. ob das Tiefste der Befreiung darin besteht, daß man den Glauben vermittels einer neuen Bedeutung befreit, welche prinzipiell koexistieren könnte mit einer nicht befreiten Wirklichkeit; und (2) ob der befreiende Charakter des eben beschriebenen theologischen Erkennens nicht nur nicht seine befreiende Fülle erreicht, sondern daß er das sogar verhindert, indem er voraussetzt, daß das Erkennen im selben Maße befreit, wie es erklärt und der Wirklichkeit Sinn gibt. In diesem Sinn wäre das theologische Erkennen nicht nur nicht zur Gänze befreiend, sondern es würde im Gegenteil ideologisch werden, denn es würde versuchen, das wirkliche Elend der Wirklichkeit mit einer teilweisen Befreiung der Ausübung theologischen Denkvermögens zu verdecken, indem es die Lösung eines wirklichen Problems (die Befreiung aus dem Elend der Wirklichkeit) auf die ideale Ebene (die Wiedergewinnung des Sinns von Glauben) verlagert.

Wenn wir uns jetzt fragen, wie der theologische Gehalt von »Befreiung« das theologische Erkennen in der lateinamerikanischen Theologie beeinflußt, stellen wir sofort große Unterschiede fest. Dabei wollen wir nicht vergessen, daß die lateinamerikanische Theologie, als sie in den sechziger Jahren schöpferisch zu werden begann, bereits von der europäischen Theologie die Fragestellungen über die Beziehung zwischen theologischem Erkennen und Wahrheit und Bedeutung hat übernehmen können, und daß sie diese Probleme zum Teil schon gelöst vorgefunden hat, wenigstens innerhalb des Denkens. Der grundlegendste Unterschied zwischen beiden Theologien besteht darin, daß die lateinamerikanische Theologie einer neuen Problematik zu antworten sucht, welche nicht isoliert diejenige des Sinns von Glauben ist, sondern eine Problematik des Sinns der wirklichen Situation von Lateinamerika, innerhalb welcher sich dann auch das Problem des Sinns von Glauben stellt. Man darf die Intuition nicht geringschätzen, die sich im Titel selbst zeigt, in dem sich der Beginn der lateinamerikanischen Theologie kristallisiert hat. Diese versteht sich nicht an erster Stelle als Theologie des Wortes, der Person oder der Geschichte, sondern als Theologie der Befreiung. Was ausdrücklich das theologische Interesse polarisiert, ist die Sehnsucht nach Befreiung. Die Theologie macht sich bewußt, daß sie Theologie ist, d. h. intellektuelles Urteilsvermögen, soweit es im Dienst der wirklichen Befreiung steht.

Das erste, was auffällt, ist dann, daß die lateinamerikanische Theologie vor der befreienden Bewegung der Aufklärung sich spontan an der Herausforderung orientiert hat, welche die zweite Aufklärung voraussetzt: die befreiende Funktion der Erkenntnis besteht im Grunde nicht darin, zu erklären oder einer bestehenden Wirklichkeit oder einem durch die Situation bedrohten Glauben Sinn zu verleihen, sondern eine Wirklichkeit umzuformen, damit sie endlich Bedeutung hat und auf diese Weise den verlorenen oder bedrohten Sinn des Glaubens wiedergewinnt.[5] In diesem noch sehr allgemeinen Sinn ist der Einfluß von Marx für den Begriff von theologischem Erkennen selbst offensichtlich. Seine berühmte These 11 über Feuerbach erscheint wie das Vorbild des befreienden Wesens der Erkenntnis. Umformen heißt nicht nur eine intelligible Form suchen, um die Wirklichkeit für das Erkennen zu ordnen, sondern dem Elend der Wirklichkeit eine neue Form zu geben. Das theologische Erkennen erscheint dann untrennbar von seinem

praktischen und ethischen Charakter und beschränkt sich nicht
aufs Interpretieren, diesen letzten, infolge der Reaktion auf die
europäische Konzeption bezüglich der Autonomie des Erkennens
etwas vernachlässigten Aspekt.

Von diesem Gesichtspunkt aus könnten wir sagen, daß das
theologische Erkennen der lateinamerikanischen Theologie beansprucht, »der Realität die Stirn zu bieten« in einer Weise, die so real
und so wenig ideologisiert als möglich ist. Aus dieser Perspektive
können wir einige grundlegende Unterschiede zwischen beiden
Theologien feststellen.

1. Im allgemeinen hat die europäische Theologie einen Gegensatz
zur Wirklichkeit intendiert von den Vermittlungen des Denkens
selbst her, wie es die Theologie, die Philosophie und die Kultur sein
können. Der Zugang zur Wirklichkeit ereignete sich im Dialog
(einer Zurückweisung oder kritischen Annahme) mit einem Denk-
typ. Als bezeichnende Beispiele können wir hier anführen, daß der
Fortschritt des europäischen theologischen Denkens intratheolo-
gisch erfolgt ist (Barth in Reaktion auf das liberale theologische
Denken; Bultmann in Reaktion auf Barth; Rahner in Reaktion auf
die verfallende Scholastik usw.); oder daß er erfolgt ist im
kritischen Dialog mit einem bestimmten philosophischen Denken
(Bultmann und Rahner mit dem Existentialismus, Rahner mit der
Transzendentalphilosophie, Teilhard de Chardin mit dem Evolu-
tionismus, Pannenberg mit dem Hegelianismus, Moltmann mit
Bloch und vor noch kürzerer Zeit mit dem Marxismus der
Frankfurter Schule usw.); oder mit einer bestimmten kulturellen
Bewegung (Robinson mit dem Säkularismus, Moltmann mit einer
Konsumkultur usw.). Offensichtlich besteht hinter diesen theolo-
gischen, philosophischen oder kulturellen Bewegungen eine reale
Situation, und die europäische Theologie hat das auch so gesehen,
und deswegen haben wir sie auch als pastoral beschrieben; aber die
Tendenz war doch gewesen, sich der Wirklichkeit vorzugsweise
vermittels des Denkens der Wirklichkeit zu nähern.

Im Gegensatz dazu beansprucht die lateinamerikanische Theologie,
an die Realität, so, wie sie ist, heranzugehen, auch wenn man keine
klare Unterscheidung treffen kann zwischen der Wirklichkeit, wie
sie ist, und der philosophisch, theologisch oder kulturell interpre-
tierten Wirklichkeit. Wenn man z. B. behauptet, daß eine bestimmte Wirklichkeit Sünde ist, hat man tatsächlich mit Hilfe eines
Denkschemas interpretiert, warum und in welchem Sinn sie Sünde
ist. Aber die Optik ist verschieden. In der europäischen Theologie
liegt größtenteils der Nachdruck auf der Analyse der Interpretation
einer Wirklichkeit als Sünde, auf dem Vergleich dieser Interpreta-

tion mit der biblischen Analyse von Sünde usw.; während in der lateinamerikanischen Theologie direkt interessiert, festzustellen, daß es Sünde gibt, und über die Weise zu reflektieren, wie man sie beseitigt. Das theologische Interesse besteht demnach formal nicht darin, so genau wie möglich zu klären, worin das Wesen der Sünde besteht, was eine Welt der Sünde bedeutet und wie die Existenz des Menschen in dieser Welt Sinn haben kann, sondern in der Umformung dieser Situation der Sünde. In diesem Sinn und mit den getroffenen Erklärungen und Vorbehalten, glauben wir, daß die europäische Theologie dahin tendiert hat, sich zur Wirklichkeit als zu einer gedachten Zugang zu verschaffen und sich mit ihr zu konfrontieren, während die lateinamerikanische Theologie darauf abzielt, sich der Wirklichkeit so, wie sie ist, zu stellen, auch wenn sie zu diesem Zweck nicht verzichten kann auf interpretative Schemata.

2. Die europäische Theologie ist mit der Sinnkrise konfrontiert, d. h. dem Widerhall der Sinnlosigkeit der Existenz im Subjekt. Diese Sinnlosigkeit scheint die Einsichtigkeit von allem zu verdunkeln, ob es nun als Natur, als Geschichte oder als Subjekt verstanden wird. Die lateinamerikanische Theologie ist eher interessiert an der Krise selbst, die in der Wirklichkeit vorhanden ist, und nicht so sehr am Echo im Subjekt, welches von dieser Krise ideologisch betroffen werden kann. Man spricht daher vom Elend der Wirklichkeit, der Knechtung, der strukturellen Sünde. Beispielsweise ruft es nicht so sehr Besorgnis hervor, daß der Hunger großer Menschenmassen die aktuelle Welt als sinnlos erscheinen läßt, sondern was Besorgnis erregt, ist die Wirklichkeit des Hungers selbst. Es geht demnach nicht darum, ein interpretatives Schema zu suchen, welches auf irgendeine Weise dem christlichen Glauben Sinn geben soll in einer Welt des Hungers (die Lösungen der alten Theodizee, der Hoffnung auf eine gerechte Welt im Jenseits, ein gewisser Begriff von eschatologischem Vorbehalt, welcher die Unmöglichkeit einer innerweltlichen Verwirklichung der Herrschaft Gottes verkündigt, oder dialektische Sinn –, nicht Aktionsschemata, denen zufolge die Negation für die Synthese notwendig ist); vielmehr geht es darum, der Wirklichkeit »Hunger« die Stirn zu bieten, und nicht der Drohung, die der allgemein gewordene Hunger für den Sinn des Glaubens des Subjekts bedeuten könnte.

Die Wirklichkeit »allgemein gewordener Hunger« theologisch »Sünde« zu nennen, bedeutet offensichtlich schon ein interpretatives Modell, aber das Typische an der lateinamerikanischen Theologie liegt nicht der Schaffung oder Ausarbeitung erklärender Modelle, sondern in der Notwendigkeit, diese Sünde umzuformen. Die interpretativen Modelle gewinnen Bedeutung, soweit sie aus der erfahrenen Wirklichkeit herrühren und auf eine Überwindung des Elends der Wirklichkeit abzielen.

In der europäischen Theologie kann man dahin tendieren, eine Versöhnung des »Hungers« mit dem »Sinn des Glaubens« mittels gerade der Reflexion zu suchen (daher der Aufschwung des theologischen Existentialismus nach dem Weltkrieg), d. h. im theologischen Erkennen selbst. Die lateinamerikanische Theologie fordert, daß diese Versöhnung in der Wirklichkeit stattfindet, außerhalb derer keine ideale Versöhnung einen Sinn hat. In dieser Form die Alternative zwischen Sinnkrise im Subjekt und Krise in der Wirklichkeit selbst darzustellen, löst nicht das schwierige Problem der Autonomie des Erkennens, insofern es Sinn verleiht; aber um die beiden Arten, das theologische Erkennen aufzufassen, miteinander zu vergleichen, genügt es, die verschiedene Sichtweise darzustellen, aus der heraus man die Krise begreift: entweder eher von dem Subjekt her, welches in seinem Sinn durch die Krise der Wirklichkeit bedroht wird, oder eher von der Krise her, welche gerade in der Wirklichkeit selbst besteht. Die erste Sichtweise könnte dazu führen, die Versöhnung des Sinnlosen nur innerhalb des Subjekts zu suchen, die zweite Sichtweise sieht diese Versöhnung nur als möglich an in der Bewältigung der Krise der Wirklichkeit selbst oder wenigstens in dem Versuch, sie zu bewältigen.

3. Aus dieser Perspektive kann man ein Phänomen begreifen, das ständig in Europa Verwunderung hervorruft: das lateinamerikanische Desinteresse an der europäischen Theologie. Es überrascht, daß die lateinamerikanischen Theologen »noch viel radikaler die verschiedenen ›progressistischen‹ Theologien der westlichen Welt ab(lehnen)«.[6] Dieses Desinteresse bedeutet nicht, daß man die europäische Theologie nicht kennt, wie man an den häufigen Zitationen sehen kann, welche die Lateinamerikaner von den Europäern machen. Die Wurzeln dieses Desinteresses liegen tiefer: es fehlt eine Übereinstimmung in der Absicht des theologischen Erkennens. Die lateinamerikanische Theologie bedenkt, daß die europäische Theologie, während sie sich – wenn auch unbewußt, was das Problem noch erschwert – als eine Theologie vom geopolitischen Zentrum der Welt her versteht, das Elend der Wirklichkeit nicht begreifen kann und daß deshalb die europäischen Theologien »in der Tat den gemeinsamen Fehler (haben), unbewußt das Geschäft der westlichen kapitalistischen Gesellschaft zu betreiben«.[7] Von daher folgert man, daß die europäische

Theologie, wenn auch guten Willens, darauf abzielt, das Elend innerhalb des Denkens einer Versöhnung zuzuführen, nicht aber die Wirklichkeit von ihrem Elend zu befreien.

4. Von daher auch der, wenigstens prinzipiell, verschiedene Gebrauch von der Philosophie und den Sozialwissenschaften im theologischen Erkennen.[8] Wenn man das Problem der Theologie darin sieht, Sinn zu geben, dann wendet man sich unwillkürlich der Philosophie zu, traditionell verstanden als dem Erkenntnistypus, der aufgrund seines verallgemeinernden und allumfassenden Wesens zur konkreten Vermittlung für Ausdrücke von Sinn dienen kann. Wenn jedoch die Absicht besteht, die Wirklichkeit von ihrem Elend zu befreien, dann richtet sich die Aufmerksamkeit eher von selbst auf die Sozialwissenschaften, welche das konkrete Elend der Wirklichkeit analysieren, die Mechanismen dieses Elends und die möglichen konkreten Modelle der Befreiung von diesem Elend. Daß diese Analysen immer partiell sind und unter dem eschatologischen Vorbehalt stehen, hindert nicht an ihrem Gebrauch. Das wäre nur der Fall, wenn es der Gegenstand der Theologie wäre, eine allumfassende Bedeutung auf der Ebene des Denkens selbst zu suchen; aber wenn ihre Absicht eher operativ als signifikativ ist, dann werden die Sozialwissenschaften als eine geeignete Vermittlung des theologischen Erkennens angesehen.

Das bedeutet nicht, daß die lateinamerikanische Theologie prinzipiell die Problematik des Sinns und der Bedeutung, auch in ihrer allumfassenden Form, verkennt, auch wenn sie vielleicht nicht so gründlich darüber nachgedacht hat; vielmehr untersucht sie diese auf verschiedene Weise, wie wir weiter unten sehen werden. Im Augenblick genügt es zu sagen, daß die lateinamerikanische Theologie den allumfassenden Sinn nicht von der gegebenen Situation her sucht oder daß eine Versöhnung mit der gegebenen Situation stattfindet; vielmehr begegnet der Sinn in der geschichtlichen Umformung, d. h. in der Wirklichkeit selbst und nicht im Denken. Die Vermittlung von Sinn wird demnach nicht in der Interpretation gesucht, welche das denkende theologische Subjekt von der Wirklichkeit herstellt, sondern in dem, was die Wirklichkeit von sich aus hergibt, insofern sie eine Wirklichkeit ist, die durch das theologische Erkennen umgestaltet werden muß.

5. Schließlich ist die lateinamerikanische Theologie, wie wir glauben, sich mehr als die europäische ihres eigenen Status als Erkennen bewußt. Die Aufgabe, die sich eher dem explikativen und dem sinngebenden Typ stellt, ist eine »an sich« gute und notwendige Aufgabe, als Aufgabe, die dem Erkennen auch zukommt. Aber in der lateinamerikanischen Theologie wird dieser Aspekt des Erken-

nens innerhalb der Totalität des Erkennens gesehen. Das heißt, die lateinamerikanische Theologie fragt sich: Was geschieht in der Wirklichkeit, wenn sich das theologische Erkennen auf seine explikative und signifikative Rolle beschränkt? Was häufig geschieht, ist, daß das Erkennen die Wirklichkeit unangetastet, in diesem Sinn gerechtfertigt oder rechtfertigbar, beläßt. Die lateinamerikanische Theologie ist sich dessen bewußt, daß das theologische Erkennen, auch innerhalb seiner Autonomie als Erkennen, nie – weder praktisch noch ethisch – neutral ist. Wenn das Interesse, welches zum Erkennen antreibt, von Grund auf explikativ ist, dann überläßt man schon dadurch, daß man überhaupt Theologie so betreibt, die Wirklichkeit dem Status quo und rechtfertigt ihn wenigstens indirekt. Offensichtlich ist dies das Problem der Ideologisierung der Theologie, demgegenüber die lateinamerikanische Theologie sensibler als die europäische ist.[9]

Die lateinamerikanische Theologie fragt nicht allein, was der Theologe beabsichtigt, wenn er Theologie betreibt, sondern nach dem wirklichen Nutzen, nach den wirklichen Konsequenzen, welche die Gesellschaft aus seiner Theologie zieht.

2. Die Beziehung zwischen Theorie und Praxis im theologischen Erkennen

Wenn wir nach der wirklichen Art und Weise fragen, in der Theologie betrieben wird, können wir feststellen, daß in der europäischen Theologie von der Voraussetzung ausgegangen wurde, daß ein Depositum von Wahrheiten oder wenigstens von Bedeutungen besteht, das es weiterzugeben, zu erklären, zu interpretieren und bedeutsam zu machen gilt. Es gibt keinen Grund, warum diese Zielsetzung von der konkreten Wirklichkeit abgetrennt sein müßte; aber es tritt eine Verantwortung gegenüber schon vorhandenen Erkenntnisinhalten zutage. Die europäische Theologie hat eine reiche Tradition, und wer Theologie betreibt, der steht in der Tat schon unter dem starken Einfluß der »Theologiegeschichte«. In diesem Sinn ist die europäische Theologie von Grund auf Theorie oder Geschichte der Theorie, auch wenn innerhalb der Theorie in den letzten Jahren über die Beziehung zwischen Theorie und Praxis reflektiert wurde.

Die lateinamerikanische Theologie als theologisches Erkennen ist von anderen Voraussetzungen ausgegangen. Ihre Neuheit ist nicht aus ihrer Theologiegeschichte erstanden, da diese praktisch bis vor kurzem nicht bestanden hat. Die Theologie hat sich demnach nicht von einer Tradition der Theologie her verstanden, vielmehr entstand sie von Anfang an aus einer gelebten Praxis der Befreiung.[10] Das heißt, zuerst hat ein theologischer Kontakt mit der Wirklichkeit bestanden, noch vorgängig zur Reflexion über die in diesem Kontakt implizierte Theologie: Die Praxis, wirklich Liebe und Gerechtigkeit zwischen den Unterdrückten herzustellen. Was den Anstoß zum Denken, zum Betreiben von Theologie gegeben hat, war wesentlich nicht die Tradition einer theologischen Theorie, sondern gelebter Glaube in einem Prozeß der Befreiung inmitten der Unterdrückung. Eine schlichte Bestätigung dieser Behauptung zeigt sich darin, daß man feststellen kann, der lateinamerikanische Theologe habe seinen Beruf verschieden vom europäischen aufgefaßt. Viele der Theologen, die der Theologie der Befreiung Leben verliehen haben, sind Theologen als Berater von Aktionsgruppen geworden, als Priester, die in der Pastoral steckten usw. Noch die »professionelleren« Theologen haben in ihrer Person andere Interessen als die strikt theologischen vereinigt: Die Soziologie, die Politik, die Philosophie, und waren von Institutionen aus tätig, deren hauptsächliches Ziel nicht die theologische Forschung im engeren Sinne war, sondern die Berührung mit der Wirklichkeit, um sie umzuformen: Universitäten, Sozialzentren, Kommunikationsmittel, Landarbeiterbewegungen. Von dieser verschiedenen Konzeption des Berufs des Theologen her kann man einige Überlegungen über die Beziehung zwischen Theorie und Praxis in den zwei Theologien anstellen.

1. Die Orthodoxie als Weise der Erkenntnis, die auf einer dem Subjekt völlig fremden Autorität aufruhte, war schon in Europa diskreditiert, und das auch wegen der Struktur des biblischen Glaubens selbst. Auch heute behauptet man im allgemeinen die Notwendigkeit der Orthopraxie als Erfordernis der Orthodoxie selbst. Dennoch kann diese Behauptung von zwei Aspekten her entkräftet werden: (1) durch ein Austauschen der Orthodoxie der Behauptungen durch die Orthodoxie der Bedeutung oder der Methode, und (2) durch den verschiedenen Ort, von dem aus man die Beziehung zwischen Orthodoxie und Orthopraxie beschreibt, d. h. gerade vom Denken her oder von einer Aktion.

Natürlich ist die europäische Theologie in ihren besten Vertretern immer in Bezug gesetzt worden zu einem bestimmten Typ der Existenz und Wirklichkeitserfahrung; nie ist sie reines Denken gewesen. Aber mit Orthopraxie will man etwas mehr anzeigen. Es geht nicht nur darum, von der Erfahrung überhaupt her, sondern im Ausgang von einer bestimmten Erfahrung her zu denken, von einer Praxis, die sich nicht nur beeinflußt vom Elend der Welt fühlt, was auch Europa beispielsweise nach den Kriegen erfahren hat, sondern von der Umformung dieses Elends, welches nicht nur als die Vernichtung des Sinns der Wirklichkeit für das Subjekt verspürt wird, sondern als Vernichtung des sozialen Sinns, des Zusammenlebens zwischen Menschen.

2. Von hier aus erschließt man auch eine Neuformulierung dessen, was theologische Methode ist. Vorgängig zu den Methoden im Plural ist die Methode. Diese ist nichts anderes als der kritisch und operativ betrachtete Erkennensprozeß selbst. Das impliziert den Vorrang der Methode als Weg des Erkennens vor jeder beliebigen partikulären Methode, welche sie später erklärt oder rechtfertigt. Auch in der lateinamerikanischen Theologie trat dasselbe Phänomen auf: die Methode der Theologie der Befreiung ist grundsätzlich der Weg, den sie zurückgelegt hat. Aber hier bemerkt man einen Unterschied zur europäischen Theologie. Die »Methode« als Weg konzentriert sich nicht auf die kritische Reflexion über den Weg des Erkennens, sondern eben darauf, den Weg zu begehen.

3. Die europäische Theologie ist sich der Unmöglichkeit einer abstrakten Orthodoxie bewußt, d. h. der Unmöglichkeit, Grenzbegriffe wie »Gott«, »Christus«, »Sünde«, »Gottesherrschaft«, »Befreiung« usw. unvermittelt zu denken. Von daher ist die Methode der Schritt von der abstrakten zur konkreten Orthodoxie. Aber dieser Schritt kann auf zwei fundamental verschiedene Weisen verstanden werden. Auch in der europäischen Theologie wird behauptet, daß die Erkenntnis untrennbar vom Weg des Erkennens ist.[11] Man behauptet dann beispielsweise, zu erkennen, was die »Gottheit« Christi in der Formel des Konzils von Chalkedon bedeutet, sei untrennbar vom Erkennensvorgang des historischen Prozesses der Ideen, der, beginnend mit dem NT und auf dem Weg über die Apologeten und Väter, in Chalkedon einmündet. Auf diese Weise wird eine naive abstrakte Orthodoxie überwunden und der Erkenntnisvorgang dem Erkennen selbst einverleibt.

Dennoch wird in Lateinamerika der Erkenntnisvorgang anders aufgefaßt. Der Schritt von der abstrakten zur konkreten Orthodoxie wird im wesentlichen nicht durch die Vermittlung der Ideengeschichte, sondern durch die Geschichte der Praxis verwirklicht. Das Bekenntnis der »Gottheit« Christi wird nicht verwirklicht durch das Erfassen der Geschichte von Ideen wie Person, personale Vereinigung, göttliche Natur usw.; vielmehr wird es verwirklicht durch die Vermittlung einer konkreten Praxis, in welcher schrittweise die Wahrheit dessen klar wird, was in Chalkedon abstrakt gesagt wurde. In diesem Fall ist die wesentlichste Methode der Weg selbst, ist es die Glaubenspraxis selbst und das, was sie von sich aus hergibt.

3. Integration des epistemologischen Bruchs im theologischen Erkennen

Der wirkliche Weg, der von der gegenwärtigen Welt zum definitiven Reich Gottes führt, kann grundsätzlich auf zwei Weisen gefaßt werden: als Weg der schrittweisen Vollendung des Gegenwärtigen oder als Widerspruch zum Gegenwärtigen und als seine Umgestaltung. Diese zwei Optionen erscheinen in den Namen verschiedener Theologien, wie es etwa die Theologie der Entwicklung und die Theologie der Befreiung, die Theologie des Schöpfer-Logos und die des Erlöser-Logos sein könnten. Wir meinen, daß bei dieser Unterscheidung das Wesentlichste einer bestimmten theologischen Konzeption auf dem Spiel steht und folglich auch dessen, was das theologische Erkennen sein muß.

Das Problem im Hintergrund, das hier angesprochen wird, ist das des epistemologischen Bruchs innerhalb des theologischen Erkennens. Nun erscheint dieser Bruch in der Schrift in zwei Gestalten: (1) das theologische Erkennen, soweit es Gottes Transzendenz als Zukünftigkeit behauptet, muß verschieden von natürlichem Erkennen sein; (2) soweit es die Transzendenz eines gekreuzigten Gottes behauptet, muß es dem natürlichen Erkennen entgegengesetzt sein. All das läßt sich symbolisch darstellen in der Forderung Jesu nach einer metanoia, einer Sinnesänderung. Was wir jetzt untersuchen wollen, ist die Frage, wie der epistemologische Bruch das Erkennen der europäischen und lateinamerikanischen Theologie beeinflußt hat.

In der traditionellen katholischen Theologie brachte der klassische Begriff der Analogie immer ein Moment des Bruchs im Erkennen mit sich, immer mußte das Endliche an unserem Erkennen negiert werden, um zu einer Erkenntnis des Göttlichen zu gelangen. Dieser Bruch aber bedeutete, über das natürliche Erkennen hinauszugehen, nicht aber gegen das natürliche Erkennen anzugehen. Besessen von einigen klassischen Passagen aus der Schrift (Weish 13-15, Apg 17,22-31 und vor allem Röm 1,20f.), hat man die Erklärung des Paulus vom geschichtlichen Zusammenbruch jeder natürlichen Theologie übersehen, d. h. jedes theologischen Erkennens, welches nicht den Bruch mitgemacht hat, den Paulus als Anstoß und Torheit interpretiert.

Auch in der Theologie der Befreiung trat ein epistemologischer

Bruch ein, der teils mit der europäischen Situation übereinstimmt, teilweise aber auch nicht. Dieser Bruch war eher ein lebendiger als ein reflex gedachter. Wir wollen nun über einige Punkte der Epistemologie Überlegungen anstellen und sehen, wie sich in ihnen der Bruch in Lateinamerika ausgewirkt hat.

1. Das analogische und das dialektische Denken. Das analogische Denken setzt voraus, daß Ähnliches durch Ähnliches erkannt wird (Plato), und in der praktischen Lesart, daß sich Ähnliches mit Ähnlichem gut verträgt (Aristoteles). In diesem Sinn hat eine analogische Theologie den epistemologischen Bruch nicht verarbeitet. Typisch für das theologische Erkennen wäre es demnach, dialektisch zu sein.

Diese abstrakten Prinzipien erlangen in der lateinamerikanischen Theologie einzigartige Bedeutung. Auf einem Kontinent, auf dem Schönheit, Liebe, Versöhnung und Gerechtigkeit nicht im Überfluß bestehen, auf dem die Situation der großen Massen vielmehr katastrophal ist, ist das theologische Denkvermögen eher dialektisch als analogisch. Paradoxerweise ist es im Elend, in der Situation der Sünde, in der Unterdrückung, wo der Ort gesucht wird, um Gott zu begegnen, welcher sich freilich nicht in Analogie zum gedachten Gott zeigen wird, sondern als Widerspruch zum wirklichen, erlebten Elend. Das Theologische wird nicht in der Verlängerung und als Höhepunkt der Wirklichkeit erkannt. Hieraus folgt, daß die konkreten Vermittlungen des theologischen Erkennens mehr jene Wirklichkeiten sind, welche ihr »sub specie contrarii« auf das ganz Andere hin anlegen, nicht um jenseits von der gegenwärtigen Wirklichkeit, sondern um in klarem Widerspruch zu ihr zu stehen. Infolgedessen konzentriert sich die Theologie der Befreiung auf Themen wie den Exodus, die strukturelle Sünde, die Gefangenschaft, die Unterdrückung usw. Der Name der Theologie der »Befreiung« selbst zielt darauf ab. Es handelt sich nicht um eine Theologie der »Freiheit« (wie beispielsweise bei Pannenberg, der die endliche Freiheit des Menschen mit der unendlichen Freiheit Gottes zu versöhnen sucht), sondern der »Befreiung« als demjenigen, was man nur dialektisch im Gegensatz zur erfahrenen Unterdrückung begreift. Um insofern die Analogie der Dialektik gegenüberzustellen, halten wir dem griechischen Denken nicht das Fehlen der Zukünftigkeit vor, d. h. die Unfähigkeit zu bedenken, was noch nicht besteht, sondern das Fehlen der Kritik an dem, was schon besteht.

2. Das Staunen und das Leid. Das griechische Denken geht davon aus, daß das Staunen der Antrieb zu jeder Erkenntnis ist. Das setzt voraus, daß die positive Struktur der Wirklichkeit das ist, was den

Menschen zum Erkennen antreibt; darin begegnet die Freude, und von daher ergibt sich ein letztes Wahrheitskriterium für den Antrieb des Erkennens selbst. In Lateinamerika wird eher das gegenwärtige Leid als das Staunen im Erkennen tätig. Und in diesem Leid findet sich die wahre Analogie, um das Theologische zu erkennen: nämlich die gegenwärtige Geschichte der Welt als die fortgesetzte Geschichte des Leidens Gottes zu erkennen. In den Momenten tiefster Offenbarung Gottes gab es stets irgendein Leid: der Schrei der Bedrückten in Ägypten, der Schrei Jesu am Kreuz (nach Markus), die Geburtswehen der ganzen Schöpfung, die ihre Befreiung erwartet. Die lateinamerikanische Theologie hat dem Geschrei der Bedrückten eine Sonderstellung eingeräumt als dem-jenigen, welches zum theologischen Erkennen antreibt. Das schließt nicht aus, daß positive Themen der Theologie (die Liebe Gottes, die Hoffnung, die Versöhnung, die Gottesherrschaft) behandelt werden, aber die Sicht ist eine verschiedene. Diese großen positiven Themen werden nicht direkt für sich selbst begriffen, sondern insofern sie stets begleitet und sogar hervorgeru-fen werden durch irgendein großes Leid.

Im epistemologischen Bruch, welcher das Leid voraussetzt, ergibt sich nach unserer Meinung auch die praktische und ethische Orientierung des Erkennens selbst. Es ist klar, daß jeder Mensch, wo auf der Erde auch immer, leidet. Aber die Theologie der Befreiung gibt dem fremden und allgemein gewordenen Leid den Vorrang. Berdjajew sagt intuitiv: »Wenn ich Hunger leide, ist das ein physisches Übel, aber wenn ein anderer Hunger leidet, ist das ein moralisches Übel.« Und angesichts des moralischen Übels gibt es nur eine richtige Antwort: es zu beseitigen. Das moralische Übel beim anderen zu begreifen ist unmöglich ohne die notwendige Forderung nach seiner Überwindung.

In Lateinamerika gibt es eine allgemeine Situation des moralischen Übels, die in der Theologie ihren Widerhall als Leid findet. Diese Grundgegebenheit bewirkt, daß in der lateinamerikanischen Theo-logie das Staunen keinen so großen Einfluß ausübt, wie ihn jedes zusammenhängende Denksystem, einschließlich des theologischen, erfordert und hervorruft. Das theologische System ist kein explika-tives Schema, in welches sich die Gegebenheiten der Offenbarung und der Geschichte integrieren ließen; vielmehr ist es ein Schema, welches eine Antwort auf ein allgemeines Leid darstellt. Die Reflexion, die angesichts des Leides und von diesem her entsteht, beansprucht ihrem Wesen nach nicht, seine Natur zu erklären oder seine Übereinstimmung mit dem Offenbarungsgeschehen zu su-chen, sondern es zu beseitigen. Das schließt keineswegs die

Analyse der Ursache dieses allgemeinen Leides aus, vielmehr erfordert es diese geradezu – daher wiederum die Wichtigkeit der Sozialwissenschaften! –, aber die Sicht ist eine verschiedene. Es steht nicht bloß die formale Wahrheit oder Schönheit dieser Analyse auf dem Spiel, sondern die Beseitigung des Leides.

3. Die natürliche Theologie und die Theodizee. Sie sind zwei traditionelle und verschiedene Weisen der theologischen Überlegung. In der ersten fragt man nach Gott im Ausgang von dem Positiven in der Welt, in der zweiten im Ausgang vom Negativen. Der Übergang von der natürlichen Theologie zur Theodizee setzt schon einen Bruch voraus. Aber was uns hier interessiert, ist die Untersuchung des Sinns der Theodizee.

In Europa hat die Theodizee eine reichhaltige Geschichte und große Theologen als Repräsentanten. In Lateinamerika ist die Frage nach Gott, wenn auch vielleicht nicht explizit, wesentlich die Frage der Theodizee: wie kann Gott mit dem wirklichen Elend versöhnt werden? Aber hier nimmt die Frage eine eigene Färbung an. Zunächst wurde diese Frage vergeschichtlicht. Nicht so sehr die Naturkatastrophen sind es, welche Gott in Frage stellen, sondern die geschichtlichen Katastrophen, welche eine Frucht des freien Willens der Menschen darstellen. Aber diese Frage wurde auch politisiert, da es nicht einmal der freie Wille eines Individuums ist, welcher den Menschen unterdrückt, sondern ein strukturelles Schema der Unterdrückung. Dann ist die Vermittlung der Theodizee die Anthropodizee: wie kann man den Menschen in einer Welt der Ungerechtigkeit rechtfertigen? Schließlich ergibt sich die Lösung der Theodizee für den epistemologischen Bruch nicht darin, daß Gott »gedacht« wird in einer Weise, durch die Gott und das Elend miteinander versöhnt werden, sondern in der Aufgabe, eine Welt zu gestalten, die Gott entspricht. Diese Sicht schließt auch, vielleicht unreflex, ein theoretisches Moment mit ein, nämlich die Wirklichkeit des christlichen Gottes in bezug auf das Leiden zu zeigen (weshalb man auch diejenigen biblischen Passagen bevorzugt, in denen Gott in Beziehung zum Leiden der Menschen erscheint, und man über das Leiden als eine Seinsweise Gottes reflektiert), aber die Frage der Theodizee stellt sich als eine wesentlich praktische: im selben Maß, wie der Glaube an den Gott Jesu dazu führt, das Elend der Welt wirklich zu überwinden, ist Gott gerechtfertigt, auch wenn man es niemals theoretisch erreicht, Gott und das Elend miteinander zu versöhnen.

Deshalb ist es wichtig zu bemerken, daß das »Gottesproblem« in der lateinamerikanischen Theologie nicht so direkt und übermäßig zur Sprache gebracht wird wie in der europäischen. Und das nicht deswegen, weil Gott aufhören würde, ein Problem oder eine Frage zu sein in dem doppelten Sinn des Fragwürdigen und des Fragenden, sondern weil das Thema eher indirekt angeschnitten wird. Der epistemologische Bruch der Theodizee besteht wesentlich nicht darin, innerhalb des Denkens das Wesen Gottes zu erhellen, sondern in der Erfahrung der Wirklichkeit Gottes in dem Bemühen, seine Herrschaft zu verwirklichen.[12] Die Wirklichkeit Gottes wird aufgezeigt in dem Bemühen um seine Versöhnung mit der Wirklichkeit. Und wenn diese Versöhnung auf der theoretischen Ebene auch bescheidener ist als die Versöhnungsversuche innerhalb des Denkens, so ist sie doch tiefer, weil sie real ist.

4. Der »Tod Gottes« und der »Tod des Unterdrückten«. Es ist bekannt, daß in Europa das theologische Erkennen in den letzten 150 Jahren und expliziter seit dem Auftreten der sog. Gott-ist-tot-Theologie unter dem Einfluß dieses Horizonts des Todes Gottes stand. Unabhängig davon, wie man ihn verstanden hat, linguistisch, atheistisch oder christlich, bedeutete doch der Begriff »Tod Gottes« einen wirklichen Bruch im theologischen Erkennen, denn es gibt keinen größeren Bruch als den Tod noch eine absolutere Weise, ihn theologisch auszudrücken, als die Behauptung, Gott sei tot (vgl. Hegel, Jean Paul, Bonhoeffer).

Christlich diente der »Tod Gottes« zu einer Neuinterpretation gerade dessen, was spezifisch und zuinnerst das Christentum selbst ausmacht. Der gekreuzigte Gott bezeichnet den Trennungsstrich zwischen einer authentisch christlichen Theologie und jeder anderen Religion, Philosophie oder Ideologie, denn er ist der radikalste Ausdruck dafür, daß Gott die Geschichte angenommen hat, nicht auf idealistische Weise, sondern real. In diesem Sinn bezeichnet Moltmanns Buch »Der gekreuzigte Gott« das wichtigste Moment der Eingliederung des epistemologischen Bruchs in das europäische theologische Erkennen. Die erste Frage, die das Kreuz stellt, ist die nach dem Interesse, welches den Menschen (und den Theologen) zum Erkennen antreibt; das Kreuz entlarvt jedes Interesse des Erkennens, welches bewußt oder unbewußt dazu neigt, im Göttlichen eine Rechtfertigung der Gegenwart und ihres Elends zu suchen. Seit dem Kreuz ist Gott die Kritik des Menschen (und des Theologen). Moltmann versuchte zu zeigen, wie der Tod Gottes in seinem christlichen Sinn den notwendigen epistemologischen Bruch hervorruft, um alle christlichen Wirklichkeiten zu christianisieren: der Gott der Liebe, die Auferstehung des Gekreuzigten, der Glaube gegen den Unglauben, die Hoffnung gegen alle Hoffnung, die Liebe gegen die Entfremdung usw. Daß all diese Inhalte sich als christlich zeigen und nicht nur als Extrapolationen der Sehnsucht des natürlichen Menschen, wird durch den Bruch innerhalb des theologischen Erkennens selbst ermöglicht.

In Lateinamerika glauben wir, daß sich auch dieser letzte Horizont des »Todes Gottes« in der Theologie auswirkt, aber unreflex und durch eine Vermittlung, die sich in ihrer Konkretheit von der europäischen unterscheidet. Zunächst wird der »Tod Gottes« vermittelt durch den »Tod des Menschen« gesehen.[13] Aber dieser Tod ist wirklich und allgemein. Wenn der Tod Gottes Ausdruck der Sinnkrise ist, dann ist der Tod des Menschen Ausdruck der Krise in der Wirklichkeit selbst. Es ist nicht primär die Erfahrung des Verwaistseins, einer mündig gewordenen Welt, eines spekulativen Karfreitags, sondern die reale Erfahrung des Todes des Armen, des Unterdrückten, des Indios, des Landarbeiters. Tod bedeutet in Lateinamerika nicht allein das Verschwinden desjenigen, der voraussetzungsgemäß Sinn verleiht, in diesem Fall also das Verschwinden Gottes, sondern den Triumph der Ungerechtigkeit, der Sünde. Die theologisch korrekte Behauptung, daß die Sünde den Sohn Gottes getötet hat, ist in Lateinamerika von der Erfahrung her lebendig, daß die Sünde fortwährend die Kinder tötet. Infolgedessen nimmt der epistemologische Bruch nicht so sehr Anstoß am »Tod Gottes«, sondern am »Tod des Unterdrückten«.

In der europäischen Theologie hat man versucht, gerade weil der Tod Gottes der Horizont des theologischen Denkens ist, die Transzendenz Gottes nicht nur auszudrücken in kosmologischer (jenseits oder oberhalb), zeitlicher (am Anfang oder in der Zukunft) oder anthropologischer Sprache (im Tiefsten des Menschen oder als äußeres ethisches Erfordernis), sondern auch in den Kategorien des Leidens und der Macht: »Allein Gott kann uns retten« (Bonhoeffer). In Lateinamerika hat man nicht so sehr über neue Kategorien reflektiert, die vom epistemologischen Bruch her erfordert wurden, um Gott auszusagen. Aber unreflex wurde die theologische Sprache vom Tod des Menschen beeinflußt. Die neuen Kategorien der theologischen Sprache sind geschichtlich: Leiden, Macht, Unterdrückung, Befreiung. Jedes Sprechen über Gott außerhalb dieser Kategorien wird spontan als falsch, idealistisch und entfremdend angesehen.

5. Die fundamentale Aporie des Erkennens. Jedes ernsthafte Erkennen schreitet angesichts einer Aporie voran, d. h. angesichts zweier Pole, welche unvereinbar zu sein scheinen. Die Aporie ist notwendig für den Fortschritt des Erkennens und dafür, daß die Überlegung seriös und nicht dilettantisch ist. Man denkt seriös, insofern die Wirklichkeit zu denken gibt. Aber gerade an der

Formulierung der Aporie läßt sich ablesen, ob ein epistemologischer Bruch besteht oder nicht.

Die Aporie für das theologische Erkennen läßt sich mit der alten griechischen Theologie formulieren als die Aporie des Einen und des Vielen oder christlich als Aporie zwischen Schöpfer und Schöpfung, Transzendenz und Geschichte. Das theologische Erkennen hat sich immer mit irgendeiner Aporie dieser Art konfrontiert gesehen und hat von da aus gedacht. Klassische Formulierungen dieser Aporie waren die trinitarischen und christologischen dogmatischen Definitionen und die Diskussionen über die Beziehung von Freiheit und Gnade, Glaube und Werken. Das Gemeinsame an der Darstellung und Lösung dieser Aporien besteht in der Entwicklung eines neuen Begriffs von Gott, dem Menschen, der Geschichte usw., welcher zu einer befriedigenden Lösung der Aporie im Denken führt, wobei man außerdem noch zu zeigen versucht, daß diese bestimmte Lösung dem Denken der Schrift gerecht wird.

In der lateinamerikanischen Theologie stellt sich die theologische Aporie vorzüglich als Versöhnung zwischen dem Geschenktsein der Gottesherrschaft und dem menschlichen Bemühen um ihre Verwirklichung dar, was im Prinzip nichts anderes wäre als eine moderne Formulierung der Aporie zwischen Freiheit und Gnade. Aber in ihrer historischen Konkretion hat diese Aporie einen verschiedenen Sinn. »Das Reich Gottes schaffen« ist keine abstrakte Phrase, welche notwendig im Widerspruch steht zu dem theoretisch anerkannten Geschenktsein; vielmehr ist es zunächst eine Aufgabe, die in die Wirklichkeit umgesetzt werden soll. Da diese Aufgabe konkret geschichtlich ist, geschieht sie immer in einer Welt des Elends, und in der Praxis dieser Aufgabe wird das Tiefste der Aporie erlebt: weil diese Gottesherrschaft nicht idealistisch geschaffen wird, auch nicht in der reinen Innerlichkeit des Menschen, sondern in der Geschichte des wirklichen Elends, ist diese Aufgabe notwendig konfliktgeladen, und in ihr zeigt sich folgendes: was als das Positivste der Wirklichkeit angesehen wird, die Liebe, welche in wirksamer Weise die Gerechtigkeit sucht, erscheint ohnmächtig vor dem Negativsten der Wirklichkeit, nämlich der Sünde und der Ungerechtigkeit. Daß die Sünde Macht hat, ist die Formulierung der Aporie.

Die Aporie des Triumphes der Sünde über die Liebe ist demnach nicht eine solche, die innerhalb des Denkens selbst aufgelöst werden könnte, sondern nur im Leben selbst. Das theologische Erkennen, soweit es Weg ist, wie wir vorhin sagten, entwickelt sich nicht nur im Horizont einer gedachten, sondern einer durchlebten

Aporie. Die Absicht des theologischen Erkennens geht demnach nicht auf die intellektuelle Auflösung der Aporie, sondern dahin, einen Weg zu suchen, auf dem das Undenkbare lebbar wird.

Der epistemologische Bruch begegnet demnach in der Konzeption dessen, was eine Aporie bedeutet und wie sie angegangen werden muß. A-porie bedeutet wörtlich Weglosigkeit, und deshalb befindet sie sich dort, wo sich wirklich kein Weg zeigt, in der Ohnmacht der Liebe gegenüber der Sünde. Aber wenn man die Aporie so faßt, wird das theologische Erkennen erneut auf die Praxis verwiesen, an den Ort der Weglosigkeit, und nicht auf eine mehr oder weniger subtile Spekulation, in welcher die gedachte Aporie einer Lösung zugeführt wird oder vor der Anbetung des Mysteriums eskapistisch endigt. Angesichts einer Aporie theologisch erkennen heißt demnach einen Weg eröffnen.

Eine konkrete Konsequenz dieser Konzeption der Bedeutung der Aporie für das theologische Erkennen und seinen Bruch ist die unterschiedliche Wertschätzung des eschatologischen Vorbehalts in Europa und Lateinamerika. Die europäische Theologie tendiert darauf hin, alles, was innergeschichtlich in der Zukunft möglich ist, insofern zu relativieren, als es noch nicht das Reich Gottes ist. Die lateinamerikanische Theologie legt mehr Nachdruck darauf, daß die gegenwärtige Situation gewiß nicht das Reich Gottes ist, daß sie wahrhaftig eine Aporie darstellt und deshalb die Dringlichkeit ihrer Überwindung gespürt wird, auch wenn man weiß, daß keine zukünftige Situation definitiv das Reich Gottes sein wird. Die lateinamerikanische Theologie tendiert dahin, sich für konkrete soziale und politische Lösungen zu entscheiden,[14] eben deshalb, weil sie nicht den Anspruch erhebt, die Aporie auf der Ebene des Denkens aufzulösen, wenn dort auch die Auflösung ideal sein könnte. Vielmehr geht es um die Aporie der Wirklichkeit, obwohl hier die Lösungen immer nur partiell sind. Hier tritt der epistemologische Bruch auf, wenn man annimmt, daß, wenn der Glaube auch keine allumfassende Ideologie ist, welche vollständige Lösungen für die Aporie der Wirklichkeit anbieten könnte, er doch »Quelle funktioneller Ideologien«[15] ist. Wenn diese auch ständig der Revision unterworfen sind, sind sie die einzige Form, die Aporie abzubauen. Aber all das erhält seinen Sinn vom erlebten Druck der lateinamerikanischen Wirklichkeit her, welcher die geschichtliche Lesart der Unruhe des Paulus ist: »Die Liebe Christi drängt uns.«[16]

Michael Göpfert

Theologie im Aufstand? Überlegungen für ein Gespräch mit
der Theologie der Befreiung

Die Überschrift signalisiert ein Problem, das gleich eingangs
angesprochen werden soll. Die Theologie der Befreiung versteht
sich nicht nur als eine Genitiv-Theologie unter anderen, sondern
als »eine neue Art, Theologie zu treiben«[1], als theologische
Reflexion, welche ihren »Sitz im Leben« mitten in den Leiden eines
entrechteten Volkes hat und den Erfahrungen nachzudenken
versucht, die Christen im Kampf für umfassende Befreiung mit
ihrem Glauben und ihrem Milieu machen. Ihre Reflexionen stehen
also in einem Funktionszusammenhang mit der Praxis, aus der sie
hervorgehen und in welche sie als kritisches Moment wieder
eingehen sollen. Die Praxis von Christen, die konkret in Befrei-
ungsprozessen involviert sind, soll diese Reflexionen bewahrheiten
oder widerlegen. In der praktischen Erfahrung soll sich herausstellen, ob diese Theologie wirklich der Wahrheit, die freimacht, auf
der Spur ist und zum Widerstand gegen unmenschliche Verhältnisse anleitet. Die Beschäftigung mit einer Theologie, welche in
diesem Theorie-Praxis-Zusammenhang situiert ist und konkret
handlungsorientiert ist, setzt sich leicht dem Verdacht aus, die
Intentionen dieser Theologie von vornherein zu verfehlen, eben
weil in objektivierender Betrachtung etwas als akademisch-künstli-
cher Diskurs aufgefaßt werde, was in Wirklichkeit nicht zu trennen
sei vom konkret bestimmten Entdeckungs- und Verwertungszu-
sammenhang im kämpferischen Engagement für die Befreiung.
Eine Kampfschrift, Texte, die »historische Kampfmittel«[2] sind,
hätte man demnach nicht verstanden, wenn man von außen ein
Gespräch über sie beginnt, sondern wenn man sich solidarisiert, in
die Fronten einreiht und aus dieser Situation heraus reflektiert.
Demgegenüber handelt es sich hier nur um »blutarme« Schreib-
tischbeobachtungen.[3] Dieser Vorbehalt ist durchaus ernst zu
nehmen. Wir sind durch unsere verschiedenen Erfahrungen oft
Welten voneinander getrennt. Was weiß ein zeitlebens Satter von
einem, der tagtäglich hungert, was wissen wir wirklich von
Menschen, deren tägliches Brot Angst ist, was wissen wir von
Befreiung, wenn wir entwürdigende Knechtschaft nie geschmeckt
haben? Beim Gespräch in der Ökumene kann es nicht darum

gehen, daß wir Fremderfahrungen einfach als Konsumartikel importieren, »Erfahrungsklischees« übernehmen und uns so eine neue christliche Identität einsuggerieren, weil wir angeblich Anschluß gewonnen haben an die »Dynamik der Gottesgeschichte« anderswo.[4] Worum es aber geht, ist, daß bei aller unvermeidlichen und Verzerrungen nicht ausschließenden Distanz ein Lernvorgang beginnt und eingespielte Selbstverständlichkeiten in Frage gestellt werden, auf beiden Seiten des Ozeans.

Es kann hier unmöglich das ganze Spektrum der Theologie der Befreiung aufgerollt werden; die Marxismusrezeption und die Dependenztheorie sollen nicht diskutiert werden, was nicht nur ein Nachteil sein muß, denn oft genug sieht man bei der lateinamerikanischen Theologie nur »rot« und übersieht alle übrigen Aspekte.[5] Zuerst soll die Theologie der Befreiung als eine Theologie der »Dritten Welt« besprochen werden, sodann wird darauf eingegangen, daß diese Theologie ganz gezielt auf Befreiung der »Armen« aus ist und schließlich soll die Rede sein von der Theologie der Befreiung als Erfahrungstheologie und Theologie für das Volk. Die Ausführungen sollen die Relevanz dieser Theologie für uns hier deutlich machen.

1. Die Theologie der Befreiung, eine Theologie der »Dritten Welt«

Die europäisch-nordatlantische Theologie ist sicher kein einheitliches Gebilde und die geschichtlich-gesellschaftlichen Verhältnisse, in denen sie betrieben wird, sind alles andere als homogen. Aber die Differenzen, so gewichtig sie für uns sein mögen, schrumpfen aus der Optik der im Entstehen begriffenen Theologien der »Dritten Welt« immer mehr zusammen. Diese Theologien begreifen sich schlechthin als »andere« Theologien. Es kommt zu einer extremen Polarisierung, am deutlichsten greifbar da, wo die »weiße Theologie« einer »schwarzen Theologie« konfrontiert wird. Der Lateinamerikaner Dussel unterscheidet radikal zwischen einer »Welttheologie der Unterdrückten«, einer »Theologie der armen Völker«, einer »barbarischen Theologie« einerseits und einer »imperialen europäischen Theologie der Neuzeit« andererseits, welch letztere Ausdruck westlicher »Herrschaftskultur« ist und auch in den neueren »progressistischen Theologien« nur eine Neuauflage erfährt.[6] Daß für die Theologie der Befreiung die Situation der in Besitzende und Habenichtse, in Privilegierte und massenhaft Verelendete und Entrechtete, in nördliche und südliche Hemisphäre geteilten Welt so massiv in die Bestimmung von Theologie eingeht, daß zur Kennzeichnung einer Theologie eigentlich die geographische Ortsangabe und der soziokulturelle Standort ausreichen, muß auf dem Hintergrund der neuzeitlichen Expansion Europas gesehen werden, der Unterwerfung und ausbeutenden Kolonisation der »eroberten« Erdteile, mit welcher in unheiliger Allianz die Mission Hand in Hand ging. Die Missionsgeschichte ist auf weiten Strecken aufs engste verflochten mit der gewaltsamen Durchsetzung europäischer Machtansprüche, mit der Zerschlagung fremder Kulturen, mit der Überfremdung gewachsener sozialer Strukturen, mit wirtschaftlicher Ausbeutung, politischer Entrechtung und Bevormundung, mit rassistischen Exzessen und nicht zuletzt mit patriarchalisch-gönnerischem Verhalten der Kolonialherren. Eine »Kirchengeschichte als Missionsgeschichte« hätte dies aufzuarbeiten. Das Pathos der Befreiungstheologie, wie es etwa bei Dussel zum Ausdruck kommt: »Die Theologie der Befreiung ist ein neuer Moment der Theologiegeschichte ... die Stimme der lateinamerikanischen Theologie bildet ja nicht mehr bloß eine Tautologie zur europäischen Theologie ... wir aber wissen, daß wir von der herrschsüchtigen neuzeitlichen europäischen Totalität Abstand genommen haben ...«[7] – dieses Pathos wäre nichts als Wortgeklingel, entstünde es nicht aus uralter, seit den Zeiten eines Pizarro und Cortés angestauter Verzweiflung und Demütigung. Wir empfinden dieses Selbstbewußtsein dann nicht einfach als Anmaßung, wenn wir die politisch-religiöse Expansionsgeschichte des »christlichen Abendlandes« einmal nicht ethnozentrisch aus unserer Perspektive lesen, sondern aus der des Indios, des Negers, des Asiaten, die um ihre Selbstbestimmung, ihre Würde und aufrechten Gang gebracht wurden und die mit europäischer Ideologie und Theologie gefüttert wurden. Der Schnitt, den Theologen der »Dritten Welt« zwischen sich und der Tradition der Theologie oft ansetzen, die Weigerung, länger »die Theologie des Zentrums wieder(zu)käuen«[8] würde begreiflicher, wenn unsere Optik mehr Tiefenschärfe hätte, um die leidvolle, bis heute andauernde Geschichte der Arroganz westlicher Macht und Intelligenz in den Blick zu bekommen.

Wir werden also dem Selbstverständnis der Theologie der Befreiung nicht gerecht, wenn wir nicht wahrnehmen, wie diese theologischen Versuche in Zusammenhang stehen mit dem politischen Faktum des wachsenden Selbstbewußtseins der »Dritten Welt«, der Suche nach Identität und authentischem politisch-religiösem Selbstausdruck. Das Phänomen dieses religiöskulturellen Syndroms ist als »Tertiaterranität des Christentums« bezeichnet worden.[9] Die Aussage, das Christentum sei in sein weltgeschichtliches Zeitalter eingetreten (T. Rendtorff), könnte präzisiert werden durch die Aussage, daß die Tertiaterranität des Christentums eine neue Phase der Entwicklung der Christentumsgeschichte einläutet.[10] Wenn wir uns die leidenschaftlichen Bemühungen von Theologen der »Dritten Welt« vor Augen halten, den Glauben in den Kontext von Ländern einzubinden, die derartig extremen Spannungen, Wandlungs- und Umschichtungsprozessen ausgesetzt sind und sich dem, durch die strukturelle Ungerechtigkeit der internationalen Wirtschaftsordnung mitgeschmiedeten »Teufelskreis der Armut« nicht entwinden können, und wenn wir noch hinzunehmen, daß sich das theologische und kirchliche Bewußtsein in den Industrienationen weithin nicht sonderlich angegriffen zeigt von dem Skandal der immer noch zunehmenden Verelendung in der südlichen Erdhälfte, dann wird für uns plausibler, warum Theologen der Befreiung sich absetzen vom Traditionszusammenhang westlicher Theologie und unmittelbar zurückgreifen auf biblische, speziell auch alttestamentliche Vorstellungsmuster und Situationen. Hierzu sind nun aber doch zwei Fragen zu stellen.

Erstens scheint die Theologie der Befreiung sich oft nicht einzugestehen, wie stark sie doch, auch noch in der Ablehnung, eben diesem europäischen Traditionszusammenhang verhaftet ist. Sie definiert sich ja in Abhebung und in Auseinandersetzung mit der traditionellen Theologie und ihren »progressistischen« Weiterbildungen und importiert dazu viel an westlicher »Ideologie«, besonders was die Marxismusrezeption, den Theorie-Praxis-Komplex und das kritische Erbe der europäischen Aufklärung betrifft; teilweise in einem Umfang, daß die Frage entstehen kann, ob die Theologie der Befreiung nicht in Gefahr geraten könnte, wider Willen in eine »Elite-Theologie« der Intellektuellen umzuschlagen.

Zum zweiten soll auf die Problematik aufmerksam gemacht werden, die darin liegt, daß im ökumenischen Gespräch der Kirchen von Nord und Süd die sozio-ökonomischen Gegensätze und Fronten immer wieder aufs neue reproduziert werden könnten und sich so auch noch theologisch und kirchlicherseits verhärtet, was politisch schon verhärtet genug ist. Der Verständigung in der Ökumene ist auf Dauer weder mit Schuldkomplexen noch mit eventuell neuen Absolutheitsansprüchen gedient. Statt nur Streitgespräche zu führen über Abhängigkeit und Emanzipation und gleichsam theologische Machtkämpfe auszutragen, wäre es wichtiger, sich gegenseitig besser kennenzulernen, sich auszutauschen, den je verschiedenen »locus theologicus« erst einmal zu respektieren und durch den brüderlichen Umgang miteinander die Utopie

einer geeinten Menschheit in Ansätzen schon jetzt vorwegzuneh-
men.[11] Es ist zu Recht öfters darauf hingewiesen worden, daß der
Dialog der Kirchen in der Ökumene nicht nur von kircheninterner
oder religiöser Relevanz ist, sondern gerade auch in seiner Bedeu-
tung und seinen Konsequenzen für die politisch-gesellschaftliche
Zukunft der Menschheit insgesamt nicht leicht zu überschätzen ist.
Sicher nicht zufällig war es ein orthodoxer Theologe, der schrieb:
»Eine ekklesiale Theologie im Kontext ist . . . eine Theologie mit
einer ökumenischen Perspektive, die sich bemüht, die Einheit der
Kirche zu erhalten. Neue Theologien erneuern die alte Botschaft,
indem sie die eine Hoffnung zum Ausdruck bringen, die in uns ist.
Jede Art von Exklusivität . . . muß ausgemerzt werden von einer
Theologie, die aus einer weltumfassenden ekklesialen Gemein-
schaft entspringt. Diese Theologie wird überall den Menschen bei
ihrem Kampf für Einheit, Freiheit und Gerechtigkeit helfen . . .,
den Afrikanern, Lateinamerikanern, Asiaten und Europäern; den
Katholiken, Protestanten und Orthodoxen.«[12]
Diese Anfragen sollen nicht verdunkeln, daß alle Aussagen über die
Katholizität der christlichen Kirchen abstrakt bleiben und gleichsam über den harten Fakten der Geschichte schweben, wenn die
Wunden nicht im Gedächtnis behalten werden, welche die so lange
mit der Expansion des Christentums einhergehende Repression
geschlagen hat. Ein solch bestimmtes Bewußtsein von der Katholizität und ökumenischen Dimension des Christentums, welches sich
aufgrund geschichtlicher Einsicht für zukunftsweisende Perspektiven öffnet, ist speziell in Deutschland unterentwickelt und bedarf
dringend der Entwicklungshilfe durch den verstärkten kirchlichen
und theologischen Kontakt z. B. mit Lateinamerika und der
Theologie der Befreiung. Man kann sich des Eindrucks eines
kurzsichtigen Provinzialismus und einer selbstgefälligen Introver-
tiertheit hierzulande oft nicht erwehren. Insgesamt besteht sicher
ein großes Defizit an Information und Diskussion über die
Probleme und Anstöße der nichteuropäischen Theologie. Katholizität bedeutet, daß sich Theologen einer alten und etablierten
Kirche nicht auf ihren theologischen Lorbeeren ausruhen oder nur
an den eigenen Problemen weiterlaborieren, sondern interessiert,
wißbegierig und mit lebendiger Anteilnahme die Vorgänge in
anderen Teilkirchen mitverfolgen. Der Theologe und Missionar
Paulus, der sich wie kein zweiter um die Kommunikation der
verstreuten Gemeinden untereinander bemühte, schrieb an die
Römer: »Mich verlangt danach, euch zu sehen, um euch Geistes-
wirkungen mitzuteilen, euch zur Stärkung, oder besser gesagt: um
in eurer Mitte gemeinsam mit euch Zuspruch zu erfahren durch

den gegenseitigen Austausch eures und meines Glaubens.« (1,11)
Christlicher Glaube lebt vom gegenseitigen Austausch. Was die
Auferbauung unseres Glaubens angeht, sind wir nicht nur Geber-
land, sondern auch Empfängerland.

2. Die Theologie der Befreiung, eine Theologie der »armen Völker«

Der Befreiungstheologe Comblin schreibt: »Zum erstenmal seit
Jahrhunderten gibt es in der Kirche eine Bewegung, die die armen
Männer und Frauen ernst nimmt, die keine Macht und keine
Bildung besitzen, oder vielmehr: die nur die Macht und die
Bildung der Armen besitzen.«[13] Das sind beeindruckende Sätze
von einer einladenden Überzeugungskraft und sie legen den Finger
auf den Punkt, der zu Recht als Schlüsselerfahrung für die
Theologie der Befreiung angesehen werden kann. Das traditionelle
theologische Denken wurde erschüttert durch die das christliche
Gewissen peinigende Entdeckung der Kluft zwischen den Besit-
zenden und den verarmten Volksklassen, die Erfahrung, daß es eine
unschuldige »Zuschauertheologie« nicht geben kann, daß Religion
ständig ideologisch mißbraucht wird, indem sie als Beschwichti-
gungsmittel und Stützpfeiler von objektiv menschenverachtenden
Herrschaftsverhältnissen dient. Wer als Christ diese Entdeckung
im Glauben durchlebt, der liest die Bibel und die Zeugen der
theologischen Tradition mit neuen Augen. Er betrachtet die
Geschichte nicht aus der »Siegerperspektive«, sondern von »unten«. Er findet nun in der Heilsgeschichte den roten Faden einer
umfassenden Befreiungs- und Hoffnungsgeschichte und lernt, daß
in der Heilsgeschichte Gott sich verbindet mit den Beladenen und
mitleidet mit denen, die betrübten Herzens sind. Er versteht Tod
und Auferstehung Jesu als wirksame göttliche Proklamation der
definitiven Überwindung von Töten und Knechten, von den
rohesten Spielarten bis zu den verstecktesten und raffiniertesten. Er
lernt den Religionsstifter Jesus verstehen als Anstifter eines gewaltlosen Aufstandes aller vom Leben Geplagten, weil im Geschick
Jesu Gott selbst aufgestanden ist, sich bis zum Äußersten in unsere
Lage versetzte, sich selbst der Bosheit überlieferte, kreuzesgeprüft
in der Liebe standhielt und so die Niederlage in den Sieg der alles
versöhnenden Liebe verwandelte, die den tiefsten Schmerz und den
Tod nicht scheut. Jesus wird entdeckt als Stifter und Anstifter
dieses christlichen Aufstandes, weil darin, daß er sich für seine
Brüder aufrieb und zugrunde gerichtet wurde, Gott selbst am

Werk war, in unerschütterlicher Liebe dem Haß und dem Tod auf den Grund ging und sie so im Grunde ein für allemal zugrunde richtete. Der Glaube in Lateinamerika hat diese Entdeckungen gemacht und realisiert damit auch den Abstand, der die »Sache Jesu« trennt von der Sache, die Kirche und Theologie oft genug zu der ihren gemacht haben: die Sache der jeweils Herrschenden, deren Ungerechtigkeit sie gewollt oder ungewollt legitimierten und so die »Sache Jesu« diskreditierten.

Aus diesen Erfahrungen baut sich die Theologie der Befreiung auf. Ihre Akzente und die Gewichtung ihrer Problemstellungen müssen im Blick darauf verstanden werden, daß die Situation der Armen nach einer theologischen Reflexion verlangt, welche aus der Praxis der Nachfolge des »armen Christus« entspringt.[14] Wo das Elend zum Himmel schreit, müssen auch für die Theologie an sich sinnvolle Fragestellungen verblassen und hinter den durch die Not sich aufdrängenden Fragen zurücktreten. Es entsteht ein Bewußtsein davon, daß auch die »letzten Fragen« sich daran entscheiden, mit welcher Radikalität und welchem Ernst die vorletzten Fragen verantwortet werden. Es wäre noch irreführend zu sagen, daß die vorletzten Fragen die letzten vermitteln, denn gerade in der Unmittelbarkeit und Ausschließlichkeit der Sorge um die vorletzten Dinge, im Bleiben bei ihnen, kann zu einem bestimmten Augenblick der Geschichte das Letzte, das Heil offenbar und zur Gegenwart bestimmenden Macht werden.[15] »Es gibt eben Situationen, in denen aufgrund der äußeren Tragik allen weiter ausholenden Fragen schon der Verdacht der Flucht zugemessen wird, so daß nur noch weniges gefragt wird, das aber mit brennender Intensität.«[16] Wer die Geschichtlichkeit und Kontextualität der Theologie ernst nimmt, wird nicht so geschwind, wie es oft geschieht, der Theologie der Befreiung Soziologismus und Horizontalismus vorwerfen und immer gleich argwöhnen, hier verdränge Befreiung die Erlösung, das Werk den Glauben, das Heil der Welt werde verwechselt mit dem Wohl der Welt usw. Was Rahner hypothetisch formuliert, darf wohl für die Theologie der Befreiung Geltung beanspruchen: »Wenn ein Horizontalismus nichts anderes wollte, als die Überzeugung zu wecken und zu verbreiten, daß die Christen noch in viel radikalerer Weise als bisher endlich die Aufgabe der Stunde, ihre Weltverantwortung erkennen und realisieren, wäre ein solcher Horizontalismus als epochales Charakteristikum dieser Zeit der Kirche nur zu loben.«[17] Es darf nicht übersehen werden, daß in Lateinamerika die Glaubensverantwortung nicht eigentlich gegenüber dem Atheismus zum Problem wird, sondern gegenüber den »Un-Personen«, den Armen des

Volkes. »Unsere Frage ist, wie wir Gott als Vater in einer unmenschlichen Welt verkünden. Was impliziert es, wenn wir einer Un-Person erzählen, daß er Sohn Gottes ist?« Gutiérrez erinnert in diesem Zusammenhang daran, daß diese Problemkonstellation für die lateinamerikanische Theologie schon eine Tradition hat und bereits einem Antonio de Montesino und einem Bartolome de las Casas zu schaffen machte.[18] Die Erfahrung des Nächsten wird zum Paradigma und Kristallisationspunkt der religiösen Erfahrung und es ist von daher abwegig, einfach zu behaupten, in der Theologie der Befreiung werde der Glaube generell aufgesogen von politischem Aktionismus. Appell zu tätigem Einsatz ist gerade »die kontemplative Christusbegegnung im leidenden und unterdrückten Bruder«.[19] Vor allem Galilea unterstreicht das kontemplative Element in der politischen Aktion: »Hier vereinen sich in ein und derselben kontemplativen Berufung der ›Mystiker‹ und der ›Engagierte‹, weil ja der Ursprung ihrer christlichen Betrachtungsweise derselbe ist: die liebende Erfahrung Jesu, welcher ihnen im Gebet und in den Brüdern, vor allem in den ›Geringsten‹ begegnete.«[20]
Ich habe schon bemerkt, daß ich es nicht für sinnvoll halte, sich bei der Beschäftigung mit der Theologie der Befreiung zu fixieren auf die »Dependenztheorie«, die Theorie der strukturellen Abhängigkeit, deren sich Befreiungstheologen bedienen, um die sozioökonomische Unterentwicklung ihrer Länder zu erklären. Auf jeden Fall sollten wir uns in Europa wegen der »linken Semantik« bei vielen Theologen der Befreiung nicht davon dispensiert fühlen, die Herausforderung dieser Theologen für die »Armen« anzunehmen. Es ist oft genug auf die erschütternde Sprache allein der Statistiken über Verelendung und Marginalisierung in der »Dritten Welt« hingewiesen worden. Nicht nur ein Dom Helder Camara wird nicht müde, uns in Europa an unsere christliche und theologische Mitverantwortung zu erinnern. Man kann sich einmal fragen, ob uns von unseren Enkeln vielleicht nicht einmal derselbe Vorwurf gemacht wird in bezug auf die katastrophale Lage unserer »fernen Nächsten«, den wir heute Theologie und Kirche unserer Großväter machen, daß sie nämlich für die damals virulente »soziale Frage« auf weiten Strecken blind gewesen sind und sich statt dessen beruhigende Stichworte zuriefen. Die Theologie der Befreiung ist so etwas wie ein theologischer Protest gegen beruhigende theologische Stichworte.[21] Aus der Sicht Lateinamerikas wird unsere akademische Theologie nicht selten den Eindruck erwecken – ich variiere einen in anderem Zusammenhang stehenden Satz von P. L. Berger –, daß sich in ihr die Wirklichkeit eines älteren Geschäfts-

mannes reflektiert, der träge sein Mittagessen verdaut, und daß dieser Status es ist, der mit totaler theologischer Relevanz ausgestattet wird.[22] Einer der Gründe, daß die Theologie hier oft so schwerfällig auf den Schrei von Mitchristen nach Gerechtigkeit und Brot reagiert, dürfte darin liegen, daß das Bewußtsein der politischen Dimension, der gesellschaftlichen Voraussetzungen und Folgen von Gaube, Theologie und Kirche trotz allem immer noch unterentwickelt ist und der konkreten historischen Vermittlungen entbehrt. Die Berührungsangst vor sozialen und politischen Problemen würde der Theologie vielleicht leichter vergehen, wenn klarer wäre, daß sie ja immer schon von den geschichtlich-gesellschaftlichen Bedingungen imprägniert ist und ein Sicherheitsabstand nur zum Schein besteht. Niebuhrs These von 1929, daß »theologische Ansichten ihre Wurzeln haben in der Beziehung des religiösen Lebens zu den bei irgendeiner Gruppe von Christen herrschenden kulturellen und politischen Verhältnissen«[23] hat noch nichts an Aktualität verloren.

Die Energie, mit der man in Lateinamerika die Verfilzung religiöser Institutionen in die Muster der bestehenden Gesellschaftsstrukturen analysiert, könnte uns neue Anregungen geben, die Fruchtbarkeit der Methoden des historischen Materialismus in der Theologie und an der Theologie erneut zu erproben, ohne politisch gefärbte Ressentiments. »Materialismus« soll hier nur heißen, daß »die Bedingtheit (der theologischen) Resultate auch durch ihre Gebundenheit an ihre gesellschaftliche, noch für ihre materielle Existenz als Wissenschaftler zuständige Umwelt untersucht wird, auf seiten der exegesierten Texte aber die Mitbedingtheit ihres Wortlautes durch die sozialen Umstände, in denen ihre Verfasser lebten, besonders durch ihre Arbeitswelt«.[24] Der Eindruck ist wohl nicht falsch, daß man zu Zeiten eines Max Weber und Ernst Troeltsch theologischerseits diesen Fragen aufgeschlossener und vorurteilsfreier gegenüberstand als heute, wo man oft lieber auf die in gewissem Sinn akademische Frage ausweicht, ob Christen Sozialisten sein müssen[25], anstatt die mühseligere Arbeit auf sich zu nehmen, zu untersuchen, wie das Bewußtsein der Theologie in die Formationen unserer bürgerlichen Gesellschaft eingelassen ist.

Diesen zweiten Punkt abschließend sollen zwei Rückfragen an die Theologie der Befreiung gestellt werden. Einer, der Texte der Theologie der Befreiung liest (!), kann sich manchmal fragen, ob durch die Verwendung von militanten Wortabläufen, die zu Wortritualen werden können, nicht zusätzliche »Sprachbarrieren« aufgebaut werden, die vermeidbar sind. Es soll hier nicht der Unterstellung Vorschub geleistet werden, als sei etwa »Klassenkampf« mit Haß und Totalitarismus gleichzusetzen[26], aber die doch vorhandene Überzeugung, daß »der Glaube ... die Ideologien in ihrem reduktiven, totalisierenden und verabsolutierenden Anspruch (kritisiert), ob es sich nun um konservative oder um revolutionäre Ideologien handelt«,[27] wird verdeckt durch einen eingeschliffenen Wortgebrauch, der mit starken ideologischen Konnotationen behaftet ist. Es wäre gut, wenn die Theologie der Befreiung die Diskrepanz sehen würde, die darin liegt, daß eine Theologie, die Sprachrohr der »Armen« sein will, ihr Anliegen oft »mit den von den Starken geprägten Worten« beschreibt.[28] Es würden auch die Implikationen der in Ansätzen entwickelten Reflexionen über den »armen Christus« stärker zum Tragen kommen, wenn deutlicher würde, daß sich die Nachfolge dieses Christus gerade auch darin bewährt, daß die Brücken zu den »Feinden« nicht abgebrochen werden, daß Barmherzigkeit geübt wird auch gegenüber der Verlorenheit der »Reichen« und daß Dämme gegen den Haß errichtet werden. Es macht ja gerade die ganze Schwierigkeit des Christseins aus, daß der Eifer für die Gerechtigkeit ein Eifer der Liebe bleibt und nicht unversehens Züge von religiösem und politischem Fanatismus annimmt.

Die zweite Rückfrage betrifft den Zusammenhang von Befreiung und Erlösung. Es dürfte unbestritten sein, daß das Heil nicht einfach quer steht zu den menschlichen Freiheitsbemühungen und daß sich menschliche Befreiung und erlösende Befreiung durch Gott nicht auseinanderdividieren lassen. Überall, wo man hungert nach Gerechtigkeit und wo menschliche Gebrechen geheilt werden, ist der Geist Gottes am Werk.[29] Es klingt wie ungewollter Zynismus, wenn Kolakowski in Frage stellt, ob »die spezifisch christlichen Werte in dem einen System bessere Chancen (besitzen) als in dem anderen«.[30] Auf der anderen Seite sollte die Tatsache, daß die theologische Erkenntnis, die bei ihrer Sache ist, gezeichnet ist von dem leidenschaftlichen Interesse nach konkret geschichtlicher Durchsetzung des christlichen Freiheitsprinzips, nicht in Vergessenheit geraten lassen, daß sich durch dieselbe theologische Erkenntnis auch die Skepsis hindurchziehen muß gegenüber den Emanzipationsideologien, die die konstitutive Schwäche und Sündhaftigkeit des Menschen verdrängen und alle Defekte auf das »System« abwälzen. Hier müßten die Ideologiekritiker oft kritischer sein. Die Anthropologie der Bibel zeichnet ein realistischeres Bild von der »Doppeldeutigkeit menschlicher Existenz«, sie enthält die Überzeugung, daß »Gott seine eigenen Pläne (hat), die den unseren entgegenstehen und uns mit Gericht und Erlösung überraschen«[31] und sie zeigt uns gerade am Beispiel der Lebenspraxis

Jesu, daß die Sehnsucht der »Armen« nach Befreiung dann nicht ernst genug genommen wird, wenn Religion den Menschen nur auf Heil in der Zukunft verweist und über diesem eschatologischen Eskapismus vergißt, daß Heil nicht nur für die Zukunft postuliert werden muß, sondern Anhalt hat auch an der Erfahrung der Gegenwart, und sei's auch der Erfahrung des Leids, in der sich der Trost des Glaubens einstellt. Die meist unter »Opiumverdacht« stehenden Äußerungen der Volksfrömmigkeit, gerade auch in Lateinamerika, sind vielleicht doch nicht nur Entfremdungserscheinungen.[32] Den Zusammenhang von Erlösung und Befreiung, von Tun und Erleiden hat vielleicht niemand eindrucksvoller umrissen wie Max Scheler, in dessen Sätzen eine Anfrage nicht nur an die Theologie der Befreiung liegt: »Die Welt ist nicht darauf angelegt, durch ihre eigenen Kräfte sich im Sinne steter Werterhöhung zu entwickeln. Wenn sie nicht durch Erlösung emporgehoben wird, wenn nicht je höhere Kräfte auf sie frei heruntersteigen, die sie immer neu emporheben, so fällt sie ins Nichts. Stete Gefahr des Todes und mögliche Wiedergeburt nur durch Erlösung, stetes In-die-Knie-Sinken und ›Gehen‹ nur durch eine emporhebende Kraft, die sich erbarmend herabsenkt, uns immer wieder auf die Füße zu stellen: Das erscheint uns als ein zutreffenderes Bild des sich geschichtlich bewegenden Menschen als das des munteren Laufjungen, der in ein immer schöneres Land aus eigenen Kräften ins Unbegrenzte läuft.«[33]

3. Die Theologie der Befreiung, eine lateinamerikanische Erfahrungs-Theologie

Die Theologie der Befreiung beansprucht nicht, eine in sich geschlossene theologische Systematik zu liefern. Sie ist eine Theologie im Experimentierstadium. Assmann spricht bescheiden von »christlichem Gestammel«.[34] Man darf nicht übersehen, daß diese Theologie ursprünglich und auch heute noch wesentlich nicht nur geschriebene Theologie ist, sondern eine Theologie, die sozusagen von Mund zu Mund geht und sich herauskristallisiert aus Predigten, Katechesen, Konferenzen, Flugblättern, Basisgruppen. Die schreibenden Theologen sind meist eingebettet in einen Gesprächszusammenhang an der »Basis«, es handelt sich also um eine in bestimmten Begründungs- und Motivationszusammenhängen entworfene Theologie, deren Substanz zuerst gelebt worden ist, bevor man sie auf den theologischen Begriff zu bringen versuchte. Die konkreten Fragen von Christen angesichts der fehlenden »Beweise des Geistes und der Kraft« des Christentums in ihrem Milieu gaben der Theologie ihre Impulse. Die Not lehrt ja nicht nur beten, sie ist auch die Mutter des Denkens.[35] Die »epistemologische Dichte der Praxis« wurde von Befreiungstheologen immer wieder betont.[36] Die Theologie der Befreiung ist also alles andere als eine dogmatisch fixierte »Glasperlenspiel-Orthodoxie«, für die die Wahrheit des Glaubens von vornherein fraglos feststeht. Der Glaube wird vielmehr der Anfechtung durch die sozialen und kulturellen Turbulenzen der praktischen Lebenswelt ausgesetzt und verstanden als neue Erfahrung, die der Christ beim Umgang mit seinen konkreten Widerfahrnissen macht, also etwa als die neue Erfahrung der Inspiration zur Solidarität mit den Armen, als die Erfahrung, daß dem Schwachen Kraft zufließt und er die heilsame Befreiung aus der Zwangssituation des Nicht-Handeln-Könnens erlebt. Der Glaube ist erfahrender Glaube, der neue Entdeckungen in der Wirklichkeit macht, weil er sich nicht abschirmt von den Konflikten und Zweifeln des Alltags, sondern inmitten der Existenzrisiken auf die Probe gestellt und in seiner Wirklichkeit erschließenden Kraft getestet wird.[37]

Dieser Erfahrungsbezug der Theologie soll kurz am Beispiel der religiösen Sprache verdeutlicht werden. Aufgrund von Sensibilisierung gegenüber der Resonanz religiösen Sprechens im jeweiligen Kontext wird die traditionelle Sprache der Frömmigkeit und der Theologie einem rigorosen Härtetest unterzogen mit dem Resultat, daß die traditionellen Sprachregelungen die Spuren langer ideologischer Verformung an sich tragen. Es wird entdeckt, daß die kirchlichen und religiösen Unterhaltungsgebilde sich wie ein Schutzmantel um die repressiven Gesellschaftsstrukturen legen und ihnen eine religiöse Legitimation verschaffen. Es wird eingesehen, daß mit dem Sprechen dieser Wörter ein alter Verblendungszusammenhang immer aufs neue sich herstellt und daß sogar neue Wörter wie »Entwicklung«, »Frieden«, »Fortschritt« und »Reform« sich sehr schnell als widerstandslos herausstellen gegenüber dem Sog der Vereinnahmung und Absorption in den etablierten Zusammenhang niederdrückender Sprachdressuren. Angesichts dieser praktischen Erfahrungen mit der »faulen Mystik« der Wörter[38], angesichts der Sprachlosigkeit, in die gerät, wer die Erosion der Wörter aufgrund ihrer Verkupplung mit Entfremdung durchschaut, muß der Versuch, neu zu sprechen, gemacht werden, auf die Gefahr hin, wieder in neue Sprachfallen zu geraten.[39] Die neue Sprache der Theologie der Befreiung ist davon tatsächlich nicht verschont geblieben. Vor allem Assmann, der sich innerhalb der Theologie der Befreiung für die Entwicklung eines sprachkritischen Bewußtseins eingesetzt hat, beklagt eine »zunehmende Sinnentleerung der neuen Sprache« und stellt fest, daß der geradezu inflationäre Gebrauch, der vom Befreiungsjargon gemacht wurde, mit schuld daran ist, daß »das Wörtchen ›Befreiung‹ bekanntlich fast alles (deckt), was man sich vorstellen kann . . .«[40]

Eine Theologie, die sich ihres Ortes im konkreten Theorie-Praxis-Zusammenhang bewußt ist, muß also ein vitales Interesse daran haben, auf die Stimme der gelebten Glaubenserfahrung und praktischen Religiosität zu hören. Wenn die konkrete Erfahrung ein Kriterum für die Vergewisserung über die Wahrheit des Glaubens insofern ist, als sich in ihr ja herausstellen muß, inwieweit der Glaube sinnintegrierend, ideologiekritisch und innovatorisch wirkt und neu auftretende Krisen und Probleme, nicht nur im Bereich privater Innerlichkeit, sondern gerade auch im Raum der gesellschaftlichen Öffentlichkeit zu klären und zu erhellen vermag, dann hat die theologische Rechenschaft über den Glauben allen Grund, sich von diesen Erfahrungen nicht abzukoppeln.

Die Theologie der Befreiung stellt den Glauben auf den Prüfstand der Erfahrungen inmitten der Konflikte des Kontinents. Damit wird der Tendenz entgegengewirkt, die in Deutschland im Gefolge der dialektischen Theologie verbreitet ist, den Glaubensvollzug sich zusammenziehen zu lassen auf den Akt der Anerkennung des »Wortes Gottes«. Zudem wird damit eine Entwicklung gebremst, in welcher der Glaube zunehmend zu einer bloß privaten Versicherung herunterkommt. Diese entschiedene Absage an die Privatisierung von Religion steht natürlich unter im Vergleich zu Europa günstigeren Voraussetzungen, insofern als generell in der »Dritten Welt« die Gesellschaften nicht einen Säkularisierungsprozeß von europäischem Ausmaß durchgemacht haben und die Trennung von Religion und anderen Wirklichkeitsbereichen weithin noch unvorstellbar ist.[41] Hinzu kommt wohl, daß eine der Bedingungen für die europäische Privatisierung von Religion, die Zersplitterung des Christentums in zerstrittene Konfessionen,[42] für den katholischen Subkontinent wenigstens nicht in dem Umfang zum Tragen gekommen ist. Diese unterschiedliche Stellung der christlichen Religion zur Gesellschaft in Lateinamerika zeigt sich deutlich daran, daß sich die Theologie der Befreiung ganz bewußt als lateinamerikanische Theologie für Lateinamerika versteht, d. h. diese Theologie empfängt einen wesentlichen Impuls aus der Überzeugung, daß es für die Zukunft des Subkontinents entscheidend ist, inwieweit es gelingt, die verschütteten, brachliegenden oder ideologisch verzerrten religiösen Kräfte der lateinamerikanischen Gesellschaften und Kulturen so zu mobilisieren, daß dieser

Kontinent eine neue Zukunftsperspektive und einen umfassenden Sinnhorizont gewinnt. Die Konferenz von Medellín 1968, der Startschuß für die Theologie der Befreiung, erklärte feierlich, daß die Kirche ihre »volle und wirksame Mitarbeit in den Wandlungsprozeß des Kontinents einbringen müsse«. Es geht ihr um eine »neue und intensivere Präsenz der Kirche in der gegenwärtigen Umwandlung Lateinamerikas«. Der »ganze Wandlungsprozeß soll mit den Werten des Evangeliums durchdrungen werden«. Des weiteren fällt auf, daß vor allem in der Präambel, der »Botschaft an die Völker Lateinamerikas« wiederholt von der besonderen Berufung des Subkontinents in dieser geschichtlichen Stunde und von der entsprechenden besonderen geschichtlichen Sendung des Christentums in diesem historischen Abschnitt geredet wird.[43] Die Kirche versucht, in den »Zeichen der Zeit« den bestimmten Plan Gottes mit Lateinamerika, welches jenseits von Nationalismen als Einheit genommen wird, zu erkennen.

Wir sehen, wie sich zu dem Erfahrungs- und Öffentlichkeitsbezug der Theologie die Bereitschaft zu christlicher Prophetie gesellt, »welche vollmächtig sagt, wo Gott in unserer Gegenwart handelt und wo wir es mit ihm unmittelbar zu tun bekommen«.[44] Sauter ist sicherlich zuzustimmen, daß Gottes Handeln nicht einfach identifiziert werden kann mit neuen revolutionären Situationen, daß Kirche und Theologie aber dennoch den Mut aufbringen müssen »begrenzte Konkretionen auszusprechen und an ihnen gemeinsam zu erproben, welche Heilkraft sie besitzen«.[45] Aus Angst, Gottes Handeln und die Geschichte völlig gleichzuschalten, darf nicht der Glaube an die Führung und Vorsehung Gottes völlig entgeschichtlicht und entweltlicht werden.[46] In Deutschland verhindert oft noch das Trauma der »Deutschen Christen« eine neue Inangriffnahme der geschichtstheologischen Thematik.[47] Sie verstärkt wieder aufzugreifen, dazu könnten die »begrenzten Konkretionen« und »begrenzten Identifikationen« des Heils[48] in der »Dritten Welt«, so auf der »erzählenden Weltmissionskonferenz« von Bangkok 1973, ein Anstoß sein.

In diesem Zusammenhang soll noch erwähnt werden, daß im Rahmen der Theologie der Befreiung die theologische und gerade auch geschichtstheologische Relevanz des Erzählens von paradigmatischen christlichen Lebensschicksalen neu entdeckt worden ist. Man erkennt, daß sich im Leben, Leiden und Kämpfen einzelner Christen gleichsam modellhaft die Erfahrungen des Kontinents verdichten und hier anschaulich die Summe eines Glaubens gezogen werden kann, der in Entsprechung steht zur bestimmten geschichtlichen Stunde des Kontinents.[49] Eine solche »Hagiographie« und »biographische Theologie«, wie wir sie auch in der »Schwarzen Theologie« finden, kann die hiesige Diskussion über Narrativität in der Theologie anregen.[50]

Zum Abschluß dieses Komplexes einer Theologie aus konkreter Geschichtserfahrung soll die Frage aufgeworfen werden, warum sich die Theologie der Befreiung, soweit mir bekannt ist, so wenig oder gar nicht mit dem Faktum der messianischen Freiheits- und Heilsbewegungen in Lateinamerika auseinandersetzt und die synkretistischen Kulte Brasiliens wie etwa den Umbandismus, der unerhörten Anklang findet, aus ihren Reflexionen über die politisch-religiöse Situation auszublenden scheint.[51] Meldet sich in diesen Bewegungen ein Verlangen nach religiöser Sinnvergewisserung, welches in den christlichen Kirchen und auch in der Theologie der Befreiung nicht ausreichend gewürdigt wird? Für eine Theologie, die den Begriff des »pueblo« und die Befreiung gerade der Volksmassen ins Zentrum des Interesses rückt,[52] müßte es doch aufschlußreich sein, sich zu fragen, aus welchen Bedürfnissen diese Volksbewegungen entstehen, wie sie sich verhalten zur christlichen Volksfrömmigkeit und was sich daraus ergibt für eine Theologie, die verwurzelt sein will in den Erfahrungen des Volkes. Gutiérrez scheint dieses Anliegen zu spüren, wenn er einmal in einer Anmerkung schreibt: »Es ist zum Beispiel klar, daß das einheimische Volk und die einheimische Kultur Lateinamerikas nicht ausreichend repräsentiert sind in der Arbeit unserer theologischen Reflexion.«[53] Das gehört ganz groß geschrieben. Mir scheint eigentlich, die Theologie der Befreiung dürfte manchmal, bei aller geschichtlichen Kontinuität, ruhig weniger europäisch sein und müßte noch konsequenter lateinamerikanisch sein, um den ihr zukommenden Part im ökumenischen Konzert wirklich voll auszuspielen.[54]

Anmerkungen

Rivinius: Unterdrückung und Befreiung am Beispiel der Kirchengeschichte Lateinamerikas (S. 9 ff.)

1 Darüber informiert ausführlich: Ingo Lembke, Christentum unter den Bedingungen Lateinamerikas. Die katholische Kirche vor den Problemen der Abhängigkeit und Unterentwicklung, Frankfurt a. M.–Bern 1975.

2 Armin Bollinger, Spielball der Mächtigen. Geschichte Lateinamerikas, Berlin–Köln–Mainz 1972, S. 15.

3 Dazu vgl. Wolf Grabendorff, Lateinamerika – wohin? Informationen und Analysen, 3. Aufl. München 1974, S. 13. Zur Indianersklaverei durch die spanischen und portugiesischen Einwanderer: Richard Konetzke, Süd- und Mittelamerika I. Die Indianerkulturen Altamerikas und die spanisch-portugiesische Kolonialherrschaft, Frankfurt a. M. 1965, S. 165–172; bzgl. der afrikanischen Zwangseinwanderung siehe: ebd., S. 75–85; gegen die negative und einseitige Beurteilung des Verhaltens der Kirche zur Negersklaverei, insbesondere in Brasilien nimmt Stellung: Venantius Willeke, Kirche und Negersklaven in Brasilien 1550–1888, in: NZM 32 (1976), S. 15–26.

4 Vgl. R. Konetzke, Süd- und Mittelamerika I, S. 220–282.

5 Im einzelnen zu den Indianern Amerikas, ihrer Kultur und ihrem Verhalten gegenüber den weißen Eroberern: ebd., S. 9–26, und Laurette Sejourne, Altamerikanische Kulturen, Frankfurt a. M. 1971.

6 R. Konetzke, ebd., S. 220.

7 Zur Auseinandersetzung um die Rechtstitel der Kolonialgründungen in Lateinamerika: ebd., S. 27–41; A. Bollinger, Spielball der Mächtigen, S. 66–98 bzw. 113–121, und Joseph Höffner, Kolonialismus und Evangelium. Spanische Kolonialethik im Goldenen Zeitalter, 3. Aufl. Trier 1972.

8 Siehe bzgl. der päpstlichen Edikte als Legitimation der kolonialen Besitzrechte: I. Lembke, Christentum unter den Bedingungen Lateinamerikas, S. 10–16.

9 Anfangs gab es beachtliche Schwierigkeiten, die königliche Autorität gegenüber dem Klerus in Lateinamerika zur Geltung zu bringen. Vgl. R. Konetzke, Süd- und Mittelamerika I, S. 230–242.

10 Ebd., S. 225.

11 Ebd., S. 226.

12 Siehe dazu: I. Lembke, Christentum unter den Bedingungen Lateinamerikas, S. 14.

13 Zum Wirken von Las Casas: Benno M. Biermann, Las Casas und seine Sendung. Das Evangelium und die Rechte des Menschen, Mainz 1968.

14 I. Lembke, Christentum unter den Bedingungen Lateinamerikas, S. 30–32, gibt ein Resümee über den Charakter des Volkskatholizismus.

15 Im einzelnen siehe: Gustavo Beyhaut, Süd- und Mittelamerika II. Von der Unabhängigkeit bis zur Krise der Gegenwart, Frankfurt a. M. 1965; vgl. außerdem: Fernando H. Cardoso, Enzo Faletto, Abhängigkeit und Entwicklung in Lateinamerika, Frankfurt a. M. 1976.

16 Die zwangsläufige Frage nach der Funktion der Revolution im historischen Prozeß der Länder Lateinamerikas sowie die Frage nach der

Revolution als notwendiges und legitimes Mittel, die verhärteten
gesellschaftlichen und sozio-ökonomischen Strukturen aufzubrechen
und dauerhaft zu verändern, kann hier nur angedeutet werden. Dazu
siehe: Hans-Joachim König, Nationale Befreiung und sozialer Wandel.
Unabhängigkeit – Unterentwicklung – Agrarreform in Lateinamerika,
in: Ansichten einer künftigen Geschichtswissenschaft. Bd. 2: Revolution – ein historischer Längsschnitt, hrsg. von Imanuel Geiss, Rainer
Tamchina, München 1974, S. 176–201.
17 Vgl. Sergio Silva, Glaube und Politik: Herausforderung Lateinamerikas.
Von der christlich inspirierten Partei zur Theologie der Befreiung,
Frankfurt a. M.–Bern 1973.
18 Camilo Torres, Revolution als Aufgabe des Christen, Mainz 1969, S. 29.
19 Zur Konferenz von Medellin, ihrer Vorgeschichte, ihrem Verlauf und
Ergebnis: I. Lembke, Christentum unter den Bedingungen Lateinamerikas, S. 130–152.

Modehn: Kampf – Kontemplation – Theologie. Eine Skizze (S. 25 ff.)

1 Vgl. etwa die Literaturübersicht von Hildegard Lüning in: Publik-
Forum, 4/1976, S. 8 f.
2 Vgl. zu diesen Vorgängen: Gabriele Baums, Lateinamerika – Menschen-
recht außer Kraft?, in: Herder Korrespondenz, 12/1975, S. 623–629,
bes. S. 624 f.
3 Michael McKale, Nestor Paz, The mystic Christian Guerilla, in: Radical
Religion (Berkeley, USA), vol. II 1975, p. 36–44.
4 Vgl. etwa die Textsammlung »La rose, qui pleure«, du Cerf, Paris, 1974.
5 Michel de Certau, Mystiques violentes et stratégie non-violente, in: Le
Monde diplomatique, Mai 1976, p. 16 f.
6 Vgl. etwa Informations catholiques internationales, No. 502 (v. 15. 5. 76),
p. 41, oder: Notre Combat, Paris, No. 89, Mai 1976, p. 24–31. Zum
Ganzen: Hans Zwiefelhofer, Zwischenbilanz zur Theologie der Befreiung, in: Orientierung, 1976, S. 76–80.
7 Hierzu vgl. besonders Giulio Girardi, Zur gegenwärtigen Konfrontation der Christen mit dem Marxismus, in: Internationale Dialogzeit-
schrift (7), 1974, S. 255–276.
8 Segundo Galilea, Die Befreiung als Begegnung zwischen Politik und
Kontemplation, in: Concilium (10), 1974, S. 391.
8 a ebd.
9 Vgl. etwa Josef Weismayer, Thema Spiritualität. Ein Literaturbericht,
in: Theolog.-praktische Quartalschrift (123), 1975, S. 279–284.
10 Zit. in Studia Anselmiana, Roma 1936, 57.
11 Zit. in Lateinamerika, Zeitschrift des Lateinamerika Kollegs in Louvain,
1973, S. 62.
11 a Zit. in Orientierung, 1976, S. 53.
12 Gustavo Gutiérrez, Befreiungspraxis, Theologie, Verkündigung, in:
Concilium (10), 1974, S. 409.
13 Vgl. zu diesem Zusammenhang: Hans Kessler, Erlösung als Befreiung,
Düsseldorf 1972.
14 Zit. in Helmut Gollwitzer, Krummes Holz – aufrechter Gang, München 1970, S. 152.
15 Zit. in Segundo Galilea (vgl. Nr. 8), dort S. 392.
16 Zit. in Christ in der Gegenwart, 15. Februar 1976, S. 54.
17 Vgl. Gabriele Dietrich in: epd-Entwicklungspolitik, 4/1976, S. 13 f.

1 Gustavo Gutiérrez: Theologie der Befreiung, München/Mainz 1973, S. 74.
2 Vgl. L. J. Lebret: Welt im Umbruch. Ein Beitrag zum Aufbau einer neuen Zivilisation, Olten/München 1961.
3 Vgl. Desal: Marginalidad en America Latina. Un ensayo de diagnostico, Barcelona 1969.
4 Zum Beispiel F. H. Cardoso, T. dos Santos, A. G. Frank, A. Pinto, O. Sunkel.
5 Vgl. die deutsche Übersetzung der wichtigsten Dokumente dieser Konferenz, in: Heinrich Pesch Haus (Hrsg.): Kirche und Entwicklung in Lateinamerika, Mannheim/Ludwigshafen 1969.
6 Konferenz von Medellín, Dokument Gerechtigkeit, Nr. 3; deutsche Übersetzung vgl. oben.
7 Theodonio dos Santos: Über die Struktur der Abhängigkeit, in: Senghaas, Dieter (Hrsg.): Imperialismus und strukturelle Gewalt. Analysen über abhängige Reproduktion, Frankfurt 1972, S. 243.
8 Vgl. T. T. Evers/P. v. Wogau: »dependencia«. Lateinamerikanische Beiträge zur Theorie der Unterentwicklung, in: Das Argument, Nr. 79/1973.
9 Vgl. Joseph Comblin: Movimientos y ideologias en America Latina, in: Fe cristiana y cambio social en America Latina, Salamanca 1973.
10 Vgl. Hugo Assmann: Opresion-liberacion. Desafio a los Cristianos, Montevideo 1971.
11 Vgl. Eduardo F. Pironio: Der neue Mensch – Theologische Besinnung auf das Wesen der Befreiung, in: P. Hünermann/G. D. Fischer (Hrsg.): Gott im Aufbruch, Freiburg 1974, S. 41–69.

Goldstein: Skizze einer biblischen Begründung der Theologie der Befreiung (S. 62 ff.)

1 Zur Dependenztheorie vgl.: T. T. Evers/P. von Wogau, »dependencia«: lateinamerikanische Beiträge zur Theorie der Unterentwicklung, in: Das Argument 15 (1973), S. 404–454.
2 Vgl. G. Gutiérrez, Theologie der Befreiung (aus dem Spanischen von Horst Goldstein), München – Mainz 1973, S. 141–149.
3 Vgl. G. Gutiérrez, S. 149–160.
4 Vgl. H. Ulonska, Die Funktion der alttestamentlichen Zitate und Anspielungen in den paulinischen Briefen, Diss. Münster 1963, S. 205; W. Thüsing, Per Christum in Deum, Münster 1965, S. 44; H. W. Bartsch, Die antijüdischen Gegner des Paulus im Römerbrief, in: W. P. Eckert u. a. (Hrsg.), Antijudaismus im Neuen Testament, München 1967, S. 27–43, hier 34 ff.; U. Luz, Das Geschichtsverständnis des Paulus, München 1968, S. 67; H. Goldstein, Paulinische Gemeinde im Ersten Petrusbrief, Stuttgart 1975, S. 36.
5 G. Gutiérrez, S. 158 f.
6 Die Kirche in der gegenwärtigen Umwandlung Lateinamerikas im Lichte des Konzils. Beschlüsse der II. Generalversammlung des lateinamerikanischen Episkopats (Deutsch: Adveniat – Dokumente/Projekte 1–3, Essen 1970, S. 14–15). Im folgenden zitiert als: Medellín.
7 Das Dokument kann in deutscher Übersetzung bezogen werden beim

Institut für Brasilienkunde, Sunderstr. 15, D-4532 Mettingen. Hier: S. 27.

8 Vgl. A. Exeler, Exodus. Ein Leitmotiv für Pastoral- und Religionspädagogik, München o. J., S. 72–76.

9 Vgl. A. Exeler, Exodus, S. 116–132.

10 Vgl. G. Gutiérrez, S. 41 f. 170. 229. Die Erkenntnis von der zentralen Funktion dieser These ist unabdingbare Voraussetzung für ein sachgerechtes Verständnis der Theologie der Befreiung. Ablehnende Einschätzungen der Theologie der Befreiung gründen in der Regel auf der Tatsache, daß der Rezensent diesen *articulus stantis et cadentis* der lateinamerikanischen Theologie nicht hinreichend wahrnimmt. So: P.-I. André-Vincent, Les »théologies de la libération«: Nouvelle revue théologique 108 (1976), S. 109–125. Vgl. auch: G. Greshake, Endzeit und Geschichte. Zur eschatologischen Dimension in der heutigen Theologie, in: G. Greshake–G. Lohfink, Naherwartung – Auferstehung – Unsterblichkeit, Freiburg–Basel–Wien 1975, S. 30–34; L. Bossle, Praxeologischer Obskurantismus: Stimmen der Zeit 101 (1976), S. 473–486. Weil Bossle nicht darauf eingeht, daß im Verständnis der Theologie der Befreiung diese drei Ebenen einen einheitlichen geschichtlich-heilsgeschichtlichen Prozeß bilden, meint er von »denaturierter« Theologie sprechen zu müssen (S. 479).

11 L. Boff, Rettung in Jesus Christus und Befreiungsprozeß: Concilium 10 (1974), S. 419–426, hier: S. 420.

12 G. Gutiérrez, S. 171.

13 G. Gutiérrez, S. 171.

14 Vgl. H.-G. Gadamer, Wahrheit und Methode. Grundzüge einer philosophischen Hermeneutik, Tübingen 1960, S. 289 f.

15 L. Boff, S. 419.

16 L. Boff, S. 419.

17 Vgl. L. A. De Boni, Kirche auf neuen Wegen. Reformbestrebungen der brasilianischen Kirche – Ihre theologischen und gesellschaftlichen Implikationen, Masch. Diss. Münster 1974, S. 374–378.

18 Vgl. L. A. De Boni, S. 378–384.

19 Vgl. zum folgenden Absatz: A. Exeler, S. 163.

20 Medellín, S. 14.

21 Medellín, S. 52.

22 J. Gnilka, Der Epheserbrief (HthKNT/X, 2), Freiburg–Basel–Wien 1971, S. 95.

23 P. Stuhlmacher, Der Brief an Philemon (EKK), Zürich–Einsiedeln–Köln–Neukirchen–Vluyn 1975.

24 H. Goldstein, Jesus und die politischen Mächte seiner Zeit, in: H. Boventer (Hrsg.), Kirche und Staat. Partner nicht Gegner (Bensberger Protokolle 12), Bensberg 1976, S. 9–22; hier: S. 13.

25 P. E. Lapide, Die dreifache Antwort auf die Steuerfrage, in: P. E. Lapide, Der Rabbi von Nazaret. Wandlungen des jüdischen Jesusbildes, Trier 1974, S. 41–48; ders., War Jesus von Nazareth ein Kollaborateur? Gewalt und Gewaltanwendung in jüdischer Sicht, in: Deutsche Zeitung/Christ und Welt vom 12.12.1975, S. 22.

26 Dafür, daß gerade Röm 13,1-7 bei den Machthabern in Lateinamerika eine große Rolle spielt, findet sich ein Beleg bei: H. Goldstein, Die politischen Paränesen in 1 Petr 2 und Röm 13: BuL 14 (1973), S. 88–104, näherhin S. 89, Anm. 3.

27 Vgl. dazu insgesamt: H. Goldstein, Die politischen Paränesen in 1 Petr 2 und Röm 13, a.a.O.

28 Vgl. etwa A. Rauscher, Befreiung. Christliche und marxistische Inter-
pretation, in: F. Hengsbach, A. Rauscher, A. L. Trujillo, R. Vekemans,
W. Weber, Kirche und Befreiung, Aschaffenburg 1975, S. 29–46; hier:
S. 36.

*Scannone: Das Theorie-Praxis-Verhältnis in der Theologie der Befreiung
(S. 77 ff.)*

1 Vgl. Gustavo Gutiérrez, Theologie der Befreiung, München–Mainz
1973, S. 19.
2 ebd., S. 16.
3 Das Wort »theologal« meint hier im Gegensatz zu dem die theoretische
Ebene bezeichnenden Begriff »theologisch« das auf die menschliche
Praxis einwirkende Handeln Gottes (Anm. d. Übers.).
4 Wir setzen das übernatürliche Existential, entsprechend der Begrifflich-
keit Karl Rahners, voraus; vgl. ders., Schriften zur Theologie I,
Einsiedeln 1960, S. 323–345.
5 Nach einem Ausdruck von J. Ochagavía über die Schlußerklärung des
ersten Treffens der Christen für den Sozialismus, in: Mensaje 21 (1972),
S. 366 und 358. Bezüglich dieses Dokuments vgl. auch: J. C. Scannone,
Teología de la liberación y praxis popular – Aportes críticos para una
teología de la liberación, Salamanca 1976, S. 117–125. (Im weiteren
Verlauf wird dieses Werk abgekürzt als TyP wiedergegeben.)
6 Vgl. J. van Nieuwenhove, Rapports entre foi et praxis dans la théologie
de la libération latino-américaine, Strasbourg 1974, S. 251 ff. Er spielt
auf meine Arbeit an: Teología y política – El actual desafío planteado al
lenguaje teológico latinoamericano de liberación, in: Fe cristiana y
cambio social en América Latina, Salamanca 1973 (auch in TyP
S. 27–59; frz. Übersetzung in: Les luttes de libération bousculent la
théologie, Paris 1975). Dazu auch mein Artikel: Die Theologie der
Befreiung: evangeliumsgemäß oder ideologisch?, in: Concilum X
(1974), S. 228–232.
7 Über die Aktion als Band nach Blondel vgl.: J. C. Scannone, Sein und
Inkarnation – Zum ontologischen Hintergrund der Frühschriften M.
Blondels, Freiburg–München 1968.
8 Der Begriff »Analektik« stammt von B. Lakebrink (vgl. Hegels
dialektische Ontologie und die thomistische Analektik, Ratingen 1968).
Mit diesem Wort möchte ich eine Dialektik kennzeichnen, die offen ist
auf Transzendenz, Ungeschuldetsein und geschichtliche Neuheit hin
und die gedacht wird entsprechend dem Rhythmus und der Struktur
der thomasischen Analogie. Ich inspiriere mich dabei an E. Przywara,
Analogia entis, Einsiedeln 1962, und an L. B. Puntel, Analogie und
Geschichtlichkeit I, Freiburg 1970. Vgl. was ich dazu in TyP S. 150,
214, 216 und 251 f. sage; vgl. ebenfalls meinen Artikel: Die Dialektik
von Herr und Knecht – Ontologische Reflexionen zur Praxis der
Befreiung, in: Gott im Aufbruch – Die Provokation der lateinamerikanischen Theologie, Freiburg–Basel–Wien 1975. Auch E. Dussel spricht
von »Analektik«, wenn auch nicht völlig im gleichen Sinn, in: Método
para una filosofía de la liberación, Salamanca 1974. Zum »situierten
Universale« vgl. M. Casalla in: Filosofía y cultura nacional en la
situación latinoamericana contemporánea, in: Hacia una filosofía de la
liberación latinoamericana, Buenos Aires 1973, S. 38–52.
9 Vgl. M. Corbin, Le chemin de la théologie chez Thomas d'Aquin, Paris
1974, bes. in Kap. 4.

10 Zu dieser geistlichen Erfahrung vgl. E. Pironio, Escritos Pastorales, Madrid 1973; S. Galilea, Die Befreiung als Begegnung zwischen Politik und Kontemplation, in: Concilium X (1974), S. 388–395; G. Gutiérrez, Evangelio y praxis de liberación, in: Fe cristiana y cambio social en América Latina, S. 231–245; ebenso mein Artikel: Die Theologie der Befreiung in Lateinamerika, in: Orientierung 1973, S. 4.

11 Der Ausdruck stammt von H. Borrat in: El Encuentro de Santiago, in: Víspera 28 (1972), S. 21–27.

12 Die blondelsche Dialektik ist dreidimensional: vgl. das in Anm. 7 zitierte Werk. Wir denken sie in innigster Beziehung zur »Analektik«, von der wir weiter oben gesprochen haben, und zwar in einer Gegenposition zur hegelschen und marxistischen Dialektik.

13 Über die totale Praxis beim jungen Marx vgl. den bedeutenden Artikel von H. de Lima Vaz: Ateísmo y mito, in: Víspera 28 (1972), S. 13–20.

14 Wenn ich von der sakramentalen Spannung spreche, denke ich an die Spannung, die zwischen dem wirksamen Zeichen *(sacramentum)* und dem Bezeichneten *(res)* besteht.

15 Eine *philosophische* Kritik der verfälschten lateinamerikanischen Praxen und der ontologischen Struktur der wirklich befreienden Praxis unternehme ich in der schon zitierten Arbeit: Die Dialektik von Herr und Knecht (überarbeitet auch erschienen in TyP, S. 133–186). Über diesen Versuch sagt P. Hünermann treffend: »Er leistet damit im Sinne der Fundamentaltheologie eine philosophische Arbeit, die sich ihrer christlichen Konditionierung durchaus bewußt ist«; vgl. ebd., S. 21.

16 Wir beabsichtigen damit nicht, eine Übersicht über die *ganze* gegenwärtige lateinamerikanische Theologie zu entwerfen.

17 Vgl. dazu den lateinamerikanischen Bericht, der auf der XXII. Vollversammlung der Internationalen Bewegung Katholischer Intellektueller (Pax Romana) gegeben wurde, in: Convergence n. 1–2 (1975), S. 19–33. Vgl. ebd. meine Arbeit: Vers une pastorale de la culture, S. 44–53, wo ich sowohl die konservativen und neoliberalen als auch die marxistischen Positionen kritisiere; vgl. dazu auch TyP, passim.

18 Wie G. Gutiérrez in seinem zitierten Werk sagt; vgl. S. 224ff. Gutiérrez verfällt nicht dieser Abstraktion, von der wir im Text sprechen. Über die abstrakte und die vermittelte Utopie vgl. die einschlägigen Beobachtungen von U. Hommes in seinem Artikel »Utopie« in: Handbuch philosophischer Grundbegriffe 6, München 1974, 1571–1577.

19 J. Comblin betont mit starkem Nachdruck den Wert des weisheitlichen Bewußtseins der Armen und Einfachen bezüglich der Geschichte in: Freiheit und Befreiung, theologische Begriffe, in: Concilium X (1974), S. 426–433. Über das Volk, sein kulturelles *Ethos* und die Beziehung zwischen Glaube (und Theologie) und Volkskultur vgl. F. Boasso, ¿Qué es la pastoral popular?, Buenos Aires 1974; L. Gera, Cultura y dependencia a la luz de la reflexión teológica, in: Stromata 30 (1974), S. 169–193; ebenso TyP cap. 4: Teología de la liberación, cultura popular y discernimiento (ital. übers. in: La nuova frontiera della teologia in America Latina, Brescia 1975, S. 313–350).

20 Zu diesem Thema vgl. außer dem in der vorigen Anmerkung zitierten Kapitel aus TyP meine Arbeit, die in Stromata 1976 erscheint: ¿Vigencia de la sabiduría cristiana en el éthos cultural de nuestro pueblo: una alternativa teológica? Ich versuche, die Lebensweisheit, welche sich in der Volksdichtung symbolisch ausdrückt, theologisch aufzunehmen in: Volkspoesie und Theologie: Der Beitrag des »Martín Fierro« zu einer Theologie der Befreiung, in: Concilum XII (1976), S. 295–300.

21 Diese Linie fällt keineswegs in den »Nationalkatholizismus« zurück (dazu vgl. A. Alvarez Bolado, La teología política en España, in: Dios y la ciudad, Madrid 1975, S. 145–200), und zwar aus zwei Gründen: (1) Es handelt sich nicht so sehr um die Beziehung zwischen der Kirche als Institution und dem Staat, sondern vor allem um die Beziehung zwischen der Kirche als dem Volk Gottes und dem Volk, auch wenn das Wort »Volk« nicht nur Gemeinschaft, sondern auch organischen Aufbau (und deswegen institutionelle Strukturen) impliziert; (2) weil die Beziehung zwischen Glaube und Volkskultur nicht in unmittelbarer Form gedacht wird, sondern durch die Vermittlung der Lebensweisheit, welcher der ethisch-religiöse Kern der Kulturen ist (vgl. dazu meine in Anmerkung 17 zitierte Arbeit).

22 Wörtlich: »Hans Volk«, was in etwa unserem »Herrn Jedermann« oder »Lieschen Müller« entspricht (Anm. d. Übers.).

Noggler: Theologie oder Pastoral der Befreiung (S. 97ff.)

1 Vgl. Gera, Büntig y Catena, Teologia, Pastoral y Dependencia in: Colección Dependencia 10, Buenos Aires 1974, p. 32.

2 Vgl. L. Th. K. 10, Metz, J. B., Theologie, S. 69, Freiburg 1966.

3 Vgl. Dussel, E., in Concilium 6/7, 1974, Herrschaft-Befreiung, Ein veränderter theologischer Diskurs, S. 402.

4 Comblin, J. in: Concilium 6/7, 1973, S. 429.

5 Ders., a.a.O.

6 Vgl. Gutiérrez, G., Teologia de la Liberación, perspectivas, Salamanca 1972, p. 25/26.

7 Ders. p. 28/29, vgl. auch: Kloppenburg, B., La Salvación, Cristiana y el Progreso Humano Temporal, in: Medellín Teología y Pastoral para América Latina, Vol. 2, Marzo 1976, p. 50–73, Gaudium et Spes, No. 12 a.

8 Vgl. Beschlüsse der II. Generalversammlung des Lateinamerikanischen Episkopates (Medellín, 24. 8.–6. 9. 1968), deutsch in: Adveniat Dokumente, Projekte 1970, Einleitung 6.

9 Vgl. Gera, p. 20.

10 Vgl. Beschlüsse, Einleitung 6, I, 4.

11 Vgl. Büntig, A., Magia, Religión o Cristianismo? Buenos Aires 1970, p. 11.

12 Vgl. Beschlüsse, 6, I. 5.

13 Vgl. Büntig, A., Dimensiones del Catolicismo Popular, in: fe Cristiana y cambio social en América Latina, Salamanca 1973, p. 141.

14 Beschlüsse, 6, II 8 a + b.

15 Vgl. Gera, p. 67.

16 Vgl. Beschlüsse, 2, II, 16.

17 Vgl. Comblin, J., Movimentos e ideologías en América Latina, in: Fe Cristiana, p. 100–127, hier p. 124.

18 Prof. Hollenweger vom ÖRK nannte in einem Vortrag 1970 das Ergebnis ein pfingstliches Ereignis.

19 Zwiefelhofer, H., Bericht zur Theologie der Befreiung in: Entwicklung und Frieden Materialien I, München 1974, S. 7.

20 Vgl. Litterae Encyclicae de Populorum Progressione Promovenda Nr. 26, in: Beilage zum Amtsblatt der Diözese München und Freising.

21 Vgl. Galilea, S. , Liberación y Exigencias Cristianas, in: Medellín, Vol. 1, 1975, p. 35–45.

22 Vgl. Ders., p. 37.
23 Vgl. Beschlüsse, Einleitung, 5.
24 Vgl. Beschlüsse, Botschaft an die Völker Lateinamerikas, S. 8.
25 Vgl. a. a. O.
26 Vgl. Orthopraxis, Gutiérrez, p. 33.
27 Vgl. Beschlüsse, Einleitung zu den Entschließungen, 1, S. 13: »Die . . .
   lateinamerikanische Kirche konzentrierte ihre Aufmerksamkeit auf den
   Menschen dieses Kontinents, der einen entscheidenden Moment seines
   historischen Prozesses lebt. Auf diese Weise ist sie nicht ›vom Wege
   abgekommen‹, sondern sie hat sich dem Menschen ›zugewandt‹* in dem
   Bewußtsein, daß um Gott zu kennen es notwendig ist, den Menschen zu
   kennen«.
   * Papst Paul VI., Ansprache während der Klausur des II. Vat. Konzils
   1965.
28 Vgl. Beschlüsse, Botschaft, S. 9.
29 Vgl. Beschlüsse, 2, I, 1.
30 Vgl. Beschlüsse, 2, I, 6.
31 Vgl. Beschlüsse, 2, III, 22,23.
32 Vgl. Beschlüsse, Botschaft S. 8.
33 a. a. O.
34 Vgl. Gutiérrez, p. 309.
35 Vgl. Scannone, J. C., Teología y politica, El actual desafio planteado al
   lenguaje teológico latino americano de liberación, in: Fé Cristiana,
   p. 246 — 264, hier 260/261.
36 Vgl. Kloppenburg, B., Salvación, p. 67 und 66: »El hombre es creado en
   Cristo Jesús (Ef 2,10) hecho en el, creatura nueva (2 Cor 5,17). Por la fe y
   el bautismo es transformado, lleno del don del Espíritu, con un dinamis-
   mo nuevo, no de egoismo sino de amor, que lo impulsa a buscar una nueva
   relación más profunda con Dios, con los hombres sus hermanos y con las
   cosas.«
37 Vgl. Beschlüsse, 11, 2, 16.
38 Vgl. Beschlüsse, 13, III, 13.
39 Vgl. Beschlüsse, 15, III, 10.
40 Vgl. Beschlüsse, Einleitung 7.

Manzanera: Theologische Anmerkungen zur »revolutionären Gewalt« in Lateinamerika (S. 106ff.)

1 Segunda Conferencia General del Episcopado Latinoamericano, La
  Iglesia en la actual transformación de América Latina a la luz del
  Concilio. Texto oficial (Schlußdokument von Medellín; wir zitieren
  kurz: Med), Secretariado General del CELAM, Bogotá 1968; deutsche
  Übersetzung in: Adveniat, Dokumente/Projekte, Nr. 1–3, Essen.
2 Die bisher beste Einführung zum Thema bietet Gustavo Gutiérrez,
  Theologie der Befreiung (mit einem Vorwort von Johann Baptist Metz),
  München/Mainz 1973; ein Überblick der bekanntesten Theologen
  dieser Orientierung ist das Heft 6/7 von Concilium 10 (1974), 381–460;
  deutschsprachige Literatur über das Thema findet man in: Christian
  Modehn, Der Gott, der befreit. Glaubensimpulse aus Lateinamerika,
  Freising 1975, S. 30–40; M. Manzanera, Theologie der Befreiung.
  Ansatzpunkt – Ziel – Methode, in: Heribert Bettscheider (Hrsg.),
  Theologie und Befreiung, St. Augustin bei Bonn 1974, S. 39–73; ders.,

Die Theologie der Befreiung und ihre Hermeneutik, in: Johannes Beutler/Otto Semmelroth (Hrsg.), Theologische Akademie XII, Frankfurt a.M. 1975, S. 52–78; ausgewogene kritische Darstellungen sind: Reinhard Frieling, Befreiungstheologien, in: Materialdienst des Konfessionskundlichen Instituts Bensheim 26 (1975), S. 51–55; Hans Zwiefelhofer, Theologie der Befreiung – Versuch einer ›Zwischenbilanz‹, in: Orientierung 40 (1976), S. 76–80.

3 G. Gutiérrez, Befreiungsbewegungen und Theologie, in: Concilium 10 (1974), S. 222–227, hier S. 225.

4 G. Gutiérrez, Theologia . . ., a.a.O., S. 86 f., Anm. 37, referiert beiläufig über die 1968 von Dom Hélder Câmara gegründete Bewegung »Befreiender moralischer Druck« und über die dazu skeptische, verbreitete Meinung: »Nicht wenige Menschen sind jedoch der Ansicht, daß diese Befreiung früher oder später – auf diese oder jene Weise – den Weg der (bewaffneten) Gegengewalt, als Antwort auf eine Situation der legalisierten Gewalt, einschlagen muß«, nimmt dazu – was repräsentativ für andere Theologen der Befreiung sein kann – keine ausführlichere theologische Stellung. Zum Gewaltproblem im Horizont einer »Theologie der Revolution« s.: Ernst Feil/Rudolf Weth (Hrsg.), Diskussion zur »Theologie der Revolution«, München/Mainz 1970, S. 205–290; vgl. Jean und Hildegard Goss-Mayr (Hrsg.), Revolution ohne Gewalt? Christen aus Ost und West im Gespräch, Wien 1968.

5 Dem aufmerksamen Leser entgeht nicht die Art und Weise, in der der Text das Wort »antagonismos« gebraucht, um zu bezeichnen, was in der marxistischen Analyse »Klassenkampf« genannt wird, und besonders wie die Gerechtigkeit und die Brüderlichkeit empfohlen werden, um diese Antagonismen zu überwinden.

6 Johannes XXIII., Litt. Encycl. »Pacem in terris« (am 11. 4. 1963): AAS 55 (1963), S. 291: »Darum ist es in unserer Zeit, die sich des Besitzes der Atomkraft rühmt, sinnlos, den Krieg als geeignetes Mittel zur Wiederherstellung verletzter Rechte zu betrachten.« Dieser im Konzil heftig umstrittene Text wurde nach langer Auseinandersetzung an eine Anmerkung der Pastoralkonstitution, Die Kirche in der Welt von heute, Nr. 80, verschoben; W. J. Schuijt, Die Geschichte des Textes (5. Kap. des 2. Teils von Gaudium et Spes), in: Lexikon für Theologie und Kirche², Das 2. Vatikanische Konzil, III, Freiburg 1967, S. 533–543.

7 Paul VI., Litt. Encycl. »Populorum Progressio« (am 26. 3. 1967), Nr. 30–31: AAS 59 (1967), S. 272; vgl. ders., Ansprache zum »Tag der Entwicklung« in Bogotá (23. 8. 1968): AAS 66 (1968), S. 62: »Die Gewalt ist weder ›evangeliumsgemäß‹ noch christlich« (= Med II, 15,2), ders., Apost. Exhort. »Evangelii Nuntiandi« (am 18. 12. 1975), Nr. 37.

8 Das *Russell-Tribunal* verurteilte in seiner dritten Sitzungsperiode (Rom, Januar 1976) die Regierungen von Argentinien, Bolivien, Brasilien, Chile, Kolumbien, Guatemala, Haiti, Nicaragua, Uruguay und der Dominikanischen Republik wegen schwerer, systematischer und wiederholter Verletzung der Menschenrechte und der Rechte des Volkes. Ein Bericht von der 3. Sitzungsperiode, in: Blätter des Informationszentrums Dritte Welt, Nr. 51, Februar 1976, S. 11–13.

9 »Cristianos por el Socialismo«, Primer Encuentro Latinoamericano (»Christen für den Sozialismus«, Erste Lateinamerikanische Begegnung. Schlußdokument. Text der Internationalen Ausgabe; wir zitieren kurz: CfS), Santiago de Chile 1972; deutsche Übersetzung in: Theolo-

gia Practica 8 (1973), S. 60–67); auch in: H. Zwiefelhofer, Christen und Sozialismus in Lateinamerika (Theologie in Lateinamerika 1), Wuppertal 1974, S. 80–96; Internationale Dialog Zeitschrift 7 (1974), S. 193–244 bietet eine kondensierte Information über Geschichte, Motive und Merkmale der Bewegung »Christen für den Sozialismus«.

10 Vgl. die Meinung Gonzalo Arroyos in seiner Ansprache auf dem Kongreß kritischer Christen in Lyon 17./18. 11. 1973, in: Publik-Forum 5 (1974), S. 65: »Den chilenischen und lateinamerikanischen Landarbeitern ist klar geworden: der einzige Weg zum Sozialismus führt über den bewaffneten Kampf. Man kann nicht warten, bis die Bourgeoisie zu einem legalen Machtwechsel bereit ist. Es bleibt kein anderer Weg als eine kontinentale Erhebung.« Diese Meinung darf doch nicht als repräsentativ der Bewegung wenigstens vor dem Sturz Salvador Allendes ausgelegt werden.

11 Dieser Text entspricht in etwa der radikalen Auffassung von Hugo Assmann, Kritik der ›Theologie der Befreiung‹, in: Internationale Dialog Zeitschrift 7 (1974), S. 144–153, hier S. 145 f.: »Meiner Ansicht nach kreisen viele vermeintliche Theologen unfruchtbar in diesem luftleeren Raum, in dieser ewigen Präambel der theoretischen Voraussetzungen für die Möglichkeit des Glaubens in Aktion. (. . .) Ich habe auf diese tiefgreifende Diskrepanz im Theologiebegriff selbst hingewiesen, weil ich überzeugt bin, daß die meisten lateinamerikanischen Theologen von Rang an dieser Ungereimtheit beteiligt sind. (Vgl. Charakterisierung der theologischen Aufgabe durch G. Gutiérrez, ›Theologie der Befreiung‹ a.a.O.)«; dazu H. Assmann, Politisches Engagement aus der Sicht des Klassenkampfes, in: Concilium 9 (1973), S. 276–282.

12 G. Gutiérrez ist sich solcher Gefahren bewußt: Befreiungspraxis, Theologie und Verkündigung, in: Concilium 10 (1974), S. 408–419, hier S. 412.

13 Vgl. die kritische Stellungnahme gegenüber dieser Formulierung und der zugrunde liegenden Auffassung (s. Anm. 11) von Juan Carlos Scannone, Teología de la liberación y praxis popular. Aportes críticos para una teología de la liberación, Salamanca 1976, S. 117–125; auch Juan Luis Segundo, Masas y minorías en la dialéctica divina de la liberación, Buenos Aires 1973, übt eine nuancierte Kritik an H. Assmann (s. Anm. 11).

14 Bekannteste Treffen der »Christen für den Sozialismus« in Europa sind: Avila (Spanien), Januar 1973, und Bologna (Italien) 21./23. September 1973 (beide Dokumente mit Kommentaren in: Internationale Dialog Zeitschrift 7 [1974], S. 235–244); dazu Alfredo Fierro/Reyes Mate (Hrsg.), Cristianos por el Socialismo. Documentación, Estella, Navarra 1975.

15 S. das Blatt der Bewegung: Paz y Justicia. Boletín del servicio para la acción liberadora en América Latina, orientación no-violenta (Buenos Aires). Hildegard Goss-Mayr, Die Macht der Gewaltlosen. Der Christ und die Revolution am Beispiel Brasiliens, Wien 1968; dies., Eine gewaltlose Revolution (Bericht über Lateinamerika), in: Concilium 4 (1968), S. 394–401; dies., Die gewaltlose Befreiungsbewegung in Lateinamerika (Vortrag in der pädagogischen Hochschule Köln am 14. 1. 1975), in: ZDL-Informationen (Köln), 2. Quartal 1975, S. 11–16.

16 Bartolomé de las Casas (1474–1566), Brevísima relación de la destrucción de las Indias, Buenos Aires 1966, S. 33: »Diese Völker (die Indios)

schuf Gott als die schlichtesten, die es auf der Welt gibt, ohne Arglist und Doppelzüngigkeit (. . .), ohne Streitigkeiten und Tumulte, ohne Zänkereien, ohne Hader und Groll, ohne Haß, ohne Rachedurst.« (Zitiert von Enrique D. Dussel, Herrschaft—Befreiung. Ein veränderter theologischer Diskurs, in: Concilium 10 [1974], 396–408, hier 400.)

17 E. D. Dussel, Historia de la fe cristiana y cambio social en América Latina, in: Fe cristiana y cambio social en América Latina. Encuentro de El Escorial 1972, Salamanca 1973, S. 65–99; ders., Historia de la Iglesia en América Latina, Barcelona 1972, hier S. 58–63.

18 Die Werke von H. Câmara sind zum großen Teil auch in der deutschen Sprache zugänglich, z. B.: Die Spirale der Gewalt, Köln 1970; Revolution für den Frieden, Freiburg i.Br. 1970; Friedensreise 1974, Zürich 1974. Dazu die zahlreichen Dokumente, bei deren Verfassung er aktiv mitarbeitete, z. B.: Dokument einiger Bischöfe und Ordensoberen des brasilianischen Nordostens vom 6. Mai 1973, das von den Zensurbehörden als subversiv eingestuft und verboten wurde; deutsche Übersetzung vom Institut für Brasilienkunde, Mettingen; auch in: Wiener Institut für Entwicklungsfragen (Hrsg.), Katholizismus in Lateinamerika, Wien.

19 Ein Bericht über dieses 2. Treffen: Jean und Hildegard Goss-Mayr, Informe sobre el Segundo Encuentro de los Movimientos de Liberación No-violentos de América Latina (Medellín, Columbien, 23./28. 2. 1974), in: Paz y Justicia . . . a.a.O., Nr. 15, Juni 1974 (dieser Bericht ist auch von den Verfassern in deutscher Sprache vervielfältigt zu erhalten); eine Zusammenfassung: Josef Geue, Medellín 1974: Die Macht der Ohnmächtigen, in: Publik-Forum 3 (1974), Nr. 9, S. 10f.

20 Zur Frage, was für eine Vorstellung haben Sie vom Sozialismus? antwortete Dom Antonio Fragoso, einer der bekanntesten Vertreter der gewaltlosen Befreiungsbewegung: »Ich glaube, daß Sozialismus an sich nicht Imperialismus und Atheismus impliziert. Ich denke, das Wesentliche am Sozialismus ist die Sozialisierung von Haben, Wissen und Macht. In diesem Sinne ist der Sozialismus menschlicher, uns näher, den Volksmassen näher und erweckt für alle Völker der Erde eine große Hoffnung. Selbstverständlich geht es nicht darum, die gegenwärtigen Modelle des Sozialismus zu kopieren. Jedes Land muß seinen eigenen Sozialismus, jene Form, die das Volk wünscht, ausrichten«: Interview mit Dom Antonio Fragoso, in: ZDL-Informationen, 2.Quartal 1975, S. 18–21; ders., Evangelium und soziale Revolution, Gelnhausen/Berlin 1971.

21 Der bekannteste Initiator der »concientización«-Methode dürfte wohl der brasilianische Pädagoge Paolo Freire sein: Pädagogik der Unterdrückten, Stuttgart/Berlin 1971; dazu Rogerio Ignacio de Almeida Cunha, Bewußtseinsbildung und Alphabetisierung im Denken Paolo Freires, in: Concilium 9 (1973), S. 365–372; Mgr. Leonidas E. Proaño, Concientización – Evangelización – Política, Salamanca 1974, stellt die Verbindung zwischen Bewußtseinsbildung und Evangelisierung in den christlichen Basisgemeinden dar.

22 Bekanntere Beispiele sind die von César Chávez geleitete Gewerkschaft der mexikanischen Landarbeiter (Chicanos) in den USA, die 1960 von Mario Carvahlo de Jesus gegründete »Frente Nacional de Trabalho« (Nationale Arbeitsfront), die den Industriearbeitern in der Region São Paolo, Brasilien, bei ihrem Kampf gegen die Ausbeutung hilft und die verschiedenen Basisgemeinden in Ekuador, Paraguay, Panama usf. S.

Paz y Justicia ... a.a.O.; ZDL-Informationen, 2.Quartal 1975, S. 11–36.

23 Dieses Konzept wurde von den Delegierten zum Treffen in Medellín 1974 (s. Anm. 19) klar dargestellt.

24 A. Fragoso, Interview ... a.a.O., S. 18f.; H. Goss-Mayr, Die gewaltlose Befreiungsbewegung ... a.a.O., S. 16.

25 A. Fragoso, Ausführungen zum Treffen in Medellín 1974, in: Paz y Justicia ... a.a.O., Nr. 13, April 1974, S. 2; E. D. Dussel, Historia de la Iglesia ... a.a.O., S. 219, sieht folgenden Unterschied zwischen dem Tod des Propheten (z. B. Antonio H. Pereira Neto in Recife, Mitarbeiter von H. Câmara) und dem Tod des Helden (z. B. Camillo Torres in Kolumbien): »Der Tod des Propheten ist Märtyrertod (eindeutiges ›Zeugnis‹, das auch den Unterdrücker selbst, die Polizei und die Armee, die ihn mordet, befreit). Der Tod des Helden für eine – noch gerechte – Sache ist doch nicht der Tod des Heiligen. Zwischen dem Helden und dem Heiligen gibt es die Entfernung zwischen dem zweideutigen Zeichen des Kampfes, der den Herrscher vernichtet und dem eindeutigen Zeichen des Kampfes, der den Beherrschten und den Herrscher befreit, in einem historischen Prozeß, der sich jedenfalls als eschatologisch erweist, weil keine historische Etappe die absolute, die letzte, das Reich Gottes auf der Erde sein wird.«

26 E. D. Dussel, Historia de la Iglesia ... a.a.O., S. 219. Dieser anerkannte Historiker und Philosoph befürwortet die »prophetische subversive Gewalt« ohne Waffen als den geeignetsten Weg zur Befreiung Lateinamerikas in Richtung einer humanistisch-sozialistischen Gesellschaft.

27 H. Goss-Mayr, Die Gewaltlose ... a.a.O., S. 16. Eine solche Behauptung darf – im Rahmen der erneuerten lateinamerikanischen Befreiungsbewegung – nicht idealistisch interpretiert werden.

Sobrino: Theologisches Erkennen in der europäischen und der lateinamerikanischen Theologie (S. 123 ff.)

1 Beantwortung der Frage: Was ist Aufklärung? Werke XI, Frankfurt/M. 1964, S. 53.

2 ebd., S. 53.

3 Vgl. Kerygma and Myth, New York 1961, S. 49.

4 Eine Auseinandersetzung mit dem augenblicklichen protestantischen Denken aus der Perspektive der Theologie der Befreiung kann man finden bei R. Alves, Christianismo, opio o liberación?, Salamanca 1973.

5 Eine gute Darstellung vom historisch-theologischen Werden des Anliegens der Theologie der Befreiung findet sich bei G. Gutiérrez, Evangelio y praxis de la liberación, in: Fe christiana y cambio social en América Latina, Salamanca 1973, S. 231–245.

6 C. Geffré, Der Schock einer prophetischen Theologie, in: Concilium 10 (1974), S. 382.

7 ebd; S. 382.

8 Vgl. J. L. Segundo, Teología y ciencias sociales, in: Fe cristiana y cambio social en América Latina, S. 285–295; I. Ellacuría, Tesis sobre la posibilidad, necesidad y sentido de una teología latinoamericana, in: Teología y mundo contemporáneo, Madrid 1975, S. 336–350.

9 Vgl. J. Luis Segundo, Liberación de la teología, Buenos Aires 1975;

H. Assmann, Teología desde la praxis de la liberación, Salamanca 1973, S. 171–245.

10 Vgl. J. C. Scannone, Ist die Theologie der Befreiung evangeliumsgemäß oder ideologisch?, in: Concilium 10 (1974), S. 228–232.

11 Vgl. D. Wiederkehr, Mysterium Salutis IV,2, S. 338–340; W. Pannenberg, Grundzüge der Christologie, S. 185 f.

12 Vgl. P. Miranda, Marx y la biblia, Salamanca 1972, S. 67–99.

13 Vgl. E. Dussel, Herrschaft – Befreiung. Ein veränderter theologischer Diskurs, in: Concilium 10 (1974), S. 403 f.

14 J. L. Segundo, Die Option zwischen Kapitalismus und Sozialismus als theologische Crux, in: Concilium 10 (1974), S. 434–443.

15 L. Boff, Rettung in Jesus Christus und Befreiungsprozeß, in: Concilium 10 (1974), S. 425.

16 Vgl. H. Assmann, Conciencia cristiana y situaciones extremas en el cambio social, in: Fe cristiana y cambio social, S. 335–343; Cándido Padín, La transformación humana del tercer mundo, exigencia de conversión, in: Fe cristiana y cambio social, S. 265–281.

Göpfert: Theologie im Aufstand? Überlegungen für ein Gespräch mit der Theologie der Befreiung (S. 144 ff.)

1 G. Gutiérrez, Theologie der Befreiung, München–Mainz (1973), S. 21.

2 H. Assmann, Kritik der »Theologie der Befreiung«, in: Int. Dialog-Zeitschrift 7 (1974), S. 146.

3 Vgl. K. Schäfer, »Sensibilität« – eine theologische Kategorie? Blutarme Betrachtungen eines Schreibtischtheologen über die Blutarmut der Schreibtischtheologie, in: F. W. Menne (Hrsg.), Neue Sensibilität. Alternative Lebensmöglichkeiten, Darmstadt–Neuwied (1974), S. 216–235.

4 G. Sauter, Wie kann Theologie aus Erfahrungen entstehen?, in: L. Vischer (Hrsg.), Theologie im Entstehen. Beiträge zum ökumenischen Gespräch im Spannungsfeld kirchlicher Situationen, München (1976), S. 104.

5 Vgl. L. Bossle, Praxeologischer Obskurantismus. Mangelnder Praxisbezug in der »Theologie der Befreiung«, in: St. d. Z. 101 (1976), S. 473–486.

6 E. Dussel, Herrschaft – Befreiung. Ein veränderter theologischer Diskurs, in: Concilium 10 (1974), S. 405.

7 ebd., S. 405.

8 ebd., S. 403.

9 H. J. Margull, Überseeische Christenheit II. Vermutungen zu einer Tertiateranität des Christentums, in: Verk. u. Forsch. 19 (1974), S. 67.

10 ebd., S. 98 f.

11 Vgl. G. Sauter, a.a.O., S. 106 f.

12 N. A. Nissiotis, Kirchliche Theologie im Zusammenhang der Welt, in: L. Vischer (Hrsg.), Theologie im Entstehen, S. 143.

13 J. Comblin, Die Basisgemeinden als Ort neuer Erfahrungen, in: Concilium 11 (1975), S. 268.

14 Vgl. dazu K. Hemmerle, Theologie als Nachfolge. Bonaventura – ein Weg für heute, Freiburg (1975).

15 Vgl. M. Theunissen, Ho aiton lambanei. Der Gebetsglaube Jesu und die Zeitlichkeit des Christseins, in: Jesus, Ort der Erfahrung Gottes, Freiburg (1976), S. 52 f.

16 H. Assmann, Die Situation der unterentwickelt gehaltenen Länder als Ort einer Theologie der Revolution, in: E. Feil—R. Weth, (Hrsg.), Diskussion zur »Theologie der Revolution«, München—Mainz (1969), S. 223.

17 K. Rahner, Heilsauftrag der Kirche und Humanisierung der Welt, in: Schriften zur Theologie X, Zürich—Einsiedeln—Köln (1972), S. 563 f. – Vgl. auch H. Obayashi, Liberation Theology and the Problem of Religion's Sui Generis, in: Journal of Religious Thought 31 (1974), S. 48 f.

18 G. Gutiérrez, Faith as Freedom: Solidarity with the Alienated and Confidence in the Future, in: Horizons 2 (1975), S. 43.

19 S. Galilea, Kontemplation und Engagement. Das prophetisch-mystische Element in der politisch-gesellschaftlichen Aktion, in: P. Hüner-mann—G. D. Fischer (Hrsg.), Gott im Aufbruch. Die Provokation der lateinamerikanischen Theologie, Freiburg (1974), S. 173.

20 ebd., S. 180.

21 Vgl. E. M. Huenemann, Hunger in theological Perspective, in: Theology Today 33 (1976), S. 74–76.

22 Vgl. P. L. Berger, Auf den Spuren der Engel. Die moderne Gesellschaft und die Wiederentdeckung der Transzendenz, Frankfurt/M. (1970), S. 108.

23 H. R. Niebuhr, The Social Sources of Denominationalism, New York (1957, 1. Aufl. 1929), S. 16, zitiert in: L. Fischer (Hrsg.), Theologie im Entstehen, S. 59.

24 C. Colpe, Zur Logik religionsgeschichtlicher und historisch-theologi-scher Erkenntnis, in: H. W. Schütte—F. Wintzer (Hrsg.), Theologie und Wirklichkeit. Festschrift für W. Trillhaas zum 70. Geburtstag, Göttingen (1974), S. 19.

25 Vgl. W. Teichert (Hrsg.), Müssen Christen Sozialisten sein? Zwischen Glaube und Politik, Hamburg (1976).

26 Vgl. H. Assmann, Politisches Engagement aus der Sicht des Klassen-kampfes, in: Concilium 9 (1973), S. 276–282. – Vgl. K. Füssel—H. Vor-grimler, Kirche und Klassenkampf, in: Vorgänge 14 (1975), S. 66–74.

27 J. C. Scannone, Ist die Theologie der Befreiung evangeliumsgemäß oder ideologisch?, in: Concilium 10 (1974), S. 232.

28 P. L. Berger, Welt der Reichen, Welt der Armen. Politische Ethik und sozialer Wandel, München (1976), S. 22.

29 Vgl. H. Kessler, Erlösung als Befreiung, Düsseldorf (1972), und dazu H. Rombach, Die Religionsphänomenologie. Ansatz und Wirkung von M. Scheler bis H. Kessler, in: Theol. u. Phil. 48 (1973), S. 477–493.

30 L. Kolakowski, Die sogenannte Krise des Christentums, in: FAZ vom 17. 4. 1976, Nr. 91.

31 The Hartford Declaration. An Appeal for Theological Affirmation, in: Luth. Weltbund Pressedienst, Februar 1975, These 7 und 12. – Vgl. dazu auch die Diskussion um »The Hartford Declaration« und »The Boston Affirmations«, in: Theology Today 32 (1975), S. 183–191, und Theology Today 33 (1976), S. 101–107.

32 Vgl. J. M. Bonino, Die Volksfrömmigkeit in Lateinamerika, in: Concilium 10 (1974), S. 457.

33 M. Scheler, Vom Ewigen im Menschen, Bern—München (5. Aufl. 1968, 1. Aufl. 1921), S. 240.

34 H. Assmann, Kritik der »Theologie der Befreiung«, S. 148.
35 Vgl. E. Bloch, Tübinger Einleitung in die Philosophie I, Frankfurt/M. (1969), S. 12 ff.
36 H. Assmann, Politisches Engagement aus der Sicht des Klassenkampfes, S. 279.
37 Vgl. L. Rütti, Zur Theologie der Mission. Kritische Analysen und neue Orientierungen, München – Mainz (1972), S. 246 ff.
38 H. Weinrich, Linguistik der Lüge, Heidelberg (5. Aufl. 1974), S. 34.
39 Vgl. H. Assmann, Die Situation der unterentwickelt gehaltenen Länder, S. 235 ff.
40 H. Assmann, Kritik der »Theologie der Befreiung«, S. 147; zum Problem der religiösen und theologischen Sprache vgl. auch E. Biser, Glaubensverständnis. Grundriß einer hermeneutischen Fundamentaltheologie, Freiburg (1975), S. 107 ff.
41 Vgl. J. D. J. Waardenburg, Religionen der Gegenwart im Blickfeld phänomenologischer Forschung, in: NZfsThuRph 15 (1973), S. 322 f.
42 Vgl. W. Pannenberg, Glaube und Wirklichkeit. Kleine Beiträge zum christlichen Denken, München (1975), S. 172 ff.
43 Beschlüsse der 2. Generalversammlung des Lateinamerikanischen Episkopates, Medellín, 24. 8.–6. 9. 1968, Adveniat – Dokumente/Projekte, bes. S. 7 – 16.
44 G. Sauter, a.a.O., S. 110.
45 ebd., S. 111.
46 Vgl. zur Diskussion um »God's action in history« M. M. Thomas, Asien und seine Christen in der Revolution, München (1968), S. 17 ff.
47 Vgl. G. Schneider-Flume, Kritische Theologie contra theologisch-politischen Offenbarungsglauben. Eine vergleichende Strukturanalyse der politischen Theologie Paul Tillichs, Emanuel Hirschs und Richard Shaulls, in: EvTh 33 (1973), S. 114–137.
48 H. J. Margull, a.a.O., S. 64.
49 Vgl. auch J. C. Scannone, Volkspoesie und Theologie. Der Beitrag des »Martin Fierro« zu einer Theologie der Befreiung, in: Concilium 12 (1976), S. 295–300.
50 Vgl. den Literaturbericht über Narrativität von G. W. Stroup III, A Bibliographical Critique, in: Theology Today 32 (1975), S. 133–143.
51 Vgl. die Überblicke bei G. Lanczkowski, Die neuen Religionen, Frankfurt/M. (1974), S. 160 ff., und bei V. Lanternari, Religiöse Freiheits- und Heilsbewegungen unterdrückter Völker, Neuwied – Berlin (o. J., italien. Ausg. 1960), S. 272 ff.
52 Vgl. P. Antes, Aspekte der südamerikanischen Befreiungstheologie, in: G. Stephenson (Hrsg.), Der Religionswandel unserer Zeit im Spiegel der Religionswissenschaft, Darmstadt (1976), S. 56 ff.
53 G. Gutiérrez, Faith as Freedom, S. 52, Anm. 17.
54 Ergänzend möchte ich hinweisen auf meine beiden Aufsätze zum Thema: Auf den Spuren der Befreiung. Impulse der lateinamerikanischen Theologie, in: C. Modehn (Hrsg.), Christen entdecken die Freiheit. Notwendige Anstöße aus Lateinamerika, Stuttgart (1976), S. 95–116. – Entwicklungshilfe aus Lateinamerika? Anregungen der Theologie der Befreiung, in: C. Modehn–H. J. Gilhaus (Hrsg.), Hoffnung der Armen, Meitingen – Freising (1976), S. 9–24. Bei einigen Passagen wurde darauf zurückgegriffen.

Zu den Autoren:

Leonardo Boff, geb. 1938 in Concórdia, Brasilien, Franziskaner, 1964 Priesterweihe. Studierte Philosophie und Theologie in Curitiba, Petrópolis und München, promovierte an der Universität München. Ist Professor für systematische Theologie am Philosophisch-Theologischen Institut von Petrópolis (Rio de Janeiro) und Redaktor der »Revista Eclesiástica Brasileira«. Veröffentlichungen u. a.: Die Kirche als Sakrament im Horizont der Welterfahrung (Paderborn 1972); Vida para além da morte (Petrópolis 1973); O destino do homem e do mundo (Petrópolis 1973).

Michael Göpfert, geb. 1944, lic. theol., wiss. Mitarbeiter am Seminar für christliche Weltanschauung und Religionsphilosophie in München. Veröffentlichungen in: Christen entdecken die Freiheit (1976), Hoffnung der Armen (1976). Zeitschriftenbeiträge.

Horst Goldstein, geb. 1939, Dr. theol., pädagogischer und theologischer Mitarbeiter im Niels-Stensen-Haus in Bremen. Studienaufenthalte in Brasilien; Veröffentlichungen u. a.: Paulinische Gemeinde im Ersten Petrusbrief, SBS 80 (KBW 1975); Übersetzung von Gustavo Gutiérrez, Theologie der Befreiung (München/Mainz 1973); Beiträge in: Am Tisch des Wortes, KBW. Beitrag in: Christen entdecken die Freiheit (1976).

Miguel Manzanera García, geb. 1939 in Bilbao, Spanien, Mitglied der Gesellschaft Jesu, Studium der Wirtschafts- und Rechtswissenschaften in Bilbao, der Philosophie in Loyola, Spanien, und der Theologie in Rom. Lehrtätigkeit in der Universidad Católica Boliviana in La Paz 1967−1969, z. Zt. Promotion zum Dr. theol. in Frankfurt/M. Veröffentlichungen: Theologie der Befreiung. Ansatzpunkt − Ziele − Methode, in: H. Bettscheider (Hrsg.), Theologie und Befreiung (St. Augustin/Bonn 1974); Die Theologie der Befreiung in Lateinamerika und ihre Hermeneutik, in: J. Beutler/O. Semmelroth, Theologische Akademie 12 (Frankfurt/M. 1975).

Christian Modehn, geb. 1948, M. A. in Philosophie, Dipl. in Theol. Veröffentlichungen: Der Gott, der befreit (1975); Christen entdecken die Freiheit (Hrsg.) (1976); Hoffnung der Armen (Hrsg.) (1976); Gottesfrage heute (Hrsg.) (1977). Zahlreiche Beiträge für Funk und Fernsehen.

Othmar Noggler, geb. 1934, OFM Cap., Dr. theol., Phil. theol. Studien an der Phil.-Theol. Hochschule Eichstätt, 1963 Priesterweihe. 1971 Promotion in der Pastoraltheologie an der Universität Würzburg. Seit 1972 theol. Referat für Grundsatzfragen bei MISSIO in München. Veröffentlichung: Vierhundert Jahre Araukanermission, 75 Jahre Missionsarbeit der bayerischen Kapuziner (Schöneck/Beckenried 1973).

Karl Rahner, geb. 1904, 1922 Eintritt in den Jesuitenorden, 1932 Priesterweihe, philosophisches Spezialstudium bei Martin Heidegger; Dr. theol. Seit 1948 o. Prof. für Dogmatik an der Universität Innsbruck, ab 1964 Prof. für christl. Weltanschauung und Religionsphilosophie an der Universität München, seit 1967 Ordinarius für Dogmatik und Dogmengeschichte an der Universität Münster. 1971 Emeritierung. Honorarprofessor an der Hochschule für Philosophie, München. Weitgespannte schriftstellerische Tätigkeit als Herausgeber und Verfasser; das Verzeichnis seiner Publikationen umfaßt bereits mehr als 3000 Nummern; Übersetzungen in allen Weltsprachen.

Karl Josef Rivinius, geb. 1936, Studium der Philosophie, Theologie, Geschichte und Erziehungswissenschaft. Drei Jahre Assistent beim Fachbereich Katholische Theologie der Universität Münster; Promotion 1975; Dozent für Mittlere und Neuere Kirchengeschichte an der Phil.-Theol. Ordenshochschule SVD St. Augustin bei Bonn. Veröffentlichungen u.a.: Bischof Wilhelm Emmanuel von Ketteler und die Infallibilität des Papstes. Ein Beitrag zur Unfehlbarkeitsdiskussion auf dem Ersten Vatikanischen Konzil (1976); Mitarbeit an dem Sammelband Dokumente zur Geschichte des Verhältnisses Kirche und Arbeiterschaft am Beispiel der KAB (1976).

Juan Carlos Scannone, geb. 1931 in Buenos Aires, Jesuit. Studium an den Universitäten Innsbruck und München. Dekan der Philosophischen Fakultät der Universität Salvador (San Miguel-Buenos Aires) und Vizepräsident der Argentinischen Gesellschaft für Theologie. Veröffentlichungen u.a.: Sein und Inkarnation (Freiburg/München 1968); Aportes criticos para una theologia de la liberación (Salamanca 1975). Zahlreiche Aufsätze, namentlich über Grenzfragen zwischen Philosophie und Theologie, sowie über die Philosophie und Theologie der Befreiung.

Jon Sobrino, geb. 1938 in Barcelona, Spanien, 1956 Eintritt in den Jesuitenorden; Studium der Philosophie und Ingenieurwissenschaften in San Salvador und USA; Dr. theol. der Theologischen Hochschule St. Georgen, Frankfurt. Professor für Theologie an der Universität José Simeón Cañas, San Salvador, El Salvador. Veröffentlichungen: Significado de la cruz y resurrección de Jesús en las cristologías sistemáticas de W. Pannenberg y J. Moltmann (Diss. Frankfurt 1975); Cristología desde América Latina (Mexico City 1976).

Hans Zwiefelhofer, geb. 1932, 1951 Eintritt in den Jesuitenorden, 1963 Priesterweihe; entwicklungspolitische Spezialstudien in Mannheim, Freiburg und Caracas; Dr. rer. pol.; o. Prof. für Sozialwissenschaften, Gesellschafts- und Entwicklungspolitik an der Hochschule für Philosophie, München. Veröffentlichungen zu Fragen des Welthandels, der Bildungspolitik, des gesellschaftlichen Auftrags der Kirche und zur Theologie der Befreiung, u.a.: Die Integration von Wirtschafts- und Bildungsplanung in Venezuela (Berlin 1972); Christen und Sozialismus in Lateinamerika (Wuppertal/Düsseldorf 1974); Bericht zur Theologie der Befreiung (München/Mainz 1974); Handel und Hilfe (München/Mainz 1976).

Übersetzernachweis

Den Beitrag von Leonardo Boff übersetzte aus dem Portugiesischen Horst Goldstein.

Den Beitrag von Juan Carlos Scannone übersetzte aus dem Spanischen Bernhard Kriegbaum.

Den Beitrag von Miguel Manzanera übersetzte aus dem Französischen Klemens Bossong.

Den Beitrag von Jon Sobrino übersetzte aus dem Spanischen Bernhard Kriegbaum.